2020—2022
厦门市不可移动文物集中保护修缮工程优选案例

厦门市文化和旅游局
厦门市土木建筑学会　主　编

中国建材工业出版社

北　京

图书在版编目（CIP）数据

2020—2022厦门市不可移动文物集中保护修缮工程优选案例/厦门市文化和旅游局，厦门市土木建筑学会主编.--北京：中国建材工业出版社，2024.6
ISBN 978-7-5160-4175-8

Ⅰ.①2… Ⅱ.①厦…②厦… Ⅲ.①文物保护—案例—厦门—2020-2022②文物修葺—案例—厦门—2020-2022 Ⅳ.①K872.573②G264.3

中国国家版本馆CIP数据核字（2024）第111726号

2020—2022厦门市不可移动文物集中保护修缮工程优选案例
2020—2022 XIAMEN SHI BUKEYIDONG WENWU JIZHONG BAOHU XIUSHAN GONGCHENG YOUXUAN ANLI

厦门市文化和旅游局　　主　编
厦门市土木建筑学会

责任编辑：王萌萌
封面设计：汇彩设计
出版发行：中国建材工业出版社
地　　址：北京市西城区白纸坊东街2号院6号楼
邮　　编：100054
经　　销：全国各地新华书店
印　　刷：北京天恒嘉业印刷有限公司
开　　本：787mm×1092mm　1/12
印　　张：21⅓
字　　数：350千字
版　　次：2024年6月第1版
印　　次：2024年6月第1次
定　　价：248.00元

本社网址：www.jccbs.com，微信公众号：zgjcgycbs
请选用正版图书，采购、销售盗版图书属违法行为
版权专有，盗版必究。 本社法律顾问：北京天驰君泰律师事务所，张杰律师
举报信箱：zhangjie@tiantailaw.com　　举报电话：（010）63567684
本书如有印装质量问题，由我社事业发展中心负责调换，联系电话：（010）63567692

《2020—2022 厦门市不可移动文物集中保护修缮工程优选案例》编写委员会

主编单位：厦门市文化和旅游局

　　　　　　厦门市土木建筑学会

执行主编：厦门市土木建筑学会建筑保护与改造分会

主　　任：黄碧珊　李云丽　谢益人

副 主 任：何庆丰　陆海林　肖　琼　郑敏慧

成　　员：（按姓氏笔画排序）

　　　　　　王　洁　王伟东　毛一兵　石建光　李立新

　　　　　　宋　叶　宋智峰　陈志宏　陈金奖　陈悠帆

　　　　　　陈辉杰　郑　东　费迎庆　黄　婧　黄　琰

　　　　　　逯　鹏　谢忠华　廖　宁

编　　辑：田　化　吴晓雯　何福顺　胡　林　黄　怡

序　言

作为闽南文化的发源地，厦门这片土地承载着深厚的历史积淀和丰富的文化内涵。全市现有不可移动文物1963处，其中低级别不可移动文物1657处，占全部不可移动文物总数的85%，大多处于城中村、郊区、山区等边缘区域，70%为祖祠宫庙、私人产权文物。由于保护力量欠缺、资金筹措困难等原因，低级别不可移动文物一度成为全市文物保护工作的难点。

厦门市委、市政府认为，占绝大多数的低级别文物同样是历史文化遗产的重要组成部分，作为改革开放的先行先试区，厦门有能力也有必要让所有文化遗产都得到精心保护，传承历史文脉，增强文化自信。基于这一认识，厦门市在强化立法保护、重视规划保护的同时，确定自2020年开始，用三年时间对经前期调查摸底的163处濒危和亟须维修的不可移动文物进行集中保护修缮，并为此专门印发工作方案，成立领导小组，明确职责分工，落实经费保障。

作为全市文物主管部门，厦门市文化和旅游局（以下简称市文旅局）在三年集中保护修缮专项工作中，承担着牵头抓总、组织协调、专家遴选、方案审核、现场指导、工程监管等重要职责。面对繁重且艰巨的工作，文物部门的同志坚持以"拼"的意识、"抢"的状态、"实"的作风全力以赴，通过建立责任清单，实行工作人员包干到区，坚持采取每月调度、每季报告、重点疑难问题现场会商等措施，确保了修缮工作如期完成。三年集中保护修缮专项工作，不仅使全市文物保护状况得到较大改善，而且强化了政府属地管理责任，提升了全民保护意识，同时还培养了一批文物工程设计、施工和监理人才。2023年11月，国家文物局李群局长对厦门市多措并举全面加强低级别不可移动文物保护工作给予高度肯定。

为总结和展示厦门市文物集中保护修缮的有益经验和做法，更好地推动并规范文物保护工作，我们组织力量选取了23个具有不同代表性的工程案例，结集出版《2020—2022厦门市不可移动文物集中保护修缮工程优选案例》一书。

本书所选取的案例涵盖厦门传统建筑、近现代建筑和其他类建筑，涉及内容包括概况、现场勘察、修缮设计、项目施工等，编写过程中力求做到内容齐全、逻辑清晰、亮点突出，便于读者了解每个案例的特点和可借鉴技术措施，对开展同类工程修缮具有一定的参考价值。

石建光老师、谢益人老师、郑东老师等是厦门文化遗产保护专家组的成员，他们全程参与了2020—2022年厦门市不可移动文物集中修缮方案审核和现场指导工作。集中修缮圆满结束后，市文旅局委托几位先生选取了修缮工作中比较有代表性的项目汇编成这本优选案例。由于先生们多是在工作之余加班编纂，难免有挂一漏万之虞。但总的指导思想在于总结经验，为下一批修缮工作提供借鉴，也就不揣浅陋，整理出版，就教于方家。

值此案例编写之际，厦门市又启动了第二批为期三年的不可移动文物集中保护修缮，将275处低级别不可移动文物纳入修缮范围，进一步提升厦门文物保护水平。衷心祝愿厦门文物工作越来越好！

厦门市文化和旅游局 二级巡视员

李云丽

2024年3月

目　录

传统建筑

一　思明区林云梯旧居修缮工程　/ 3

二　思明区陈化成故居修缮工程　/ 13

三　海沧区困瑶村陈林宅保护修缮工程　/ 20

四　海沧区渐美村许朝落宅保护修缮工程　/ 28

五　灌口双岭三落大厝（九十九间大厝）修缮工程　/ 36

六　同安区石浔昭应庙修缮工程　/ 51

七　同安区庶安楼保护修缮工程　/ 61

八　马巷城隍庙保护修缮工程　/ 75

近现代建筑

九　思明区泰山路 7-19 号修缮工程　/ 85

十　厦门破狱斗争旧址保护修缮工程　/ 92

十一　厦门各界抗敌后援会会址（保生堂）保护修缮工程　/ 102

十二　清和别墅修缮工程　/ 115

十三　湖里区王清祥宅平移保护工程　/ 122

十四　海沧区芦塘举人第（棣鄂楼）维修工程　/ 134

十五　集美农林学校旧址保护修缮工程　/ 142

十六　后垵红楼建筑保护修缮工程　/ 151

十七　翔安区原金门县政府旧址之盐兵楼修缮工程　/ 160

十八　鼓浪屿廖家别墅（漳州路 44 号）保护修缮工程　/ 167

十九　鼓浪屿中华路 77 号修缮工程　/ 180

二十　鼓浪屿鹿礁李氏宅（鹿礁路 99 号）保护修缮工程　/ 188

其他

二十一　胡里山炮台防波堤维修工程　/ 201

二十二　后溪城内城遗址保护修缮工程　/ 212

二十三　同安区坑仔口制陶窑址修缮工程　/ 223

附录

附录1　厦门市历史文化遗产集中保护修缮专项工作方案　/ 233

附录2　厦门市2020—2022历史文化遗产集中保护修缮不可移动文物清单　/ 236

后记　/ 245

2020—2022 厦门市不可移动文物集中保护修缮工程优选案例

一　思明区林云梯旧居修缮工程

二　思明区陈化成故居修缮工程

三　海沧区囷瑶村陈林宅保护修缮工程

四　海沧区渐美村许朝落宅保护修缮工程

五　灌口双岭三落大厝（九十九间大厝）修缮工程

六　同安区石浔昭应庙修缮工程

七　同安区庶安楼保护修缮工程

八　马巷城隍庙保护修缮工程

传统建筑

一　思明区林云梯旧居修缮工程

一、建筑介绍

（一）项目简介

林云梯旧居位于福建省厦门市思明区莲前街道前埔社区前埔村前埔社。

林云梯旧居的建造时间为清光绪三十一年（1905年），坐西南朝东北（图1-1）。这是一栋中西合璧的大厝，从前往后由前厅、下房、前天井、前榉头、正厅、大房、中落后轩、书亭、后天井、后榉头、后厅、后落后轩和右侧护厝组成，占地面积1065.51m²，建筑总面阔21.74m，总进深40.61m，建筑面积882.86m²；前埕面宽23.02m，进深7.91m，面积182.09m²。林云梯旧居为三开间三落带单护厝，硬山顶，砖石木混合建筑，建筑内石雕、木雕、砖雕精美，彩绘精彩，是清末闽南代表性建筑之一。

（二）历史沿革

林云梯（1866—1918年），厦门前埔人。13岁随乡亲南渡菲律宾，在商铺当伙计，十余年后自营棉布小商铺，逐步发展为"胜泰"布庄，有"棉布大王"之称。致富后热心教育和社会福利事业，捐助了家乡和菲律宾的众多教育和社会福利事业、捐款赈济祖国华北灾民等。历任菲律宾善举公所董事、菲律宾教育会董事、菲律宾普智书报社董事。林云梯的儿子林珠光，承继了父亲乐善好施的性格，在教育、体育方面作出了重大贡献。据《厦门华侨志》记载：1920年，林珠光捐资13万元，在家乡前埔创办以其父命名的"云梯学校"。1926年，林珠光亲率青年会篮球队参加在武汉举行的全国运动会，为海外华侨参与祖国全运会之始。

林云梯旧居建成至今，未曾做过大修，林氏后人对房屋进行过小修小补，一直未进行系统、全面的维护。20世纪90年代，在前埕搭建砖屋用于出租。21世纪初，在护厝天井搭建砖屋用于出租。2010年，因漏雨，在屋面搭设铁篷、水泥瓦来挡雨。2014年，书亭及后落木构件腐朽，失去承载力，便加设钢架支撑加固。

2013年，厦门市思明区人民政府公布林云梯旧居为一般不可移动文物。

图1-1　林云梯旧居正立面

（三）价值说明

林云梯旧居在结构形式、施工技术等方面进行新旧技术融合。杉木、条石、板瓦、红砖皆为闽南传统大厝营造常用材料。但建筑西洋砖、巴洛克风格的装饰及护厝处天使等装饰题材，又为近现代外来物。

前埕入口处为巴洛克风格的门楼（图1-2、图1-3），在大厝外的山墙上，可见颇为独特、繁复的山花造型（图1-4、图1-5），每处山花造型足足镶嵌了十二面有柄圆镜。山花的下面则是青石镂空的葫芦窗（图1-6）。大厝入口门楣上挂着"林氏小宗"匾额（图1-7），有报道称此四字出自"同安前清举人陈士霖手书"。大厝内部，无论木石还是灰塑，皆精工细作，极为讲究（图1-8）。

图1-5 护厝山墙尖喑头男童天使

图1-6 青石镂空葫芦窗

图1-2 前埕右侧入口门楼

图1-3 前埕左侧入口门楼

图1-7 "林氏小宗"匾额

图1-4 大厝外山墙上的山花造型

图1-8 步口廊梁架

除了装饰精美，老宅的文化气息也异常浓厚，大厝中随处可见雅致的楹联，内容紧扣"文章发国、诗礼传家"之主题。据说，为了方便家人读书，正厅至后厅的天井处专门建造了一座歇山顶的书亭，入口处白石上刻有先贤的读书语录。

（四）建筑形制

林云梯旧居坐西南朝东北，平面格局为三间张二进三落单护厝。建筑总面阔 21.74m，总进深 40.61m，建筑面积 882.86m²；前落面阔三间，入口设单塌寿，下厅两侧设下房。下厅至正厅天井两侧设榉头。中落面阔三间，前出步口，与榉头组成宽敞的公共空间，正厅两侧设大房。据说，为了方便家人读书，正厅至后厅的天井处专门建造了一座歇山顶的书亭。书亭至后厅天井两侧设榉头面阔单间。后落面阔三间，前出步口与榉头口组成宽敞的公共空间，后厅左、右两侧设大房及后间。

林云梯旧居以主厝为中心，横向发展，右边列一护厝，俗称"单护厝"。主体建筑梁架为山墙搁檩之砖石木结构、硬山顶建筑。步口及书亭处梁架为闽南典型的中路栋插梁式木构架。构架尺度等级明显，强烈表现了各单体建筑的尊卑地位：下厅十一檩，前、后檐出挑；正厅十五檩，前檐出挑，后檐封墙；书亭八檩，前、后檐出挑；后厅十五檩，前檐出挑，后檐封墙；护厝九檩，前檐出挑，后檐封墙；下厅、正厅、后厅依次通高 4.69m、6.20m、5.69m（厅地面至脊檩底），把主体建筑烘托得极为高大（图1-9、图1-10）。

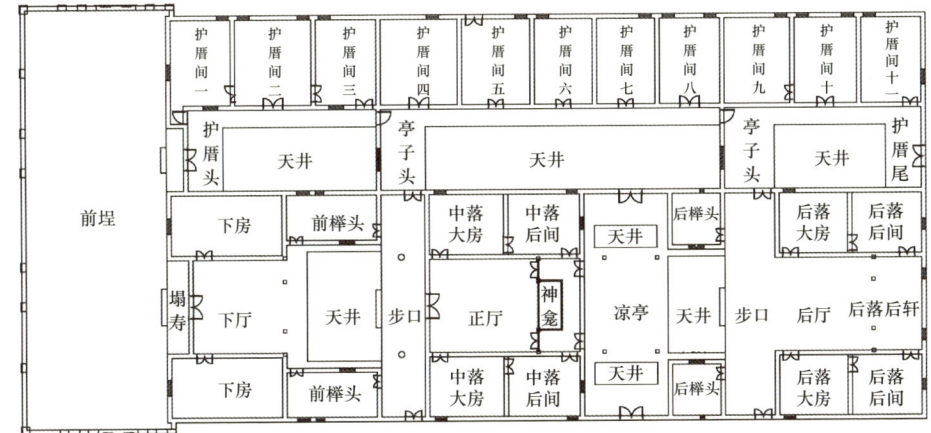

图1-9　林云梯旧居平面图

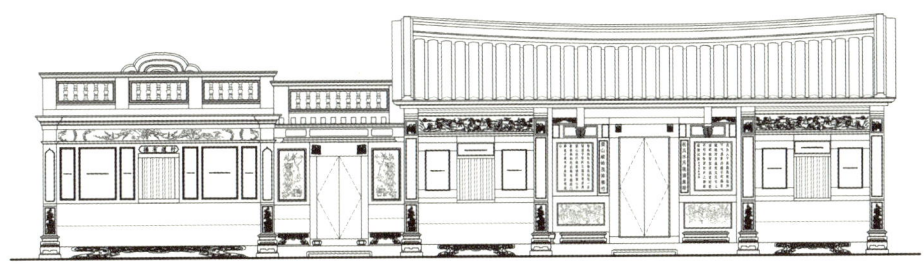

图1-10　林云梯旧居立面图

二、设计内容介绍

（一）文物本体的保存状况

（1）林云梯旧居平面格局基本保存完整，排水轻微堵塞。

（2）正立面后期搭建水槽，影响风貌，导致墙体空鼓。侧立面及背立面屋面渗水，导致原砖墙存在安全隐患。后落后厅墙体墙面原砖墙缺失，仅剩脚座及门槛，且缺失的墙体有一定的承重作用，存在安全隐患。

（3）书亭木柱虫蛀糟朽严重，失去承载力，导致梁架弯曲变形，后期用脚手架加固，书亭戗脊发生断裂、倒塌，卷草花脊断裂。檩条均有不同程度的腐朽、缺失。

（4）屋面的望砖酥碱严重，后期加盖水泥瓦。中落、书亭屋面部分后期维修不当，用水泥修补酥碱的板瓦。

（二）文物本体施工

拆除后期搭建的砖房，疏通排水；修补外墙白灰抹面，保护承重的墙体，恢复后厅缺失的墙体，更换书亭处的木柱，对倾斜栋架采用打牮拨正的方式进行矫正。对坍塌的榉头、亭子头等平屋面按照传统的营造技艺及空间布局进行恢复；屋面瓦件全部揭瓦重铺，清理杂草，修复缺失的屋面瓦件，更换酥碱严重的望砖。

在修缮过程中，尽可能地保存与延续其历史风貌，以更好地展示其独特的价值。

三、修缮内容

（一）屋面工程

根据现场查勘，总修缮面积780.41m²。根据现场实际情况，安排旧瓦回收。主要残损情况为：屋面年久失修，漏雨，板瓦及望砖酥碱，后期加盖水泥瓦；亭子头平屋面坍塌，仅剩檩条。

针对林云梯旧居屋面破损现状，屋面工程主要包含屋面揭瓦、望砖揭取及重铺工程。屋面揭瓦前需对现状屋面瓦的形制、规格尺寸、各类瓦件数量、构造做法、瓦垄数、瓦垄间距、残损现状等进行详细记录。

1. 屋面揭瓦

（1）揭瓦前严格进行现状记录、拍照以及尺寸补测。

（2）统计垄数、瓦件数量，记录瓦件搭接方式。

（3）拆卸后的瓦片分类码放整齐。屋面揭瓦工程施工如图1-11～图1-20所示。

2. 屋面铺瓦

保留原屋面做法，瓦片铺装应平整顺直，瓦线一致。压七留三，搭接紧密，瓦侧用石灰砂浆封边。

施工过程：

（1）分中、号垄。

（2）审瓦。

（3）铺望砖。

（4）铺仰瓦。

屋面铺瓦施工如图1-21～图1-26所示。

（二）屋脊的维修

对主体建筑屋面现存结构较好的屋脊采用现状保存的方法予以保护，仅对现存屋脊进行必要的清理，减缓屋脊在自然力作用下毁坏的速度。清除屋脊上的浮尘，用1:2石灰砂浆重新修补屋脊抹灰风化、剥落部位。针对断裂粉化严重及缺失的正脊及垂屋脊参照原样式进行恢复（图1-27、图1-28）。

图1-11 屋面瓦后期加铺石棉瓦

图1-12 护厝屋面残损严重

图 1-13 将拆卸的瓦收集到旧瓦码放点

图 1-14 破损瓦片清理

图 1-15 屋面瓦片清洗

图 1-16 屋面瓦清理污渍

图 1-17 屋面板瓦码放

图 1-18 屋面瓦贮放

图 1-19 屋面瓦保护性揭取（一）

图 1-20 屋面瓦保护性揭取（二）

图 1-21 屋面规带修复

图 1-22 屋面规带勾缝

图 1-23 铺仰瓦：仰瓦从下往上依次摆放，仰瓦的搭接密度应做到"三搭头"

图 1-24 试水路：完成每一路仰瓦，需试水路

图 1-25 屋面瓦侧边封浆

图 1-26 屋面瓦头封浆

图 1-27 屋脊破损缺口抹灰修复

图 1-28 屋脊除尘清洗

（三）大木作维修

木结构的修复按实际情况分两类：一类为加固与整修，包括栋架打牮拨正、柱梁檩枋等木构件的开裂修补、局部糟朽剔补、柱脚墩接、空鼓灌注环氧树脂、梁头镶补等；另一类为重新制作和安装，包括糟朽严重的柱、檩、枋、梁、椽条等木构件的更换。

大木构架主要修缮方法与技术措施如下。

1. 临时支撑加固

因屋面需要上人揭瓦，故施工前需对大木栋架进行临时的支撑加固，防止屋面增加荷载对栋架产生影响。

2. 檩条、椽条、封檐板修缮（图1-29～图1-39）

（1）屋面揭瓦后，首先对椽条进行拆解，更换糟朽严重的椽条，剔补局部糟朽的椽条，弃用的椽条需经监理、建设和设

图1-29 屋面檩条破损情况严重

图1-30 可用原屋面檩条进行编号

图1-31 封檐板榫接头做法

图1-32 新木材运进工地

图1-33 新木料尺寸挑选

图1-34 表面打磨去皮

图1-35 墨线放样

图1-36 依墨线裁切

图1-37 进行防腐浸泡处理

图1-38 尝试组装

图1-39 表面喷涂油漆

计单位确认后方可弃用。椽条待大木栋架维修完成后进行安装。

（2）屋脊部分的椽条不拆解，防止屋脊塌陷。椽条拆解完成后进行檩条的修缮，拆解下的檩条需要进行编号，修补完成后再安装，檩条入墙端需涂刷沥青油。

（3）封檐板拆解修缮：封檐板连接必须用榫接，连接部位应在缝架处，每间封檐板不可拼接。

（四）墙体维修工程

经勘察，建筑的墙体为红砖砌墙体，墙体有着不同程度的残损，需进行污渍清除与新砌（图1-40～图1-43）。墙体上污渍等的清除如下。

（1）后抹白灰水等：用物理方法清除山墙上后期涂抹的白灰水。先用小灰铲铲除较易脱落的白灰，较难清除的部位用清水泼湿墙上的白灰，5min后再用家庭常用的刷洗铁丝团为工具，采用人工方法逐片刷洗，每次以$2m^2$为宜。刷洗完成后，保持空气流通，使墙面自然风干。

（2）泥水污渍：对于无壁画的墙面，可直接用硬毛刷刷除面层污渍。

（3）墙裙处石灰砂浆面层污渍：可直接用硬毛刷刷除面层污渍。刷除后的墙面保存现状。

（4）苔藓的清除：可直接用硬毛刷刷除面层苔藓。刷除后保存现状。

（五）防虫防腐工程

屋面揭瓦完成后进行第一次防白蚁作业。对全区木构件、墙体、地面、土壤以及周边大环境进行防白蚁药剂喷洒（图1-44）。

对从外面采购的黄土或红土喷洒防白蚁药剂来除白蚁。木栋架修缮完成后，屋面瓦回铺之前，进行全区第二次防白蚁作业（图1-45）。

对新做的木构件木材必须进行防虫防腐、防白蚁药剂浸泡（图1-46、图1-47）。对遗留木构件，须对重点部位以针注法和压注法防白蚁，以便杀死残损木构件内部蚁卵。对于建筑内部及周边树木，建议移除。

工程完工后需定期检查白蚁状况，并每隔两年再进行全区防白蚁药剂喷洒。

图1-40 外墙破损严重

图1-41 内墙面白灰抹面污损

图1-42 后落新砌墙体工作（一）

图1-43 后落新砌墙体工作（二）

图1-44 屋面揭瓦完成后第一次防白蚁

图1-45 第二次防白蚁

（六）漆皮起甲、回贴施工流程

漆皮起甲、回贴施工如图 1-48 ～图 1-50 所示。

（七）梁架、门窗上鎏金彩画回贴

梁架、门窗上鎏金彩画回贴施工工艺如图 1-51 ～图 1-53 所示。

（八）石质雕刻灰尘、污垢清洗

石质雕刻灰尘、污垢清洗的施工工艺如图 1-54 ～图 1-56 所示。

（九）壁画灰尘、污垢清洗

经现场查勘，现场彩画较多，破损情况较为严重。通过对现状的查勘，对主要壁画进行除尘处理。壁画灰尘、污垢清洗施工工艺如图 1-57 ～图 1-60 所示。

（十）木构件及雕刻件彩绘除尘

鎏金、雕花木构件除尘施工工艺如图 1-61 ～图 1-66 所示。

（1）除尘前雕花木构件污染严重，鎏金彩画色泽暗淡。

（2）用洗耳球与羊毛刷轻轻清理表面浮尘。

（3）对于粉化、起皮的鎏金表面，预先用 1%～3% 的 AC33 溶液进行预加固。

（4）加固、清理完成后，用脱脂棉签或纳米纤维布蘸少量的 2A（去离子水：酒精 =1：1）清洗试剂进行清除。

（十一）吊脊

对主体建筑屋面现存的结构较好屋脊采用现状保存的方法予以保护，其中需要进行吊脊作业。

作业流程：屋脊现状记录—吊脊位置确认—底板安装—钢索及调整器安装—调整器调整—侧向固定—完成。

（1）依现况先做记录。

（2）吊脊位置确认，以防间距过大造成屋脊损坏。

（3）底板安装位置清理平整，减少底板滑动。

（4）安装钢索并加以固定，于适当位置安装调整器（图 1-67、图 1-68）。

（十二）修缮成果再利用

修缮后的现状及利用如图 1-69 ～图 1-72 所示。

图 1-46　防虫防腐、防白蚁药剂浸泡（一）

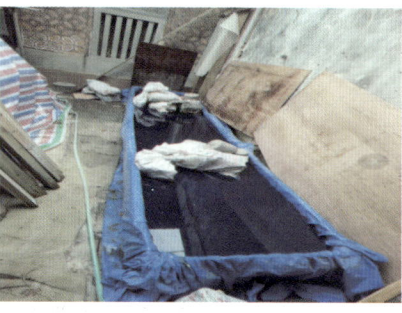

图 1-47　防虫防腐、防白蚁药剂浸泡（二）

图 1-48　用洗耳球清理表面浮尘

图 1-49　做好起甲、起翘位置的底层地仗

传统建筑

图1-50 完全干透后,用3%~5%的B-72丙酮溶液喷淋加固位置;喷淋加固一到两遍,起到一定的封护作用

图1-51 用洗耳球清理表面浮尘;做好起甲、起翘位置的底层地仗

图1-52 酒精软化起甲、起翘部位,将5%~20%的AC33用注射器由皮下层滴注。修复刀垫棉纸,将稍干一点的彩画贴回原位置

图1-53 完全干透后,用3%~5%的B-72丙酮溶液喷淋加固位置;喷淋加固一到两遍,起到一定的封护作用

图1-54 清洗前石质竹雕上布满灰尘、黑色污垢物(一)

图1-55 清洗前石质竹雕上布满灰尘、黑色污垢物(二)

图1-56 用棉签或毛刷蘸取适量2A清洗试剂,轻轻粘揭石质文物表面上的污垢

图1-57 用洗耳球清理壁画表面浮尘

图1-58 用洗耳球清理壁画表面灰尘

图1-59 对于颜料比较脆弱的部位,用1%~3%的AC33溶液进行预加固

图1-60 用脱脂棉签蘸少量2A清洗试剂清除壁画表面的污染物

图1-61 除尘前雕花木构件污染严重,鎏金彩画色泽暗淡

图 1-62　用洗耳球清理表面浮尘；做好起甲、起翘位置的底层地仗　　图 1-63　对于粉化、起皮的鎏金表面，预先用 1% ~ 3% 的 AC33 溶液进行预加固　　图 1-64　完全干透后，用 3% ~ 5% 的 B-72 丙酮溶液喷淋加固位置；喷淋加固一到两遍，起到一定的封护作用　　图 1-65　加固、清理完成后，用脱脂棉签或纳米纤维布蘸少量 2A 清洗试剂进行清除

图 1-66　除尘完成后鎏金彩画恢复原有金色色泽　　图 1-67　吊脊作业过程（一）　　图 1-68　吊脊作业过程（二）

图 1-69　修缮后正面与前埕　　图 1-70　修缮后使用现状（一）　　图 1-71　修缮后使用现状（二）　　图 1-72　修缮后使用现状（三）

建设单位：厦门市思明区人民政府莲前街道办事处　郭莹
代建单位：厦门莲前集团有限公司　柯斯佳
设计单位：厦门惠和园林古建设计有限公司　邵西川、项梦玲
施工单位：常熟古建园林股份有限公司　何晓亮、陈世文、刘林彬
监理单位：福州善为古建筑设计有限公司　张礼月
编写人员：邵西川、项梦玲

二　思明区陈化成故居修缮工程

一、工程概况及历史

陈化成故居位于福建省厦门市思明区中华街道仁安社区草埔巷9号。故居平面呈矩形，为中轴对称式布局，是闽南传统三间张两落榉头止带前埕的民居建筑，建筑面积227.2m^2，占地面积347.5m^2。建筑沿中轴线从北到南依次为围墙、前埕、前落天井与东西榉头、前落顶厅、后落天井与东西榉头、后落大厅与附属房（图2-1、图2-2）。1982年被厦门市人民政府公布为市级文物保护单位，2001年被厦门市人民政府公布为厦门市涉台文物古迹。

陈化成故居由于年久失修、住户维护不当、人为拆改破坏，整体保存情况不佳，亟须修缮。2020年9月委托厦门翰林文博建筑设计有限公司进场勘察测绘、编制修缮方案。文物修缮工程于2021年8月8日启动施工，同年11月12日完成竣工验收。

图 2-1　陈化成故居修缮前入口

二、建筑形制

陈化成故居坐东南朝西北，平面呈矩形、中轴对称式布局，是闽南传统三间张两落榉头止大厝，建筑面积227.2m^2，占地面积347.5m^2。建筑沿中轴线从北到南依次为围墙、前埕、前落天井与东西榉头、前落顶厅、后落天井与东西榉头、后落大厅与附属房。故居除前落顶厅明间、前落东西榉头是插梁式木构架承重体系，其余均为硬山搁檩造。屋面为闽南传统硬山屋面、平脊、马鞍形山墙，红色板瓦仰合施盖。

图 2-2　陈化成故居修缮前航拍图

1. 地面

前埕地面现为后期硬化混凝土地面，原为 230mm×170mm×30mm 斗底砖地面；前落天井现为水泥地面，原为 230mm×170mm×30mm 斗底砖正铺；前落东西榉头原为 300mm×300mm×30mm 斗底砖工字铺，现被改为瓷砖、水泥地面；前落顶厅明间、寿堂后与前檐下地面为 350mm×350mm×40mm 斗底砖斜铺，次间为 300mm×300mm×30mm 斗底砖工字铺；后落天井现为水泥地面，原为 230mm×170mm×30mm 斗底砖正铺；后落东西榉头原为 300mm×300mm×30mm 斗底砖工字铺，现改为瓷砖泥地面；后落大厅明间为 300mm×300mm×30mm 斗底砖斜铺，次间为 300mm×300mm×30mm 斗底砖工字铺，现改为瓷砖、水泥地面。

2. 墙体、隔断

建筑外墙为承重墙，墙身由黄土、砂石板夯实而成，主座围合墙体厚度为 360mm，前埕围墙厚度为 320mm，室内隔墙厚 260mm。前落顶厅室内隔墙为木隔断，由下部木裙板和上部竹编灰板壁组成。

3. 柱子、柱础

故居前落天井东西榉头前檐柱，顶厅明间东西榀架有立柱 12 根。除顶厅前檐柱为方柱，其余均为圆柱，木柱下部设圆柱形石柱础，柱径 $\phi200 \sim 240$mm 不等，木柱材质为福杉。

4. 梁架

建筑前落顶厅明间与前落天井东西榉头为插梁式木构架体系，檩条直接搁置在柱头之上。其余均为硬山搁檩造，檩条直接承接在夯土墙身上，檩条直径 150～260mm 不等。前落明间东西榀架立柱间设承重梁、束木拉结。前落顶厅前檐设二跳丁头拱承接挑檐檩。前落天井东西榉头、后落大厅前檐设一跳丁头拱。

5. 屋顶

故居为双坡硬山顶，马鞍形山墙，建筑檩条上皮安条形椽板，椽板规格 110mm×30mm，空档 100mm，椽板上密铺望砖，望砖规格 230mm×150mm×10mm，望砖上为红色板瓦（240mm×270mm×10mm），仰合屋面，止脊为闽南传统平脊，马鞍形山墙样式，前、后檐未见瓦当滴水。前檐封檐板断面规格 150mm×20mm。

6. 装饰装修

建筑外窗均为条石直棂窗，内窗为杉木直棂窗。门扇除前落顶厅背立面外门为隔扇门外均为板门。

三、建筑保存现状与问题分析

（一）保存现状

1. 平面格局

前埕西侧后期住户加建 3 间民房（图 2-3）；前落东西榉头的前檐墙拆除外扩增加室内面积（图 2-4），前落天井后期加建卫生间（图 2-5）；后落天井加建卫生间；后落大厅明间东侧新建隔墙、卫生间；故居西侧与相邻建筑间巷道被围合作为卫生间；

2. 台基、地面

故居除前落顶厅明间斗底砖保存较好外，其余室内原斗底砖地面后期均被拆改，局部改为现代瓷砖地面，局部改为混凝土地面。前埕与天井地面阶沿条石缺失。后落室内外地面后期

图 2-3　前埕加建 3 间民房

图 2-4　前落东、西榉头拆改严重

图 2-5　后落天井增设卫生间，增设树脂瓦屋面

抬高。

3. 墙体

建筑前埕、前后落天井后期加建隔墙围合以拓展室内空间。建筑室内房间后期加设隔墙分隔做次间使用。建筑墙体多处拆除，增设门窗洞口做交通与采光使用。2021 年 8 月 5 日受第九号台风"卢碧"的影响，陈化成故居遭受大风暴雨侵袭，故居前落东侧山墙与后落东榉头后檐墙交接处墙体坍塌，后经修缮（图 2-6 ～ 图 2-8）。

4. 大木结构

前落榉头前檐柱缺失 3 根，梁架缺失。建筑屋面漏雨渗水，屋面檩条受潮，檩条端部与顶部通风不畅，毛细水反复作用，糟朽严重。

5. 屋面及木基层

前落榉头、明次间屋面板瓦酥碱，局部增设石棉瓦屋面。后落除明间前坡屋面为板瓦屋面外，其余均被拆改，后落榉头屋面改为斗底砖贴面，后落次间屋面改为现代瓷砖、斗底砖贴面。屋面木基层因渗水、漏雨，加之通风不畅而糟朽严重。

图 2-6　墙体局部坍塌

图 2-7　夯土墙坍塌断面现状

图 2-8　前落榉头前檐墙被拆改

6. 装饰装修

建筑门窗后期因住户生活使用以及对外出租需要，进行拆改，增设门窗洞，安装铁艺门扇。

（二）残损原因分析

1. 自然因素

陈化成故居建筑周边地形局促，室内外排水不畅，室内，特别是后落，潮气大。风雨侵蚀加之维护不当，造成屋面瓦件松动破碎、屋面漏雨、木基层糟朽；雨水沿墙体下渗，墙体出现开裂、酥碱、空鼓等现象；外立面墙体受风吹雨打，抹灰酥碱，局部坍塌。

2. 人为因素

前落住户因生活起居需要，特别是为对外出租房屋需要，对建筑内部的平面进行多次、多处拆改，增设卫生间、门窗洞破坏了原风貌。后落住户自用，但内部格局因使用需要也被拆改。住户自行维修屋面、地面，因缺乏文物保护意识和工艺，用现代瓷砖、斗底砖不当维修，使文物建筑风貌遭到进一步破坏。

四、保护工程目标及修缮原则

（一）保护工程目标

通过科学合理的技术手段，消除屋面漏雨、木构件损坏变形、墙体倾斜开裂等造成的隐患和危害，有效保护建筑主体结构安全。按现存建筑的面貌和残存的痕迹、历史信息，经过甄别，拆除在后期使用过程中由于维修改造增建与历史面貌不协调的部位和构筑物，还原历史，充分体现建筑历史面貌的真实性和完整性。

（二）修缮原则

本次修缮遵守不改变文物原状的原则。修缮采取的策略，以解决文物残损点、保证文物健康、恢复文物传统风貌为主要目标。在保护文物安全的限度上进行干预，必须避免过度干预对文物古迹价值和历史、文化信息的改变。修缮采用传统材料、传统工艺做法。实施保护措施前对建筑现状进行分析判断，确定历史原貌和后期变化，对文物的修补、恢复部分进行可识别处理，保证文物的真实性、完整性。

五、民居的修缮策略

（一）平面格局

综合住户实际使用需要、资金投入情况以及街道社区与住户的沟通协商情况，前埕加建的3间民房予以保留，部分卫生间，部分后期加设的采光、通风窗洞、门洞等予以保留。前落、后落天井加建部分予以拆除，恢复建筑风貌，特别是前落，后期拟作为陈化成故居对外开放，整体风貌要求还原。

（二）地面

拆除后期维修不当的瓷砖、水泥地面，平整清理地面，采用水平激光仪、墨斗进行地面基层找平、高度定位。使用三七灰土、中砂做地面基层，用闽南陶红斗底砖铺地，用橡皮锤拍实，壳灰砂浆勾缝。斗底砖斜铺时用整块斗底砖在入口门扇居中起铺；斗底砖工字铺时用整块斗底砖在入口门扇一角起铺，通缝方向与天井阶沿石平行。施工过程中对后落大厅地面进行拆除，瓷砖地面以下约15cm处发现原斗底砖地面层，要求予以还原（图2-9～图2-12）。

(三)墙体

根据现状墙体残损情况,先对后期加砌的隔墙进行拆除,铲除空鼓、酥碱的墙面抹灰。拆除后期加建门窗洞后用红砖封堵,设置拉结钢筋。2021年8月5日受第九号台风"卢碧"的影响,故居遭受大风暴雨侵袭,前落东侧山墙与后落东榉头后檐墙交接处墙体坍塌。原墙体为碎瓦、黄土夯筑而成,考虑坍塌墙体断面夯土墙夯实度不足,墙脚夯土墙雨水侵蚀剥落,考虑文物安全,根据专家意见,新做墙体花岗岩料石基础,墙身采用黏土砖砌筑并进行归安,新旧墙体交接处要求设置接槎、拉结筋(图2-13~图2-16)。

图2-9 寿堂后斗底砖铺设

图2-10 后落前檐斗底砖工字铺设

图2-13 墙基勘探

图2-14 坍塌墙体恢复

图2-11 天井斗底砖地面

图2-12 后落大厅瓷砖地面下原斗底砖地面层

图2-15 墙面抹灰施工

图2-16 内墙隔断修复完成

（四）大木结构

待屋面揭瓦、后期加改建墙体拆除后进行大木构件的修缮。主要是对糟朽檩条、木柱的新制更换，包镶墩接。特别是前落榉头需拆除前檐红砖墙，新制木柱、束木，恢复前檐坎墙、直棂窗。后落榉头与次间屋面因是斗底砖贴面屋顶，雨水渗漏严重，檩条糟朽尤为严重，需进行替换归安。所有新旧大木构件在归安前均需涂刷—硼合剂进行防腐防虫处理。

（五）屋面及木基层

屋面进行整体揭瓦，揭瓦、拆脊前需对文物屋面形制、尺寸规格进行原形制复核，对屋面瓦件规格、瓦垄数、瓦件搭接比例、屋脊尺寸曲线、檐口扎口处理等进行详细的勘测、记录。屋面瓦件揭取后，对屋面木基层也需要进行原形制复核。待屋面檩条修缮后，重新铺钉椽板，椽板需进行防虫防腐处理，并涂刷熟桐油2遍进行防护。椽板、檩条埋于墙体、屋脊内部的端头需刷沥青避免受潮。板瓦按搭七留三施盖，老瓦头伸入屋脊内的长度需大于1/3，脊瓦需坐中铺设。瓦面铺装完成后，瓦楞应整齐直顺，瓦当均匀，瓦面平整，坡度平顺，整洁美观（图2-17～图2-19）。

（六）装饰装修

施工过程中采用海绵、土工布、三合板对前落前檐的隔扇窗、披窗进行成品保护。对于后期新做、拆改的与传统门窗风貌不符的门窗进行拆除，参照传统门窗样式重做杉木板门、直棂窗。对建筑室内老旧、起甲的油漆重新进行油饰，使其恢复原貌。

六、活化利用

陈化成故居不仅蕴涵着故居的产生和清末民初的政治、经济、文化、民风习俗等诸多历史信息，更重要的是，它还包含陈化成在故居生活工作留下的故事和痕迹，其简单朴素的建筑特征及装饰陈设，无不体现陈化成虽膺任一方最高海军长官，但其个人和家庭生活俭朴，为官清廉勤勉，不讲究吃穿用度的作风。

陈化成故居修缮后建议进行陈列布展，对陈化成生活工作场景进行部分复原，对陈化成的生平进行梳理展示，作为爱国主义教育基地、纪委廉洁教育基地对外开放。

图2-17 屋面揭顶、瓦件拆卸规整

图2-18 屋面糟朽檩条替换

图2-19 屋面瓦件搭七留三施盖

七、结语

本章探讨了陈化成民居的修缮策略，主要从保护措施与材料工艺做法两个方面，对民居的平面格局、地面、墙体、大木构架、装饰装修等方面的修缮进行了探讨与分析，并根据故居现状保存情况与陈化成生平提出活化利用建议，希望为厦门古建筑的保护修缮与活化利用提供参考。

（注：除特别说明外，现状与施工照片来源于厦门翰林文博建筑设计有限公司和厦门翰林苑建设工程有限公司）

建设单位： 厦门市思明区人民政府中华街道办事处
设计单位： 厦门翰林文博建筑设计院有限公司
施工单位： 厦门翰林苑建设工程有限公司
监理单位： 福州善为古建筑设计有限公司
编写人员： 厦门翰林文博建筑设计院有限公司　晏雪飞、陈毅祥

三 海沧区困瑶村陈林宅保护修缮工程

一、项目概况

(一) 历史沿革

陈林宅位于福建省厦门市海沧区海沧街道困瑶村山仰社298号,南300m有漳嵩铁路东西穿过,北500m有角嵩路由东至西穿过,北600m为海沧中学所在地。海沧山仰社于1952年被划归困瑶乡,为海澄困瑶乡山仰社。1958年海澄三都划归厦门,现如今为困瑶行政村下的山仰社。

山仰陈氏历史可追溯至明朝。大约在明朝末年,山仰陈氏始祖陈罗曹开基山仰(今属困瑶村),何地迁来尚无从考究。陈氏先祖生三子,大房居北市,二房居山仰,三房居海门。山仰裔孙分五大房,裔孙800人左右(含北市)。[1]

据业主口述,陈林宅由其先人建造于清代晚期。

陈林宅修缮后正立面如图3-1所示。

(二) 建筑形制

陈林宅占地面积约448m²,总面宽22.4m,总进深约20m。宅院坐东南朝西北,方向320°,为两进带两护厝的闽南传统院落式民居,由前埕,前、后进主体建筑及左、右护厝组合而成,建筑结构为硬山搁檩造,檩条直接搁置在山墙及分隔墙上。建筑屋脊与常见的闽南大厝屋顶形式一致,采用硬山顶形式,主厝和护厝分别为圆形马鞍脊和燕尾脊(下落为双曲燕尾脊/三川脊,上落为燕尾脊)。

平面布局上,陈林宅可分为大厝、护厝及前埕,整体表现为前埕后厝。大厝面阔三间,由下落、上落及两侧榉头合成天井空间。下落设塌寿,形成一个檐下空间;塌寿之后为下厅,下落因循三开间的结构建成三山脊式叠落燕尾的造型,形象独特。上落次间分为边房、后房,正厅靠后做板壁寿堂,后有过道后轩;顶落步口两侧巷头均设有通向护厝的侧门(巷头门),大房由巷廊进出;后房较小,由后轩进出。大厝两侧设有护厝,护厝下落部分同大厝设塌寿,形成檐下空间;通过护厝塌寿大门即为护厝厅,护厝与大厝之间设过水廊、巷头门进行连接,总共形成四个深井、十六个护厝房间的双护厝格局(图3-2)。

图3-1 陈林宅修缮后正立面(图片来源:周白聪 摄)

传统建筑

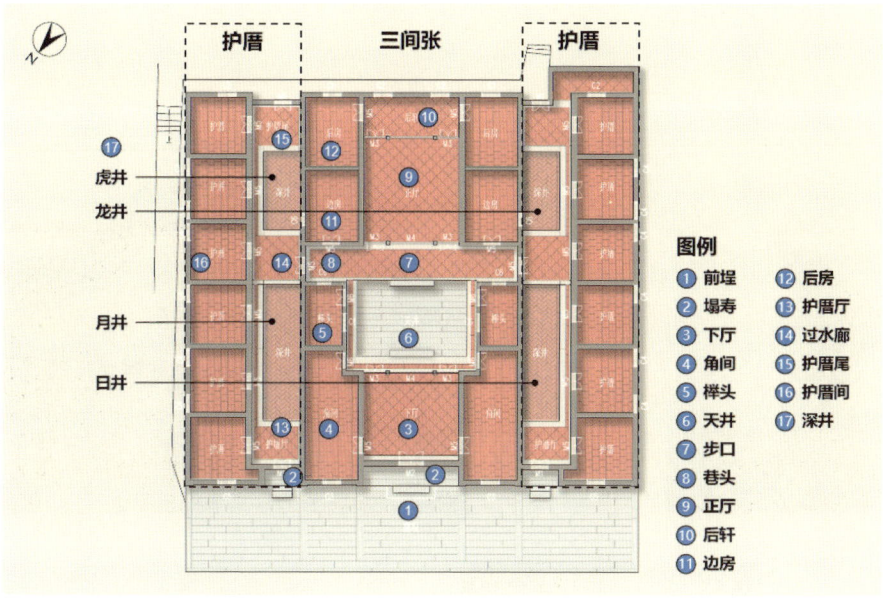

图 3-2 陈林宅平面分析图

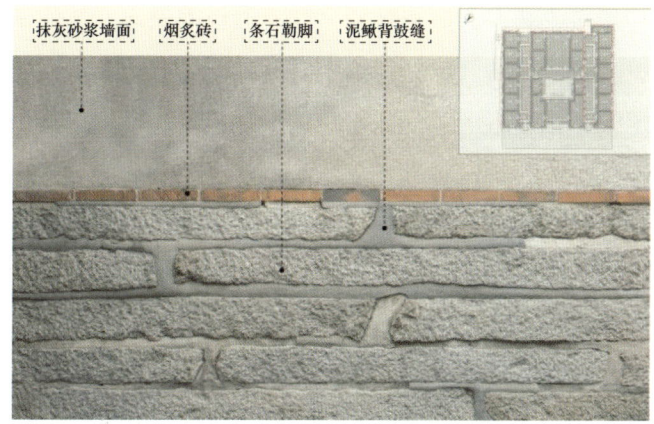

（三）建筑艺术特征

陈林宅外墙勒脚部位为条石，条石部分的勾缝采用灰色调的大缝隙泥鳅背类型的鼓缝，灰调的勾缝色彩与条石、抹灰砂浆墙面的色系色彩相近，使得整个建筑的底部自然协调（图 3-3），表现了道家"和于自然、消隐"思想在闽南建筑之中的融合；勒脚部位以上为红砖砌筑，红砖砌筑部分的勾缝采用白色调的纸筋灰元宝缝，红砖与白色勾缝的明显对比表现出大面积的红色被白色勾缝分割，使得立面红砖部分形成具有视觉焦点的层次美感，正立面拼花镜面墙的白色勾缝也有助于丰富原有立面的色彩，与上方水车堵精美的灰塑剪粘、泥塑彩绘等相得益彰。

二、文物价值

（一）历史价值

陈林宅始建于清代晚期，属于传统的闽南红砖民居类型，是闽南传统的三间张双边护风格。在建筑布局和功能分布上，整体呈现中轴对称、

图 3-3 陈林宅墙面勾缝形式（从上到下依次为石墙缝、砖墙缝）

男尊女卑、长幼有序的伦理观念和严格的封建等级制度，该栋建筑可作为研究清代历史、清代闽南红砖民居的"活化石"。该宅于 2012 年被海沧区人民政府公布为一般不可移动文物。

（二）艺术价值

陈林宅为山墙直接承檩结构，檩条直接搁在山墙及分隔墙上，硬山顶主厝和护厝均为圆形马鞍脊和燕尾脊的结合，显得隆重而又细腻。外墙柜台脚、裙堵均用花岗岩条石砌筑，大厝身堵为抹灰面层上

刻印砖纹装饰，护厝身堵为红砖砌筑镜面墙。该宅装饰较为精美，有一定的艺术价值。大门两侧对看堵为灰塑螭龙纹图案和彩绘"花开富贵"等。它的梁架、坐斗、格扇、屏风等有较精美的木雕，主要内容有花鸟、麒麟、象等。水车堵有灰塑、彩绘的山水画。屋脊上残有花草等剪粘，体现了闽南地区工匠高超的造型艺术手法（图 3-4）。

  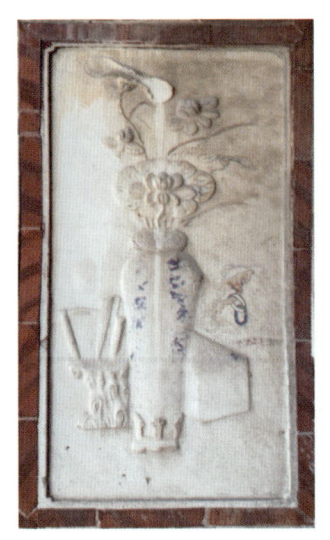 

图 3-4　陈林宅局部细节

（三）科学价值

陈林宅在空间功能、结构形式和地方建筑材料上注重协调统一。采用当地常见的乡土建筑材料，既发挥了材料的力学性能，又注重材料的质感和美学因素，形成和谐、自然的建筑立面形式和村落景观，既充分表现出鲜明的地域特征和人文气息，也展示了闽南传统建造工艺和技术，反映出当地的文化水平和审美情趣，具有一定的学术内涵和科学价值。

（四）社会价值

陈林宅的建筑形制在山仰社并不常见，属于当地规模较大、等级较高的闽南大厝，蕴含闽南传统的古老遗韵，其自身的历史建筑元素符号丰富了困瑶村的建筑肌理。

陈林宅的屋顶是其建筑特征的重要组成部分，精美花草的剪粘造型蕴含着其主人所崇尚的生活理念及传统观念。从尾面和建筑装饰可看出其主人对美的向往，对生活的热爱。建筑装饰大多蕴含着主人对生活的美好寓意，包含着丰富的中国传统文化信息。陈林宅有助于我们深入了解中国传统文化，从而更好地传承中国传统文化。

三、设计和施工

（一）残损情况

陈林宅建成年代久远，风吹日晒，且年久失修。经现场勘察发现，建筑的各部位均存在着不同程度的损坏，如东榉头已塌，西榉头墙体也有部分破损；木构件自然老化损坏；墙体部分抹灰脱落，水车堵的灰塑破损，建筑的地面铺装、门窗、其他油饰等均有损坏，还有结构老化、风化、植物根系破坏等情况（图3-5）。

图3-5 建筑残损情况

（二）勘察数据采集及建筑信息化处理

由于现场条件的限制以及该栋建筑修缮工作的急迫性，笔者团队采用激光三维扫描技术，对陈林宅进行快速、精确、多方位的数据采集工作，并通过相关配套软件进行三维立体建模。最后通过对生成的三维模型进行切片（图3-6），辅以现场可测绘的建筑数据做综合对比，减小数据误差，配合传统CAD软件进行绘制。

（三）修缮设计

1. 修缮主要内容

（1）针对建筑老化的损伤进行修缮。对老化、泛潮发黑的墙面抹灰、地面污渍、杂物等进行清理和修缮。

（2）局部构件补强维修。

（3）恢复坍塌的东榉头。

（4）对受损严重的构件进行替换。

（5）遵循修旧如旧的原则，恢复被拆改的建筑原貌。

（6）对屋脊、水车堵、对看堵的灰塑、瓷片剪粘等缺失部分进行修整、复原。

2. 主体木构架

木构件根据建筑现状进行原状复原修缮，按照《古建筑木结构维护与加固技术标准》（GB/T 50165—2020）相关技术要求，尊重当地传统工艺和匠师经验，进行科学修缮。具体表现在对损坏严重的木构件进行替换，东榉头参照西榉头样式进行恢复；对轻微糟朽、开裂的木构件进行加固整修；对于部分蛀蚀、糟朽严重的大木构架按原形制进行更换（所有木构件均做防虫防腐处理）。

3. 屋面

屋面修缮过程中，施工方在瓦面铺盖前对瓦件进行逐件检查，有裂纹、扭曲、掉棱缺角、霉烂不全、尺寸不符等质量问题的瓦件不再进行回铺。对已坍塌屋面做复原修复，选用与现场原构件材质相同的材料进行修复，对于部分市面采购不到的砖瓦等，以原构件的做法及风格为依据，进行定制烧制。

4. 墙体墙面

对倾斜墙体的条石基座进行扶正，砖墙拆砌，

图3-6　三维模型剖立面切片

墙面仿刻"斗子砌"面层修缮时按建筑原形制进行复原（修缮时材料、色泽、图案与原墙面一致），修缮时对原有墙面保存较好部分进行妥善保护，有效防止施工过程可能造成的破坏。墙外皮抹灰修缮时所用材料基本参数（粒径、质感、色泽）与原墙面基本一致。由于建筑外立面管线杂乱无章，本次修缮对外墙墙面管线进行规整隐藏。对于对看堵、水车堵灰塑部分及彩画进行适当修补复原。建筑内墙面采用白灰墙面工艺，正厅墙裙原状为清水烟炙红砖面，在保护原有墙体的同时，对酥化严重的烟炙砖及砌筑砂浆进行替换。对于墙体局部坍塌部分，根据现场实际情况进行保护性拆除，利用可以利旧砖块根据原有样式进行重建（对于无法利旧的砖块，所选用新砖块的规格、质感、色泽与原墙面一致）。

5. 地面铺装

本次修缮对室内地面现状保存较好的原有铺装进行表面清洗；对室内与原形制不符的后改地面及破损严重的斗底砖，先铲除后改部分或者对破损部位进行揭墁，用砂、石做地面垫层，并加水灌注夯实，在垫层上铺撒细砂找平。在铺砌地面之前先在有高差处、门槛及柱网的拉结方向以石条设框，然后在框格内沿45°斜向密铺地砖，地砖为本地烧制的红砖（所用材料与尺寸均与原材料相同）。

6. 门窗

对于门窗出现"上下冒头、梃、芯腐朽"的情况，进行"接梃换冒"局部更换、拆落框扇，锯掉损坏部分，用高低榫或指形榫拼接相同截面的新料，用胶料黏结严密、牢固，刨光平顺。对于"糟朽严重构件"，选用同样材质的优质木材，按照与原来相同的样式进行现场制作，铁活铁件则用原有构件，对于缺失五金配件采用相同规格进行补配。

7. 装修装饰

为了保护建筑原有装修装饰在施工时不被损伤，在施工前对装饰的现存状态采取防脱、防碰、防潮等预保护措施。建筑内部分附有雕刻、彩画等装饰的构件如"残损不堪，无法继续使用"，通过将装饰从原材中整体揭取，移贴至新配构件的对应位置进行恢复。对于缺损的砖石雕刻、木雕等装饰，原则上只应实施现状防护，使其不再继续损坏，并不进行完整恢复（图 3-7、图 3-8）。

图 3-7　下落疏窗门木雕

图 3-8　下落疏窗门修缮后

8. 排水系统

为解决建筑及场地排水不畅问题，对天井处的暗沟进行疏通，且前埕及建筑周边排水坡度经过实际测量后重新设计再施工，使排水最后进入村中的地下排水系统，成功解决了原来因为周边房屋的建设而导致建筑及场地排水不畅的问题。

（四）实施效果

为了保护建筑物的真实性和完整性，根据闽南传统建筑风格、做法，对建筑进行全面修缮保护（图3-9～图3-17）。东榉头坍塌重建，屋面、墙面等破损部位进行修缮恢复，对于后期新建、改造不符合原貌的部分，在依据充分的情况下进行折除、恢复，充分利用原有构件，残损构件经维修回转后能够重复使用的应继续使用。恢复建筑历史原貌，让文化遗产得以永续传承。在不破坏建筑外观及风貌的基础上，按照现行规范要求，对陈林宅进行维修保护，提高文物建筑的安全性能，确保其安全使用。

图3-9 上落屋面修缮前

图3-10 上落屋面修缮施工过程（图片来源：厦门翰林苑建设工程有限公司）

图3-11 上落屋面修缮后（图片来源：周白聪 摄）

图3-12 护厝墙面修缮前

图3-13 护厝墙面修缮施工过程（图片来源：厦门翰林苑建设工程有限公司）

图3-14 护厝墙面修缮后（图片来源：周白聪 摄）

图 3-15 地面铺装修缮前

图 3-16 地面铺装修缮施工过程（图片来源：厦门翰林苑建设工程有限公司）

图 3-17 地面铺装修缮后（图片来源：厦门翰林苑建设工程有限公司）

（五）后期活化利用情况

在陈林宅修缮工程实施完成后，经我方设计人员后期回访发现，该建筑延续原有的居住功能，目前仅有东护厝业主回迁，其余部分均闲置。鉴于该建筑修缮的历史艺术价值、工艺价值等不能得到更进一步发挥，建议将该处作为历史文化场所进行功能活化。这不仅有助于提升村子的凝聚力，也可使古建老宅所承载的历史文化价值与社会教化意义得到村民的重视，真正造福当地的村民。

四、总结

文物建筑既是历史文化的载体，又是对历史文明真实的记录。对历史文物建筑的修缮保护、开发利用，必须严格尊重历史的真实性，尊重其历史原貌及原状，不进行人为主观的改造，否则就是在一定程度上对历史进行篡改与否定。我国文物保护工作繁重且复杂，对于抢救下来的古建筑，相关单位、居民等应落实对其后期的养护、活化工作，这样才能发挥好古建筑自身的价值，造福当地村民。

（注：除特别标注外，文中所用图片均为厦门大学建筑设计研究院有限公司项目设计组拍摄、制作）

参考文献

[1] 廖艺聪. 海沧姓氏源流 [M]. 厦门：厦门大学出版社，2016.

建设单位：厦门市海沧区人民政府海沧街道办事处
代建单位：厦门海沧土地开发有限公司　张燕斌
设计单位：厦门大学建筑设计研究院有限公司　李志刚、黄章钦、于滨彬、李慧、林智超、游玉峰、刘伟民
施工单位：厦门翰林苑建设工程有限公司　喻婷、饶先俊、王政、杨威松、曾丽华、张育龙
监理单位：厦门惠和园林古建设计有限公司　徐晶
编写人员：于滨彬、李慧、刘伟民

四　海沧区渐美村许朝落宅保护修缮工程

一、项目概况

（一）历史沿革

许朝落宅位于福建省厦门市海沧区渐美村西片 356 号，渐美村坐落于海沧街道西北部，九龙江入海口北岸。渐美村下辖渐美、芦坑 2 个自然村，是海沧著名侨乡之一，华侨多分布在马来西亚、新加坡、越南等东南亚国家。[1]

许朝落宅为清代华侨许朝落（又称许朝姥）所建。许朝落为渐美社（今渐美村）人，因生育 9 子，故在村中盖了 9 栋房子，其风格主要为"前后进的燕尾脊屋顶、精美的石木雕刻、石条铺就数丈方的大坪"[1]，目前现存较好的两栋为渐美村 207 号和渐美村西片 356 号（许朝落宅）。

（二）建筑形制

许朝落宅为一座由前后三进主体建筑及左右榉头组成的院落式闽南大厝，整体风格与漳州地区大厝类型相近。建筑坐北朝南，现占地面积约 248m²，总面宽 12.4m，总进深约 20m（图 4-1）。砖木石结构，硬山顶，建筑结构为山墙搁檩造，檩条直接搁置在山墙及分隔墙上。三进主体建筑均为燕尾脊（下落为传统的三川脊，上落为燕尾脊）。

平面布局上，建筑面阔三间，二进院落，由下落、上落及两侧榉头围合成天井。大门前建有条石前埕，下落不设塌寿，仅以前檐墙后退，由两侧山墙伸出挑檐石支撑出檐，形成一个檐下空间。室内地面铺设红色斗底砖，顶落次间分为前、后房，正厅靠后做板壁寿堂，后有过道寿堂后（后轩），顶落的前沿走道两侧有侧门通户外，即"巷头门"，大房由巷廊进出；后房较小，由寿堂后进出（图 4-2）。

图 4-1　主厅修缮后正立面（图片来源：周白聪　摄）

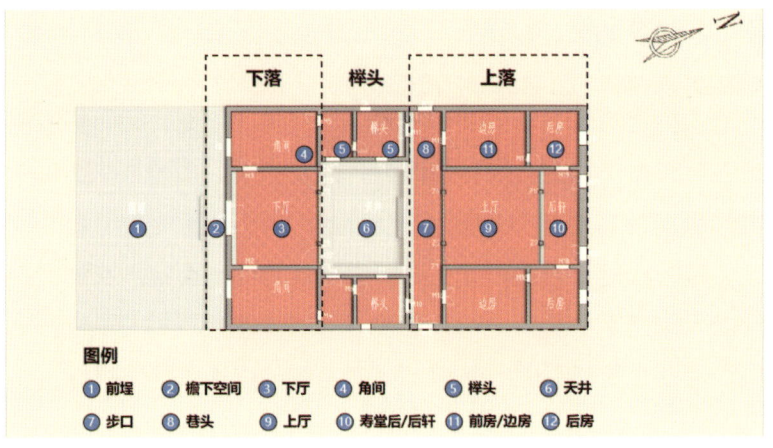

图 4-2　许朝落宅平面分析图

（三）建筑艺术特征

许朝落宅采用的是闽南传统大厝民居的常用做法，其上落及下落屋面为双坡屋面，总体呈现逐层下降的形式。屋面雨水由坡屋面排向天井，通过天井处左侧的放水口流入暗沟排向前埕。建筑山墙承檩，檩条上间铺木椽板，其上再密铺红色望砖，最后铺本地红色板瓦，厅两侧房间均设有天窗。其中上落及下落正厅中脊檩条均有包巾彩绘纹饰，彩绘纹饰相对保存较好。

许朝落宅前檐墙后退，由两侧山墙伸出挑檐石支撑出檐，形成一个檐下空间的方式为漳州地区常见做法，该建筑为海沧区具有典型漳州民居风格的闽南传统大厝。建筑外墙勒脚部位为条石砌筑，勒脚以上为砖石砌筑，下落镜面墙为灰塑画假砖方式仿灰砖斗仔砌，其余外墙面为壳灰砂浆抹面；建筑内墙面现状做法为石灰黏土打底抹平压光后，再进行壳灰砂浆压光、提白，使得整体建筑风格较为朴素，但在局部又采用精美的木雕、石刻，凸显出建筑主人对生活的美好追求。

该栋建筑原形制斗底砖铺装：上厅及下厅采用方砖（430mm×430mm×40mm）对缝斜铺，上落的两间前房为方砖（400mm×400mm×40mm）对缝斜铺，上落的两间后房为方砖（400mm×400mm×40mm）工字铺，下落次间为方砖（340mm×340mm×40mm）工字铺，两侧榉头为六边形砖（200mm×40mm），上落檐下空间及寿堂后为方砖（400mm×400mm×40mm）工字铺。各个房间的铺装采用的是传统闽南大厝的斗底砖铺装形式，在凸显空间等级的同时，也不脱离生活，体现了传统的伦理及等级制度。

二、文物价值

（一）历史价值

许朝落宅在建造风格上属于传统的闽南红砖民居类型，具有明显的中原合院民居特点。在建筑布局和功能分布上，基本沿袭中国传统建筑的伦理关系，整体呈现中轴对称、男尊女卑、长幼有序的伦理观念和严格的封建等级制度，许朝落作为华侨的一员，在建造该栋建筑时并没有效仿西式建筑或者将西方元素融入，许朝落宅不仅可作为一栋研究清代历史、清代闽南红砖民居的"活化石"，也可作为研究当时华侨归乡后遵守传统伦理制度的建造工程实例。

许朝落宅于2012年被海沧区人民政府公布为一般不可移动文物。

（二）艺术价值

许朝落宅下落正立面镜面墙采用灰塑画假砖方式仿灰砖斗仔砌的做法，朴素的闽南民居建筑的传统建造工艺成为建筑正立面的表达重点。山墙规尖灰塑部分为类似悬山顶悬鱼构件的形状，形式简约，极具古韵古风，在红瓦、规带和白墙之中起到连接过渡作用的同时，也起到对立面构图的平衡作用。

其前、中、后进的燕尾脊屋顶、石条铺就数丈见方的大坪、线条简约流畅的白石柜台脚、脚踏石以及十分传神、惟妙惟肖的石刻门簪、门枕、梁架浮雕狮座、螭龙纹斗栱、透雕花板、骑梁瓜筒等，不仅凸显出其过去的气派非凡，也将闽南工匠高超的匠造工艺、技法淋漓尽现（图4-3）。

（三）科学价值

许朝落宅在空间功能、结构形式和地方建筑材料上注重统一协调。采用当地常见的乡土建筑材料，既发挥了材料的力学性能，又注重材料的质感和美学因素，形成和谐、自然、朴实的建筑立面形式和村落景观，既充分表现出鲜明的地域特征和人文气息，也展示了闽南传统建造工艺和技术，反映出当地的文化水平和审美情趣，具有一定的学术内涵和科学价值。

图 4-3 许朝落宅局部细部

（四）社会价值

渐美村的传统闽南大厝随着社会历史的发展，许多已经难以见到踪影，许朝落宅作为渐美村仅存不多的传统大厝，其存在不仅有助于抒发闽南传统的古老遗韵，其自身的历史建筑元素符号，也有助于丰富渐美村的建筑肌理。

许朝落宅作为清代华侨许朝落的 9 栋民居中现存较好的一栋，作为华侨文化的重要载体之一，通过深入发掘和提炼华侨精神，有助于留住海外侨胞的乡愁，让心系家乡、情牵故土的优良传统得以传承。

许朝落宅的屋顶是其建筑特征的重要组成部分，传统、朴素的造型蕴含着其主人所崇尚的生活理念及传统观念，包括其建筑装饰，很多都是从生活实质得来的，这些建筑装饰对于社会生活的各个层面都有深刻的反映，包含着丰富的传统文化信息。许朝落宅对于现代社会的发展，具有一定的启示意义，有助于我们去学习先人朴实的生活理念，对其建筑装饰进行更深入的研究，有助于我们深入了解中国传统文化，从而能够更好地传承中华传统文化。

三、设计和施工

（一）修缮概况

许朝落宅建成年代久远，风吹日晒。经现场勘察发现，现有建筑的各部位均存在着不同程度的损坏，如西榉头坍塌，墙体部分抹灰脱落，建筑的地面铺装、门窗、其他油饰等均有损坏，加上结构老化、风化、植物根系破坏等，亟待维修。

（二）修缮及施工方案

1. 主体木构架

许朝落宅下落室内大木构件基本完好，灯梁及雕花灯座样式现存一侧，通往天井的木隔板糟朽严重；上落室内大木构件损坏严重，承重构件倾斜，现状是以脚手架辅助支撑，通往天井的木隔板雕花格栅损毁、糟朽严重；东榉头大木构件基本完好，表面油漆剥落。

本次保护修缮工程对木构件根据建筑现状进行原状复原修缮，按照《古建筑木结构维护与加固技术标准》（GB/T 50165—2020）相关技术要求，尊重当地传统工艺和匠师经验，进行科学施工。

2. 屋面

建筑现状屋脊保存完好，坡屋面局部瓦片及望砖破损、粉化，西榉头因檩条被白蚁蛀蚀、糟朽而导致屋面坍塌。

由于许朝落宅的屋面瓦件、望砖、木椽板等构件残损较为严重，所以屋面的修缮是本次保护修缮工程的主要工作内容之一。在对许朝落宅屋面进行修缮前，对木构架采取了临时支护措施（临时遮雨大篷），对于屋面采用全面保护性揭瓦，并且揭瓦时，设计单位对现场进行二次补勘，对于因初勘条件所限不能测绘到的瓦件、木构件尺寸规格进行补充。施工单位对椽板和檩条的糟朽情况进行逐一检查，对可继续用的板瓦逐一挑选、整齐码放，在恢复瓦屋面的工程中利旧；对缺失、破损的板瓦，根据原规格进行定制补配。

3. 墙面

建筑外墙面灰塑画假砖墙面局部风化剥落，后期抹灰处理，局部建筑外墙面砂浆层空鼓、脱落，影响建筑外立面风貌；业主曾经在室内烧柴火做饭，导致墙面大面积发黑；局部内墙面因屋面屋瓦破损、局部坍塌而受潮严重，大面积墙面面层空鼓、脱落（图4-4～图4-6）。

针对墙面粉刷层空鼓、开裂、后期抹灰处理的情况，铲至砖墙基层后再重新粉刷，恢复墙面粉刷层；对于仅墙面起皮及局部脏污的情况，通过打磨现有面浆层，再经刷壳灰浆进行墙面处理。

图4-4 灰塑画假砖墙面残损现状

图4-5 山墙立面残损现状

图4-6 室内立面残损现状

4. 地面铺装

条石铺装的前埕与天井未见明显破损，条石夹缝处长有杂草，由于年久失修以及后期植物根茎生长的影响，天井条石及榉头过道条石存在移位或局部隆起的情况；屋面倒塌的榉头以及上落两间后房现有铺装均为后改水泥铺地，与原形制不符；原有房间斗底砖铺装由于年久失修以及后期人为生活影响，出现局部斗底砖泛碱、脏污、开裂等现象（图4-7～图4-9）。

针对上述条石移位、局部隆起的情况，清理、重做水平和加固基层后再将石条归安，在三合土基层加部分碎石、碎砖以加强稳固条石。由于条石较重，现场工人使用碎石及地面作为支点，用钢管作为撬棍对条石进行移动、调整，使其归至原位。

后改的水泥铺地不仅与原形制不符，影响原有风貌，而且会直接影响地下潮气的疏通，影响基础及墙体的使用寿命，所以拆除后改水泥铺地，恢复斗底砖铺地；对于酥碱、开裂且塌陷严重的斗底砖，在修缮前先重做水平，且采用原有地砖拼接翻铺，部分不满足拼接利旧的斗底砖则采用同形制的新砖补替。

5. 门窗

许朝落宅现状窗户类型为闽南传统石棂窗；原有木门窗保存情况较差，大部分破损、糟朽严重（年久失修、白蚁蛀蚀），存在一定安全隐患；局部门窗因后期使用需求，存在后改现象，与原有历史风貌严重不符。据业主口述，2007年11月主厅的雕花门扇被盗2扇，本次工程未能查询到相关的图纸、历史照片作为修复依据（图4-10～图4-12）。

本次修缮对木门窗局部缺损的部位进行挖补；对木门窗框榫子走动、变形的情况则通过校正进行归安；门窗扇全部按照与原形制相符的设计要求制作与建筑风格相符的新门窗扇，运

图4-7 榉头过道条石隆起现状

图4-8 房间后改水泥铺地

图4-9 下厅斗底砖泛碱、开裂

到现场由工人进行拼装和安装。本次木门窗的油漆施工中，对原来的门窗框进行脱漆工艺处理，再与新加工的门窗扇按如下流程施工：批腻子—打磨—刷头道油漆—复批腻子—打磨—刷第二道油漆—打磨—刷第三道油漆。

图 4-10 主厅被盗门扇位置　　图 4-11 后房缺失门扇　　图 4-12 榉头后改门扇

6. 排水系统

现状由于一侧榉头屋面的倒塌、局部屋面瓦的破损，室内积水、雨水渗漏严重。天井明沟杂草丛生、杂物堆积，暗沟长期未进行疏通，导致天井雨天易积水，对居民的正常居住使用造成了严重影响。

经过本次项目的修缮，许朝落宅的排水系统得以疏通恢复。榉头屋面的恢复及坡屋面破碎屋瓦的替换，使得屋面排水系统得以恢复；天井内杂草及杂物的清理、排水沟暗沟的疏通，使得建筑的地面排水系统得以恢复。修缮后许朝落宅的暗沟排水较为畅通，不易积水，有效保证了建筑主体地基结构的稳定性（图 4-13、图 4-14）。

（三）实施效果

本次工程对许朝落宅进行全面修缮，西榉头重建，修复其他部位损伤，清除后期添加改建部分，恢复建筑历史原貌，让文化遗产得以永续传承；在不破坏文物外观及风貌的基础上，按照现行规范要求，对许朝落宅进行建筑维修保护，提高建筑的安全性能，确保其安全使用（图 4-15～图 4-26）。

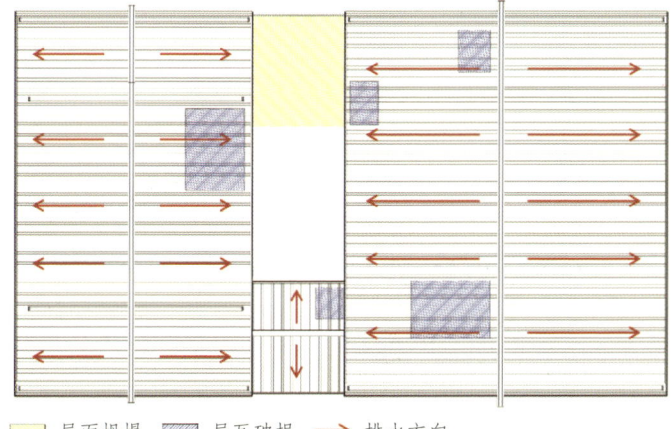

图 4-13 修缮前许朝落宅屋面鸟瞰图　　图 4-14 屋面平面排水示意图

图4-15　下落屋面修缮前　　图4-18　上落椽板、檩条修缮前　　图4-21　上厅步口斗栱修缮前　　图4-24　西榉头立面修缮前

图4-16　下落屋面修缮施工过程（图片来源：厦门翰林苑建设工程有限公司）　　图4-19　上落椽板、檩条修缮施工过程（图片来源：厦门翰林苑建设工程有限公司）　　图4-22　上厅步口斗栱修缮施工过程（图片来源：厦门翰林苑建设工程有限公司）　　图4-25　西榉头立面修缮施工过程（图片来源：厦门翰林苑建设工程有限公司）

图4-17　下落屋面修缮后（图片来源：周白聪　摄）　　图4-20　上落椽板、檩条修缮后（图片来源：周白聪　摄）　　图4-23　上厅步口斗栱修缮后（图片来源：周白聪　摄）　　图4-26　西榉头立面修缮后（图片来源：周白聪　摄）

（四）建筑三维信息采集

由于许朝落宅年久失修，建筑局部木构架糟朽严重致使局部檩条脱落、局部屋面及墙体破损倒塌，历史分户原因存在后期搭砌矮隔墙遮挡，局部房间长期未居住使用导致杂物堆积等，使前期测绘工作的开展难度较大，且存在一定的安全隐患。笔者团队利用三维信息采集技术（图4-27），尽量还原许朝落宅的原始风貌。

（五）后期活化利用情况

许朝落宅修缮工程实施完成后，除了局部还在居住使用以外，其他的公共空间、房间承接了许氏家祠的功能。除了祭祀祖先以外，但凡婚丧嫁娶、寿宴满月都要在家祠中举行，成为家族社交的重要场所。家祠功能的活化利用有助于家族文化的延续和传承，促进中华文化传统和价值观的弘扬，增强家族成员之间的凝聚力和归属感，促进社会的和谐发展，具有重要的现实意义。

图4-27　三维模型剖立面切片

四、总结

由于文物本体有自身的独特性，其修缮工程具有特殊性。文物本体自身属于不可再生资源，具有不可复制性，有其自身的历史价值、艺术价值、社会价值等，对文物的修缮工作需要相当谨慎。在实施修缮工程的过程中，对文物不能进行更新改造，要根据文物本体风貌进行科学详细考究，找出文物的修复依据，对文物进行最小干预的修缮，最大限度地保留和修复建筑文物本体。

本文在实地调研和写作过程中，得到厦门市海沧区人民政府海沧街道办事处、渐美村居委会等相关单位及部门的支持和配合，谨此一并致谢，并附上本次工程项目的相关单位及人员。

（注：除特别标注外，文中所用图片均为厦门大学建筑设计研究院有限公司项目设计组拍摄、制作）

参考文献

[1] 黄达绥，吴光辉."风土海沧"民俗调查丛书：平安渐美卷[M].北京：知识产权出版社，2018.

建设单位：厦门市海沧区人民政府海沧街道办事处
代建单位：厦门海沧土地开发有限公司　张燕斌
设计单位：厦门大学建筑设计研究院有限公司　李志刚、黄章钦、于滨彬、李慧、游玉峰、刘伟民
施工单位：厦门翰林苑建设工程有限公司　喻武、饶先俊、王政、杨威松、曾丽华、张育龙
监理单位：厦门惠和园林古建设计有限公司　叶江杰
编写人员：于滨彬、李慧、刘伟民

五 灌口双岭三落大厝（九十九间大厝）修缮工程

一、历史背景

双岭三落大厝坐落在灌口镇仙灵棋山脚下，是洪氏家族所建，据"市头洪氏族谱序"记载，家族始祖洪清溪，宋朝时在江西饶州府乐平县当过知县。其家族的第五代洪乾伦分支迁居到秀岭（现双岭村），大厝为当时所建（1420—1436年），属明朝中期的建筑物。这座双岭三落大厝还有个别称，叫"九十九间大厝"，但其实九十九间大厝并没有那么多房间，而是因为有九十九扇门而得名（图5-1、图5-2）。

1914年的那次火劫既是双岭三落大厝没落的开端，也是它作为辛亥遗迹的明证。据了解，灌口镇是闽南革命军的策源地之一。1909年，由旅甸华侨庄依瓦、陈贱臣、庄尊贤、陈延香等组织成立灌口同盟会，以经商为掩护，在陈嘉庚、庄银安等人的资助下，招收200多人组成灌口国民革命军，购买枪支弹药，积极开展反清武装斗争。袁世凯复辟帝制后，灌口国民革命军积极响应孙中山的讨袁护国运动，进行了艰苦卓绝的斗争，庄尊贤等23名革命志士为此献出宝贵的生命。双岭九十九间大厝也就是在这个时候惨遭军阀毒手的。1914年，革命党人在距双岭九十九间大厝3km的东辉九十九间大厝建立一座军火库，开展军事训练。为了拔除这根眼中钉、肉中刺，北洋军阀举兵前来围剿。因力量悬殊，革命党人及时撤退了。人生地不熟的北洋军，便抓了一个本地人当向导。不料此人深受进步思潮影响，故意将他们引到同名但不同方位的双岭九十九间大厝，使敌军扑了个空，挖地三尺也没能找到一枪一弹。在撤离双岭之前，北洋军气急败坏，在九十九间大厝中院大厅放了一把火，使得中落前后三间几乎被烧个精光。如今，在被烧毁的主房尚能看见烟熏火燎的残垣断壁、几欲掉落的门梁柱子和天井里零乱堆放的块块条石等遗物。双岭九十九间大

图5-1 修缮前鸟瞰照片

图5-2 修缮后鸟瞰照片

厝的完整风貌，就是因为那场劫火而残缺的。此后，居民纷纷外迁，洪氏家族就此分散各处，九十九间大厝也一天一天地衰败下去（图5-3）。

曾经的三落大厝为了防盗防火，宅前有护院沟，宅后房子不设窗，院内开了三口水井，长年不涸，井水水位高，手舀可得，水质清甘。古宅位于双岭村"大厝自然村"仙灵棋山脚下。据说村名大厝正是因这一宅院而得。古宅依山而建，占地十几亩，呈半圆形，由护院沟、围墙、晒谷场、院落主体、小果园等构成。护院沟约长100m、宽4m、深1.5m，由人工挖掘而成，其挖出的土石方成为筑墙材料。这条护院沟不仅可作为宅院的防护设施，而且起到一定的防火作用。围墙与护院沟相衔接，并沿整个古宅包围成半圆形。高2m、宽0.66m的围墙底层由鹅卵石构成，上层则由包含着砖、石块的红泥夯筑而成。前院设置了一堵约1.5m高的矮墙与护院沟平行，墙体中还开凿四个直径0.5m有余的花窗以做通风之用。接着是约长80m、宽20m的前埕，前埕也作为晒谷场使用。在前埕左侧设置一座更楼，想必是富豪人家防匪之用，右侧则是两间农具间，放置着碾米用的滚石等。古宅有三个特别的地方：一是在右边设置了一个5m×6m的风雨亭，作为休闲、休憩场所使用；二是院落内设置了三口水井，井深不到1m，俯身伸手可及；井口仅有0.66m宽，水质清爽甘甜，涝时不溢旱时不枯；三是院落的整个墙体由红糖、石灰、砖片、石子等糅合夯筑而成，其坚固程度不亚于现今的水泥，而且墙体除正面外其他三面均没有留窗，据说是为了防匪，采光和通风主要靠门和天井。古宅墙壁以糯米、红糖、土石夯成。当时，建筑所用材料（包括石料）全靠外运，大多从水路运载到前场、后溪码头而后转到双岭村，前后用了三年时间才竣工。

二、建筑形制特征

建筑坐西北朝东南，为闽南传统红砖大厝风格建筑。建筑整体平面布局呈同字形。由主座，左、右双排护厝，后界及前埕五个区域组成。其中前埕左侧设有更楼，右侧设有农具间，是由砖墙围合而成的砖埕。主座为五间张两落大厝，设三川脊。左、右双排护厝由过水廊相接，双排护厝均为三段递增屋面，护厝前层屋面最低，依次递增，护厝后层屋面最高。后界同为三段递增屋面，明间正厅屋面最高，依次向两侧递减。

前埕为红砖（180mm×280mm×30mm）铺

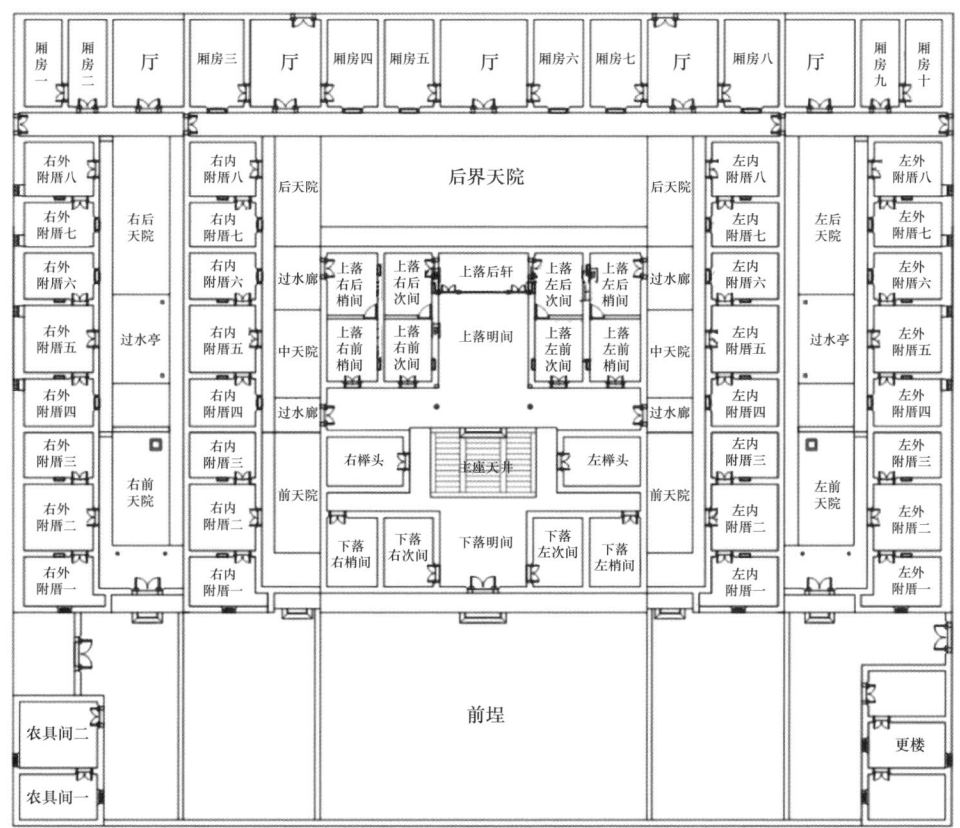

图5-3 九十九间大厝格局图

设的砖石前埕，分三阶，主座前的前埕最高，为红色斗底砖人字缝斜铺，四周做条石收边，左、右内护厝前的前埕稍低一些，为红色斗底砖工字缝正铺，四周做条石收边，左、右外护厝前的前埕最低，同为红色斗底砖工字缝正铺。三段前埕间均设有排水沟排水至墙外。左侧设更楼，右侧设农具间，更楼与农具间之间设围墙将前埕围合，为红砖砌筑墙体，壳灰砂浆抹面，不开门，更楼与农具间和左、右外护厝间设大门，左右进出。两处附属用房均为双坡硬山顶屋面，块石墙裙，夯土砖墙身，壳灰砂浆抹面，均为搁檩造，板瓦仰合屋面。

主座为五间张两落大厝，孤塌无内凹，不设塌头，将对看堵设置在左、右两侧内护厝处，孤塌与天井门楼齐平，传统条石台明，如意踏跺。上、下落明间均为红色斗底砖（360mm×360mm×30mm）十字缝斜墁铺地；上、下落次间，厢房次间，过水廊，后轩均为红色斗底砖（300mm×300mm×20mm）工字缝糙墁铺地；天井为条石铺设。

正立面墙体为柜台脚下槛，上设三层条石墙裙，后红砖砌筑墙身，外抹灰做缝，空斗砖墙砌筑花纹饰面。设条石直棂窗与双开板门；榉头处墙体为条石下槛、墙裙红砖全顺式砌筑，外不抹灰，烟炙砖收边，为木结构框架；两侧护厝外墙体均为块石砌筑下槛，墙身红砖全顺式砌筑；其余墙体均为单条石下槛，块石墙裙，墙身红砖全顺式砌筑，外抹壳灰砂浆。

主座整体为砖墙承重，仅上落明间处设有两根立柱，位于步口，下落明间设有木隔扇，做四根方形立柱，其中靠次间两侧立柱为半柱。榉头为墙体承重。

建筑整体为搁檩造建筑，屋面均为硬山顶屋面，除明间与次间的屋面做燕尾脊外，梢间屋面做马鞍规带，砖石压脊，不做燕尾。榉头屋面为传统硬山顶屋面。

左、右护厝相对，在总体结构布局上一致，分内外的双排护厝，均为硬山顶，攒尖规带，砖石压脊。其中，内、外护厝开间数量一致，房屋间距基本平行，都由八间房屋组成，合计32间房屋。内部地面与台明也呈三段式递增，便于走水。所有房间均为搁檩造建筑。内护厝与主座间设有过水廊相连，过水廊间设有前、中、后三个天井，天井为红色斗底砖（180mm×280mm×30mm）工字缝糙墁，过水廊为红色斗底砖（300mm×300mm×20mm）工字缝细墁。内、外护厝间设有风雨亭，面积较为宽敞，平时用于休闲、集会等。风雨亭前、后设有两个天井，为红色斗底砖（180mm×280mm×30mm）工字缝糙墁，护厝门扇均为双开板门，且内护厝单侧不设窗，外护厝单侧设小窗采光。

后界设有一长步口，与后界天井，左、右护厝相接，后界天井与主座相接，但不设进出门。内护厝与外护厝，外护厝与外界均设有一扇门相隔。两侧为燕尾脊屋面，中间屋面为攒尖规带，砖石压脊。分三段式搭接屋面，其中以七、八、九号间屋面最高，四、五、六号间次高，一、二、三号间最矮。一、二号间为一户；三号间独立一户；四、五、六号间为一户，五号间为明间，左右相通；七、八、九号间为一户，八号间为明间，左右相通；十、十一、十二号间为一户，十一号间为明间，左右相通；十三号间独立一户；十四、十五号间为一户。五号间与十一号间设有与外侧相通的门扇，除此之外外墙上均不设窗扇。除明间与独立成户的开间内为红色斗底砖（360mm×360mm×30mm）十字缝斜墁铺地外，其余开间内与步口处均为红色斗底砖（300mm×300mm×20mm）工字缝糙墁铺地。

三、文物建筑的价值评估

双岭三落大厝始建年代为明代，虽现存样式已不是明代样式，但其背后的价值仍不可忽略，是位于灌口镇两栋九十九间大厝的其中一栋，为典型的闽南红砖建筑，同时也是典型的厦门地区闽南风格建筑。清代建成时其展示着洪氏家族当年庞大的经济实力，却也躲不过战争时代的洗劫，曾作为保护闽南革命军的替代品，背负着那个时代特有的历史。红色的建材专用于皇家宫殿、庙宇及帝王宗祠这一类建筑，被称为宫廷色，本为"庶民不许"，却在闽南民间大量使用，这与闽南人长期从事海外贸易，民间积累了巨大财富以及炫奇斗富、讲求排场的乡风有关。由于福建沿海地区自古以来都是"山高皇帝远"，加上闽南人"敢为天下先"的特性，闽南红砖建筑在一定历史时期内快速发展。至今仍保留着大火过后被烧黑的砖墙，是时代的记忆。双岭三落大厝复建初期与福建特有的土楼、土堡有相似的作用，是具有防御功能的家族聚落。这与时代、历史背景有着极其密切的关系，双岭三落大厝也是防御性古建筑中的典型代表作之一，为此段历史实物例证之一，具有较高的历史价值。

双岭三落大厝的建筑布局别出心裁。根据当地的习俗，选址在秀岭（双岭）越尾山下谓之"虎穴"的风水地，古宅之处为虎头，古宅的建筑格局平面构成"虎脸"，宅前的护院沟（长约100m、宽约4m）是"虎口"，其后的一堵围墙上，两旁的圆窗为"虎眼"。古宅后院围墙呈椭圆形，则是虎的脑勺，整体看来俨然一副虎头模样。现今古宅前院大门之上还挂有圆形的"虎头"标志，图案至今仍可辨识。所谓的"虎身"在越尾山腰上，形如卧虎（当地人称"睡虎"）之状。与越尾山腰上的龙公、龙母岭相互依托，造成"卧虎藏龙"之势。其独特的营造技艺，依附着传奇般的时代背景，呈现了独特的艺术价值。

双岭三落大厝的选址独特，是中国古建筑风水中极其优秀的代表。闽南民居的建筑形制与选址有着一套完整的风俗习惯。此风俗习惯虽有一定的封建迷信思想，却与如今的建筑科学选址不谋而合。可谓古人的智慧。"阴阳"是民居中需要调和的方面，北阴南阳、西阴东阳是基础，此大厝坐北朝南，东西对称式布局，则是取尽背阴面阳、东西等值相济的最优风水。其科学作用则为现代建筑最看重的采光。"紫气东来"也是闽南民居常见的营造技艺，即前埕院落大门设在东面，而非南面开门，在风水上这样可迎接东来的紫气。其科学分析则是，基于闽南地区的地理位置与季风性气候，夏季刮南风，冬季刮北风，建筑坐北可避北风，前埕南侧不开门可避南风，保证了建筑的安全。"四项必备"是宅基的选择基础，即民宅的选址多以"四神地"为最优，北侧玄武背山，南侧朱雀面水，东侧青龙起伏，西侧白虎俯卧。传统选址认为山主富贵水主财，左、右两侧有小丘陵。此大厝背靠越尾山，面设护院沟，左右通透。实为最佳风水宝地。双岭三落大厝是传统习俗与科学结合的实例。该栋建筑的保护具有重要的科学价值。

双岭三落大厝为洪氏后人现存的文物建筑，对记录和传播洪氏家族历史有着不可磨灭的作用，具有维系洪氏后人、启迪族人、团结乡邻的社会作用。同时双岭三落大厝也记录着战争时期的种种历史，各种残存依稀可考，其经历与历史也能警示后人，激励后人继续脚踏实地地进步。双岭三落大厝的全面保护和修缮，有利于推动集美区乃至厦门市文物保护事业的发展，对留住集美区的历史，推动集美区文化遗产保护、文化旅游发展等具有重要的作用，也使闽南传统红砖大厝的建筑风格不被新时代的建筑所淹没，对于后人的古厝知识传播有着重要的社会意义，因此具有较大的社会效益和价值。

四、设计和施工

（一）方案设计

1. 现场勘察

主座上厅、下厅被大火烧毁后搭建简易轻钢屋面，原始墙基、柱位、台基仍在（图 5-4）。

前埕杂草滋生、围墙破损，附属局部坍塌损毁（图 5-5）。

右护厝杂物堆积、大井地面破损严重，过水亭梁架糟朽、歪斜（图 5-6）。

左护厝内院杂草滋生、垃圾堆积，连廊及过水亭已坍塌损毁（图 5-7）。

后界左侧房屋坍塌损毁，外墙也部分坍塌（图 5-8）。

后界左侧房屋坍塌损毁，台基、墙基等痕迹仍在（图 5-9）。

图 5-4　主座　　　　图 5-5　前埕

图 5-6　右护厝　　　图 5-7　左护厝

图 5-8　后界左侧（一）　图 5-9　后界左侧（二）

2. 残损现状及修缮措施汇编

（1）主座（表 5-1）

表 5-1　主座残损现状及修缮措施

部位	残损现状	修缮措施
平面格局	主座上落明间，东、西次间，东梢间，东榉头屋面已整体坍塌，仅余部分墙体； 四榉头被后期拆改； 主座内部碎石瓦砾堆积，杂草丛生	全面恢复倒塌部分。 清运主座碎石瓦砾，清理杂草
台基地面楼楞	上落： 地面整体残损严重，明间被水泥地面覆盖； 因年久失修，东榉头地面整体残损严重。 下落： 明间被水泥地面覆盖；次间、梢间、凹寿斗底砖地面破损严重； 天井及下落阶沿石局部歪闪； 因年久失修，西榉头地面整体残损严重	上落： 破损地砖按原规格形制进行全面翻修； 东榉头破损地砖全面翻修。 下落： 破损地砖全面翻修； 天井及下落阶沿石调正； 西榉头破损地砖全面翻修
墙体	外墙： 夯土墙局部坍塌缺损； 墙体抹灰整体空鼓剥落； 墙裙勾缝局部脱落。 内墙： 上落及东榉头隔墙多数坍塌无存； 西榉头为后期改建墙体，不符合原有形制； 下落西次间墙体为后期改建墙体，不符合原形制	外墙： 采用土坯砖补砌恢复坍塌墙体；铲除空鼓抹灰层，采用壳灰砂浆进行砖缝置换后恢复墙体抹灰； 对局部脱落的墙裙勾缝进行检修补抹。 内墙： 全面恢复东榉头坍塌墙体； 西榉头后期改建墙体拆除后重新按原形制砌筑； 下落西次间期改建墙体拆除后重新按原形制砌筑
柱子、柱础	全部木柱已缺失无存，柱础缺失	补配缺失木柱及柱础

续表

部位	残损现状	修缮措施
大木构架	由于年久失修，屋面坍塌，多数檩条已缺失无存； 步口梁架整体缺失4组； 部分挑檐斗栱糟朽缺失4组	全面揭瓦维修，更换、补配受损檩条； 补配缺失步口梁架4组； 补配挑檐斗栱4组
屋面	上落明间、东次间、西次间、东梢间屋面整体坍塌； 东榉头屋面整体坍塌； 残存年久失修，局部破裂、瓦片及望砖局部酥碱滑落，多处渗漏； 残存椽条糟朽程度达90%以上	全面恢复上落明间、东次间、西次间、东梢间坍塌屋面； 全面恢复东榉头坍塌屋面； 对残损瓦面全面揭瓦翻修，更换破损构件； 更换残存糟朽椽条，补配全部缺失椽条
装饰装修	大门、门框及门窗多数存在不同程度残损； 上落太师壁整体缺失无存	大门、门框及门窗全面恢复； 上落太师壁整体复

(2) 前埕（表5-2）

表5-2 前埕残损现状及修缮措施

部位	残损现状	修缮措施
平面格局	平面格局基本保存； 建筑室内修缮时残余瓦件、砖石、杂物堆积	保持原基本平面格局； 清理、外运残余瓦件、砖石、杂物
地面	前埕斗底砖地面破损严重； 前埕两侧附属用房斗底砖地面破损严重	更换前埕破损的斗底砖地面； 更换两侧附属用房室内破损的斗内砖地面
墙体	局部墙体抹灰污损、破损严重； 右屋部分墙体坍塌无存； 围墙部分坍塌损毁	对污损、破损严重的抹灰铲除重新抹灰； 对坍塌的墙体进行重砌； 对坍塌损毁的围墙进行补砌、修复
大木构架	由于屋面漏雨，部分檩条糟朽严重	屋面全面揭瓦维修，更换受损的檩条

续表

部位	残损现状	修缮措施
屋面	屋面瓦件松动、叠压不均、瓦垄参差凌乱、部分瓦件碎裂缺失，局部屋面缺失； 屋顶椽板糟朽严重，屋脊局部破损严重	屋面全面揭瓦维修；更换受损的瓦件，更换受损的椽板，整修受损的屋脊
装饰装修	门窗缺失、损毁严重	对受损的门窗、壁橱进行维修

(3) 右护厝（表5-3）

表5-3 右护厝残损现状及修缮措施

部位	残损现状	修缮措施
平面格局	平面格局基本保存； 建筑室内修缮时残余瓦件、砖石、杂物堆积	保持原基本平面格局； 清理、外运残余瓦件、砖石、杂物
地面	天井斗底砖地面破损严重； 房间室内斗底砖地面破损严重； 廊道斗底砖地面破损严重； 天井卵石地面破损严重	更换天井破损的斗底砖地面； 更换两侧附属用房室破损的斗底砖地面
墙体	局部墙体抹灰污损、破损严重； 部分墙体坍塌无存	对污损、破损严重的抹灰铲除重新抹灰； 对坍塌的墙体进行重砌； 对坍塌损毁的围墙进行补砌、修复
大木构架	由于屋面漏雨，部分檩条糟朽严重	屋面全面揭瓦维修，更换受损的檩条
屋顶	屋面瓦件松动、叠压不均、瓦垄参差凌乱、部分瓦件碎裂缺失，局部屋面缺失； 屋顶椽板糟朽严重，屋脊局部破损严重	屋面全面揭瓦维修；更换受损的瓦件，更换受损的椽板，整修受损的屋脊
装饰装修	门窗缺失、损毁严重； 斗栱、木雕等装饰构件均损坏严重	对受损的门窗、壁橱、斗栱、木雕等构件进行维修

（4）左护厝（表 5-4）

表 5-4　左护厝残损现状及修缮措施

部位	残损现状	修缮措施
平面格局	平面格局基本保存； 建筑室内修缮时残余瓦件、砖石、杂物堆积	保持原基本平面格局； 清理、外运残余瓦件、砖石、杂物
台基地面楼楞	天井斗底砖地面破损严重； 房间室内斗底砖地面破损严重； 廊道斗底砖地面破损严重； 天井卵石地面破损严重	更换天井破损的斗地砖地面； 更换两侧附属用房室内破损的斗地砖地面
墙体	局部墙体抹灰污损、破损严重； 部分墙体坍塌无存	对污损、破损严重的抹灰铲除重新抹灰； 对坍塌的墙体进行重砌； 对坍塌损毁的围墙进行补砌、修复
大木构架	由于屋面漏雨，部分檩条糟朽严重	屋面全面揭瓦维修，更换受损的檩条
屋顶	屋面瓦件松动、叠压不均、瓦垄参差凌乱、部分瓦件碎裂缺失，局部屋面缺失； 屋顶椽板糟朽严重，屋脊局部破损严重	屋面全面揭瓦维修；更换受损的瓦件，更换受损的椽板，整修受损的屋脊
装饰装修	门窗缺失、损毁严重； 斗栱、木雕等装饰构件均损坏严重	对受损的门窗、壁橱、斗栱、木雕等构件进行维修

（5）后界（表 5-5）

表 5-5　后界残损现状及修缮措施

部位	残损现状	修缮措施
平面格局	平面格局基本保存； 建筑室内修缮时残余瓦件、砖石、杂物堆积	保持原基本平面格局； 清理、外运残余瓦件、砖石、杂物

续表

部位	残损现状	修缮措施
台基地面楼楞	天井斗底砖地面破损严重； 房间室内斗底砖地面破损严重； 廊道斗底砖地面破损损坏严重； 天井卵石地面破损损坏严重	更换天井破损的斗底砖地面； 更换两侧附属用房室内破损的斗底砖地面
墙体	局部墙体抹灰污损、破损严重； 部分墙体坍塌无存	对污损、破损严重的抹灰铲除重新抹灰； 对坍塌的墙体进行重砌； 对坍塌损毁的围墙进行补砌、修复
大木构架	由于屋面漏雨，部分檩条糟朽严重； 左侧屋面大面积坍塌无存	屋面全面揭瓦维修，更换受损的檩条； 重建坍塌无存的屋面
屋顶	屋面瓦件松动、叠压不均、瓦垄参差凌乱、部分瓦件碎裂缺失，局部屋面缺失； 屋顶椽板糟朽严重，屋脊局部破损严重； 左侧屋面大面积坍塌无存	屋面全面揭瓦维修；更换受损的瓦件，更换受损的椽板，整修受损的屋脊
装饰装修	门窗缺失、损毁严重； 斗栱、木雕等装饰构件均损坏严重	对受损的门窗、壁橱进行维修； 对受损的斗栱、木雕等装饰构件进行修复

3. 补充勘察

场地清理后墙基、柱位、地面露明，设计单位现场重新补充勘察，对所有墙基、柱位及地面铺装进行重新核实、校正，对有误差的设计内容进行修正，对深度不够的部分进行补充设计。主座左榉头及墙基细节如图 5-10、图 5-11 所示。

图 5-10　主座左榉头

 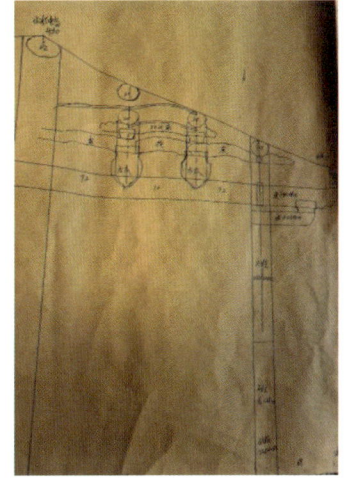

图 5-11　主座左榉头墙基细节及草图

（二）施工工程

1. 场地清理

场地清理后墙基、柱位、地面露明后，邀请设计单位现场补充勘察（图 5-12～图 5-17）。

2. 屋面揭瓦

屋面全面揭瓦，对保存较好的板瓦、望砖、椽条进行收集回收，分类堆放，清理后备用（图 5-18～图 5-20）。

3. 材料进场

材料进场时核对数量、规格、品质等，木料需复检其含水量，土坯砖检查其外观状况（图 5-21～图 5-25）。

4. 墙体修复

对坍塌损毁的墙体进行重砌，破损的卵石墙裙重新勾缝加固，空鼓的灰浆墙面铲除面层后重做（图 5-26～图 5-31）。

5. 现场木作构件加工

根据图纸现场加工木作构件，现场比对、校验尺寸（图 5-32～图 5-37）。

6. 屋面木基层维修更换

对糟朽损坏严重的檩条进行更换，对开裂受损的檩条剃补后进行归安，椽条安装（原保存较好的椽条清理规整后利旧安装），如图 5-38～图 5-42 所示。

7. 梁架修缮

部分无存木梁架根据现场勘察及图纸进行恢复，对现存梁架的残损构件整体落架后进行修复、更换（图 5-43～图 5-45）。

8. 屋面盖瓦

木基层修复完之后进行盖瓦作业（原保存较好的板瓦、望砖清理规整后利旧安装），如图 5-46～图 5-51 所示。

9. 斗底砖修复

对受损的斗底砖地面进行修复（原保存较好的斗地砖清理规整后利旧安装），如图 5-52～图 5-57 所示。

10. 其他细部修缮

对规带线条、水车堵、卵石地面等部位进行修复，遵循原形制、原材料、原工艺原则（图 5-58～图 5-61）。

图 5-12　场地清理（一）

图 5-13　场地清理（二）

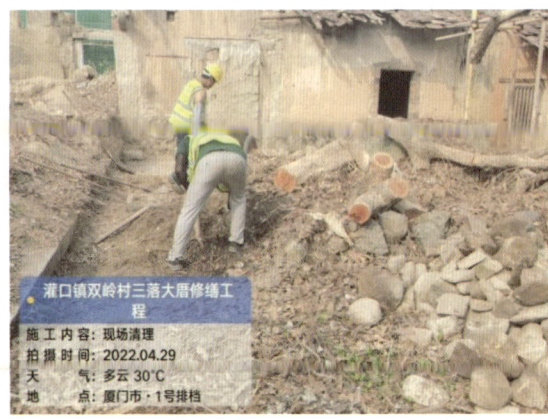
图 5-14　场地清理（三）

图 5-15　场地清理（四）

图 5-16　场地清理（五）

图 5-17　场地清理（六）

图 5-18　屋面揭瓦（一）

图 5-19　屋面揭瓦（二）

图 5-20　屋面揭瓦（三）

传统建筑

图 5-21 材料进场（一）

图 5-22 材料进场（二）

图 5-23 材料进场（三）

图 5-24 材料进场（四）

图 5-25 材料进场（五）

图 5-26 墙体修复（一）

图 5-27 墙体修复（二）

图 5-28 墙体修复（三）

图 5-29 墙体修复（四）

图 5-30 墙体修复（五）

图 5-31 墙体修复（六）

图 5-32　现场木作构件加工（一）　　　　图 5-33　现场木作构件加工（二）　　　　图 5-34　现场木作构件加工（三）

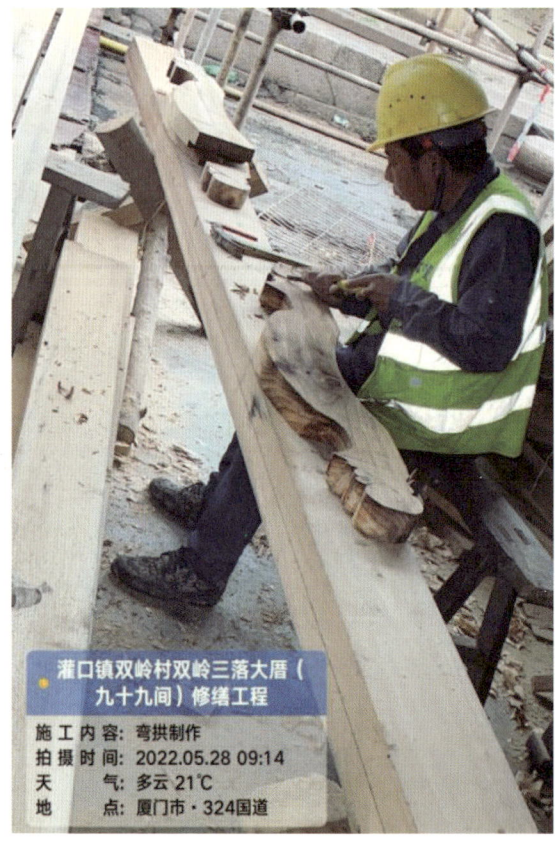

图 5-35　现场木作构件加工（四）　　　　图 5-36　现场木作构件加工（五）　　　　图 5-37　现场木作构件加工（六）

传统建筑

图 5-38 屋面木基层维修更换（一）

图 5-39 屋面木基层维修更换（二）

图 5-42 屋面木基层维修更换（五）

图 5-40 屋面木基层维修更换（三）

图 5-41 屋面木基层维修更换（四）

图 5-43 梁架修缮（一）

图 5-44 梁架修缮（二）

图 5-45 梁架修缮（三）

47

图 5-46 屋面盖瓦（一）

图 5-47 屋面盖瓦（二）

图 5-48 屋面盖瓦（三）

图 5-49 屋面盖瓦（四）

图 5-50 屋面盖瓦（五）

图 5-51 屋面盖瓦（六）

传统建筑

图 5-52　斗底砖修复（一）

图 5-53　斗底砖修复（二）

图 5-54　斗底砖修复（三）

图 5-55　斗底砖修复（四）

图 5-56　斗底砖修复（五）

图 5-57　斗底砖修复（六）

建设单位：厦门市集美区灌口镇人民政府
代建单位：厦门市杏林建设开发有限公司
设计单位：福州普为古建筑设计有限公司
　　　　　白荣裕、唐佳美、郭威、姜鑫宇
监理单位：漳州市浩瀚古建筑设计有限公司
施工单位：湖北中夏建设有限公司　苏楠
编写人员：白荣裕、唐佳美、郭威、姜鑫宇

图 5-58　规带修复过程

图 5-59　水车堵修复

图 5-60　卵石地面修复

图 5-61　熟桐油上漆

六　同安区石浔昭应庙修缮工程

一、概况

(一) 项目背景

石浔昭应庙又称浔江昭应庙，位于同安区洪塘镇石浔村西南部村边的下店宫里222号（图6-1），为厦门市涉台文物古迹。根据庙中所保存的明代石碑内容和圆形大石柱风格等的分析可知，其修建年代不晚于明代万历年间，并经历清代及民国时期数次翻建和修葺，以及1984—1986年落架翻修和装饰，仍沿用明、清时期的房基、石阶、门蹲石、拜石、石柱及梁架等建筑石木构件，并保存清代石香炉、夔龙纹供案及木刻楹联等。近年来，在建筑前方和右侧先后建设了福厦高铁和福厦动车高架桥，2009年建设的福厦动车高架桥及其桥墩距离建筑最近距离仅14.5m，2015年兴建的福厦高铁距离建筑右侧不足100m（2023年正式通车，图6-2），因此在建筑前方动车、右侧高铁的施工和运营中，文物建筑的基础、墙体和屋面出现移位、破损，存在较大安全隐患。

根据2018年石浔昭应庙建筑物鉴定报告的鉴定结果，该建筑侧向位移为D级，2019年在该建筑前埕和中殿天井、建筑后墙边等处选点钻探，出具的地质咨询报告显示，建筑地表下素土层和淤泥质土层厚度较大（图6-3），力学强度低，其下的中砂土层在7度地震时将会产生液化现象，建筑总体地基稳定性较差，这也证实了该寺庙建造于落差较大的临海坡岸上，地基极不稳定。特别是近年周边大型铁路建设项目相继开

图6-1　石浔昭应庙鸟瞰图

图6-2　处于动车线（左）与高铁线（右）之间的昭应庙

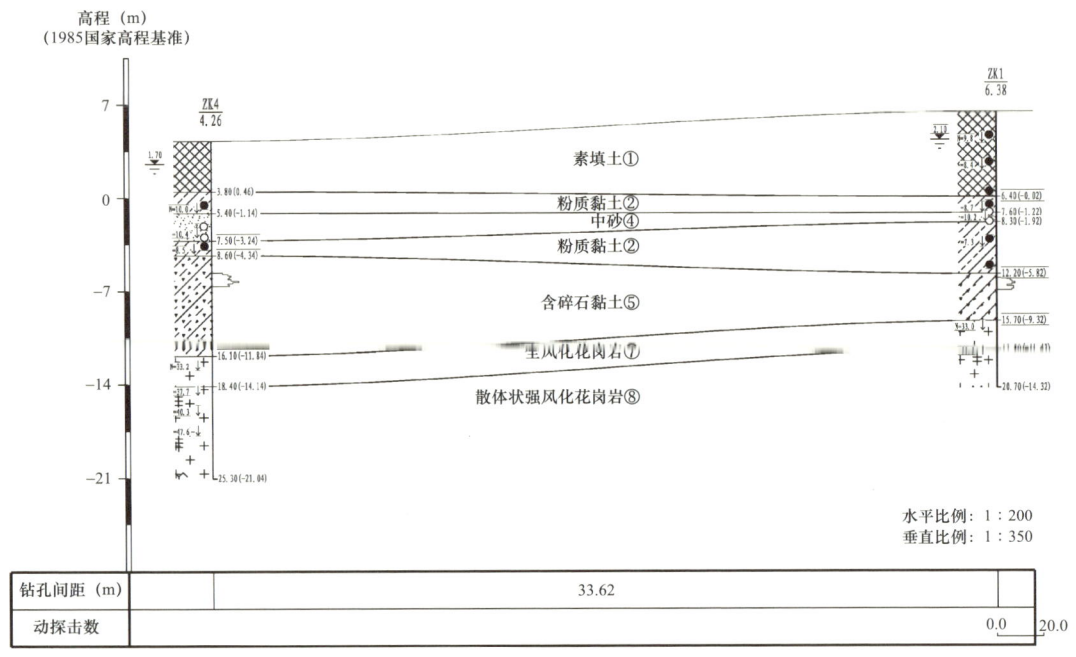

图6-3 石浔昭应庙前埕及后墙边（钻探ZK1至ZK4）工程地质剖面图（3-3'）

对原有设计方案进行了重大调整，从根本上解决建筑基础安全隐患的角度考虑，确定对该建筑实施前殿顶升替换部分糟朽木梁架、中殿整体拆卸落架和基础加固、后殿檐墙重砌和全面揭瓦的修缮方案。

（二）历史沿革

据考古资料及文献记载证实，同安石浔村历史悠久。早在唐代已得到开发，石浔村东部的唐代磁灶尾窑，遗物堆积范围3000多平方米，距今已有1200多年的历史，产品以青瓷日用器皿为主，有碗、盏、碟、杯、盆、钵、壶、罐等，烧瓷工艺较为先进，产品除供本地使用外还通过海运销往外地。至南宋末年，元兵攻占福州，宋幼帝赵昺等皇族一行南逃，曾途经石浔，并在磁灶尾窑工的帮助下，由此登舟渡海至厦门五通。明末清初，

展，逐渐造成地基出现不同程度下沉、滑坡，中殿石柱前倾并出现位移，前殿和中殿屋面略有前倾并有加大的趋势，前殿檐廊左侧对看堵墙体出现明显开裂。此外，经勘察，该建筑还存在后殿的后檐墙下沉开裂外闪（图6-4），梁柱脱榫；建筑四周夯土墙身多处灰面层空鼓脱落，出现墙体泛碱粉化和掏空现象（图6-5）；中殿和前殿木构柱子和梁架出现较明显的糟朽和蚁蚀等病害和残损（图6-6、图6-7）；屋面瓦件和脊饰部分残损，中殿博脊局部断裂。因此，2021年经代建、设计、施工、监理等各方商议和研究，

图6-4 后殿的后檐墙下沉开裂外闪　图6-5 墙体泛碱粉化和掏空现象　图6-6 中殿木柱蚁蚀状况　图6-7 外表完整而内部蚁蚀严重的梁柱

郑成功以厦门为抗清复台基地，修城筑寨，演武练兵，清顺治十二年（1655年）施琅将军奉命于石浔南面不远的丙洲督建"新城"；与此同时，石浔也筑有城池，2005年曾在昭应庙前发现城门石匾，现收藏于厦门市博物馆。从文献记载和实物发现，石浔曾是古代重要军事重镇。

在地理位置上，石浔地处河海交汇要冲，同安母亲河——东、西溪汇合后形成的双溪经由石浔流入同安湾，也称为浔江。石浔自古便是金、厦与同安县城之间的水陆交通枢纽和同安湾水上航运繁荣时期的重要港口，自古村民以海为生，多从事海上货物运输，民风剽悍，清末民国时期厦门港鹭江道一带从事码头船货装卸、搬运和摆渡最为出名的有"丙洲陈""石浔吴""后麝纪"三大姓，其中"石浔吴"即指石浔吴姓。石浔与同安丙洲一样，古时培养出许多水师将士，有名字可考的高级水师将领至少4人，最有名的当属清同治、光绪年间任福建水师提督的吴鸿源。

石浔村曾有大小宫庙寺庵20余座，以昭应庙规模最大，是古代浔江沿岸最出名的寺庙。寺庙前方远眺沿海第一高峰——天马山，天马山海拔393m，是古同安名山。因此，古时的昭应庙傍水面山，视野开阔，地处佳境，正如大门两侧明代著名书法家张瑞图所题楹联："天马迎门万里云山光日月""地龙挽殿一泓江水洗乾坤"。石浔庙主祀温府王爷，还附祀陈姓侯、日月大使、观音菩萨、福德正神等，香火兴盛，每年举办多场祭祀活动，农历十一月初七的观音祭祀庆典活动参加者就多达上千人（图6-8）。明清时期石浔吴氏宗亲衍播马来西亚、新加坡及中国台湾地区等。据1994年吴金璋《台湾吴氏族谱》记载，石浔吴氏至迟于清乾隆年间已入垦台湾溪水，分居士林、板桥等地，此庙香火也随之带往台湾。

（三）建筑形制

石浔昭应庙坐东北朝西南，由中部的主体建筑和西侧并排连建的释仔宅组成（图6-9、图6-10）。主体建筑中轴线上从前至后分列前、中、后三殿（图6-11），各殿由前向后逐级升高，面宽14.4m，总进深28.2m，建筑面积约378m²。前殿面阔3间，进深2间，前为横向门廊，

图6-8 2023年农历十一月初七观音佛祖祭祀庆典活动

图6-9 修缮前的昭应庙正面

图6-10 修缮后的昭应庙正面

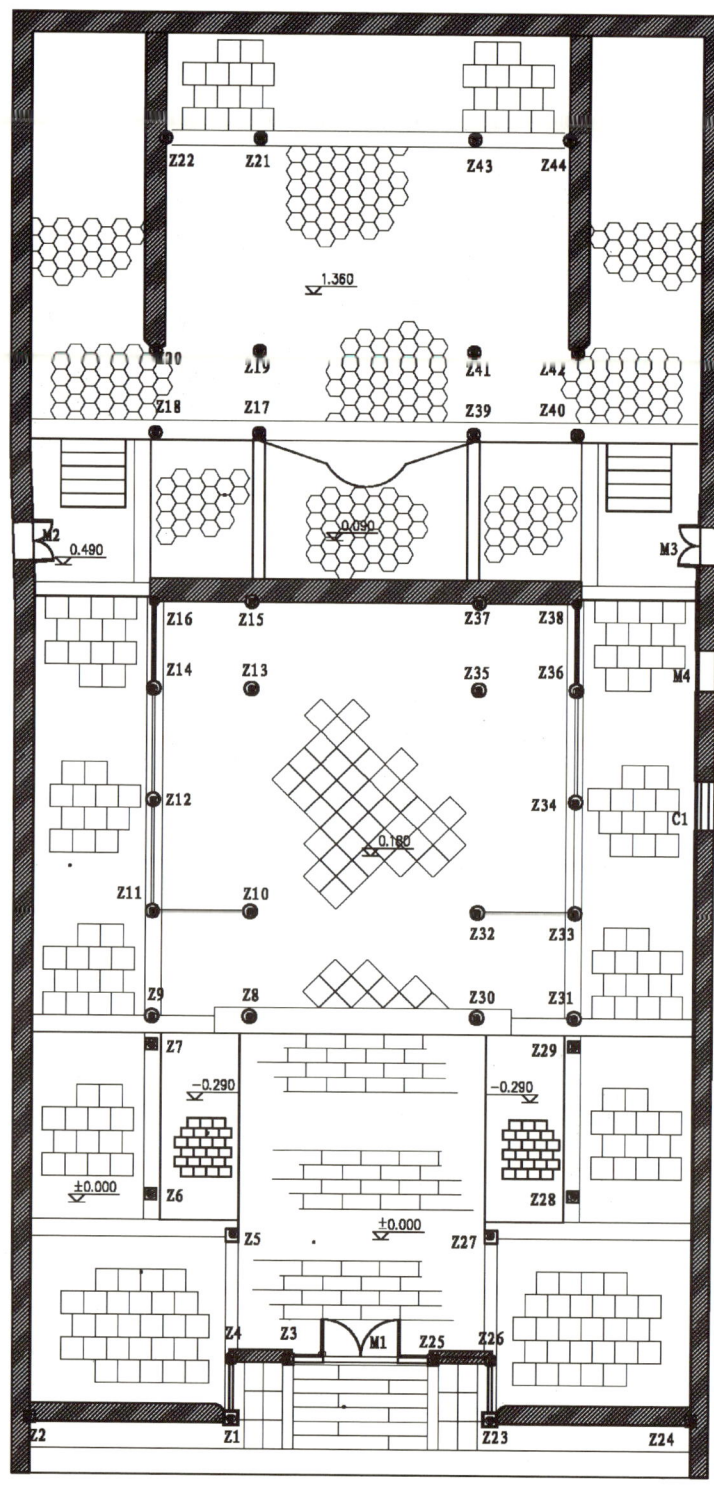

图 6-11 石浔昭应庙平面图

正中为塌寿门，中门上原有"己未年"（1991年）"昭应庙"玻璃匾额，大门两侧镜面墙有双螭抱炉圆窗，前殿背面为敞开式厅廊，抬梁式木结构，硬山顶，明间屋面高于两侧屋面，中脊高 4.9m，三川式翘脊，前、后坡板瓦屋面各有四条垂脊。

中殿为主殿，面阔 5 间，进深 4 间，中部为方形神殿，宽 8.8m，进深 6.5m，穿斗与抬梁混合梁架结构，梁柱粗大，屋架高举，中脊高达 6.3m。屋顶为四坡九脊重檐歇山顶，陶红筒瓦屋面，两侧山墙堆塑兽面悬鱼山花图案。神殿三面围以木栅栏（闽南语"木剑墙"），栅栏下方在圆筒小柱础之间连接窄长条石。神殿正中设有神龛，奉祀温府王爷，上方悬"明圣达天代巡温王"木匾，神殿前为檐廊，与两侧廊庑连通。中殿与前殿之间以方亭连接，两侧为长方形小天井，四周为宽廊庑（图 6-12）。

图 6-12 恢复后的拜亭与中殿（尚未油饰）

后殿建于高 1.24m 的花岗岩台基上，面阔 3 间，进深 3 间，前有横向天井，以砖墙隔出中厅和两侧偏厅。中厅宽大，抬梁式梁架结构，至中脊高 4.55m。中厅神龛奉祀观音佛祖，悬"渡迷津"匾，两侧偏厅分别供奉注生娘娘和天上圣母。屋顶为硬山顶，三段式燕尾脊，两坡屋面各有四条垂脊。

主体建筑的西侧释仔寺面宽 7.6m，进深 18m，2001 年在原址上仿原建筑重建，为二层楼阁式混凝土仿木结构，有前、后两个小天井，并有小门与昭应庙中殿相通。

二、文物价值

（一）中轴对称与四周环廊的前、中、后三殿格局

昭应庙始建于明代，既保留我国传统建筑中轴对称、砖木结构、重檐歇山顶等特征，又具有独特的闽南古代宫庙建筑地方特色。此建筑规模较大，平面格局特殊，以前、中、后三殿组成，前殿有凹寿门廊，中殿设有神殿，外墙为夯土墙结构，保留了早期建筑特色；中殿前廊 4 根圆石柱直径 0.35m、高 2.1m，具有典型明代建筑风格，有很高的文物价值。因该庙建造于旧时的浔江海岸边，背靠山坡面朝大海，依地势而建，地基前低后高，为突出主殿规格，主殿采用重檐歇山顶，平面格局上以围护着木栅栏的方形神殿为中心，将神殿前的横向步口檐廊与神殿两侧的纵向廊庑连接（图 6-13），贯通至前、中、后三殿，同时，前殿与中殿之间又以方形拜亭连接，形成左、右两个小天井，因此在建筑内部形成横向与纵向相互连通的宽大廊道，便于行走，遮风避雨，满足祭祀活动。而建筑前低后高的基础地势和举架高大的歇山式屋顶构架空间，使得即使在炎炎的夏日，人们也能于寺庙内感受到惬意的习习凉风。

（二）穿斗与抬梁相结合的重檐歇山顶建筑

昭应庙最为突出的建筑特点就是居中的主殿采用了九脊重檐歇山

图 6-13　恢复后的中殿和拜亭梁架结构（尚未油饰）

图 6-14　修缮前的中殿屋顶

图 6-15　修缮后的中殿屋顶

顶，体现了较高等级的建筑形制（图 6-14、图 6-15），这种类型的建筑在厦门除了同安文庙、青礁慈济宫、凤山祖庙、江夏堂等特殊大型宗教建筑和特殊祠堂外，保留下来的很少。主殿中间设神殿，主祀该庙的主要神灵是温府王爷，因此采用挑高的重檐歇山顶在空间上凸显主殿的宏伟气势。主殿的重檐歇山顶在构造上并未采取通常的藻井结构，而是通过采用外侧山墙穿斗举架与内侧神殿抬梁抬升相互结合的梁架结构（图6-16），形成九脊双重屋面。由于中殿梁架跨度较大，屋面荷载较大，因此脊圆、副圆和抬梁大通等木构件特别粗大。

（三）独特的装饰技艺和装饰题材

昭应庙内的灰塑作品和剪瓷作品具有特色和较高的艺术水准，体现了传统闽南建筑的传统装饰技法。屋面上翘脊、垂脊和博脊、脊柱、排头以及檐口水车堵的游龙宝塔、螭龙草花脊、飞鸟走兽、戏剧故事、山水人物、生活场景的瓷片剪粘和彩塑等，造型生动、线条流畅、华丽繁复、绚丽多姿（图6-17、图6-18）。中殿后壁外墙保留着彩绘浮雕灰塑"獬豸"照壁，形象独特。獬豸在闽南语称 tān（贪，谐音），是古神

图 6-16 恢复后的中殿内部梁架结构

话中的神兽，传此神兽懂人语，能识善恶忠奸，能辨是非曲直，是古代公正严明的象征，这种特有的神兽灰塑造型极为少见。前、后天井两侧屋脊的两对小神兽（图6-19），据称是寺庙举办法事时用来摆放竹竿、悬挂幕帷以分隔人神活动空间的支撑点。

图 6-17 修复前的前殿屋面垂脊排头装饰

图 6-18 修复后的前殿屋面垂脊排头装饰

图 6-19 屋脊上的神兽

（四）保存重要史料的明代石碑

寺庙前殿内保留的两块明代石碑（图6-20），是该庙的镇殿之宝。其一为明万历三十二年（1604年）《同安县禁谕》碑，高2.75m，宽1.15m，碑额篆书："同安县禁谕"，正文楷书600余字，记述县令王世德禁止当地豪族霸占田海、强取豪夺之德政；其二为明崇祯六年（1633年）《院司道府革除私抽海税禁谕》碑，高2.46m，宽1m，碑额行楷两行："院司道府革除私抽海税禁谕"，正文楷书1700余字，记述同安县熊姓县令奉福建巡抚院、福建布政司、福建按察司、兴泉道、巡海道及泉州府等各级政令，禁止当地豪族官宦私自向百姓抽取各种税饷，并以此颂扬熊县令之德政。庙内还保留有清咸丰四年（1854年）石香炉和清光绪十八年（1892年）夔龙纹长供案；大门旁原有明代大书法家张瑞图手迹木刻楹联，清同治年间修复，可惜多年前被盗。

图6-20 前殿内的两块明代石碑

三、修缮措施及亮点

（一）临时加固结合整体修缮

本次工程为修缮工程，修缮范围主要是昭应庙主体建筑（不包括释仔宅）。整体修缮之前，考虑到建筑受外部交通建设项目影响较大，原有的地基不同程度下沉、屋面向前倾斜、前殿和中殿屋面局部断裂变形、后檐墙下沉后外闪等结构安全隐患有可能进一步加大，对建筑内部及时采用临时性的钢管脚手架满堂支撑，先保证整体结构安全，然后按程序申请修缮，于2022年3月开始施工。工程最主要内容：保留建筑墙体和前殿镜面墙，墙体面层局部修补和抹灰；中殿拆卸落架修缮和基础加固；后殿后墙局部重砌和基础加固；对建筑内部分糟朽、残损、缺失的梁架和木柱进行替换或修复；屋面揭瓦重铺；保持昭应庙的完整和健康状态，最大限度地延续其历史真实性和完整性。

（二）采用人工孔桩加固基础

根据地勘报告结论和"采取相应的地基基础处理措施后，地基稳定可得到保证"的建议，以及借鉴昭应庙周边兴建民居楼房因地基较软而采取人工混凝土基桩加固房基的实际操作经验，对昭应庙实施的基础加固措施主要是：（1）对中殿地面结构进行保护性拆卸，选择中殿的抬梁架金柱位置和穿斗梁架前、后柱位置，布置对称的16个混凝土人工孔桩基础（图6-21），分成4组，每组4孔，桩孔直径0.9m，桩长6~9m，桩端进入持力层不少于1m。（2）局部拆除后殿后檐墙，选择墙体下4个对称位置，布置4个混凝土人工孔桩基础（图6-22），桩孔技术参数同上。

（三）中殿重组恢复原貌

（1）中殿是该建筑重要组成部分，实行基础加固后，按建筑原屋顶造型、梁架结构、板墙样式和装饰工艺进行恢复（图6-23、图6-24）。圆形石柱妥善保护和归位，大部分木构件利旧沿用；对屋面的剪瓷龙纹脊饰和人物、动物灰塑等装饰尽量保护性利用和修复（图 6-25、图 6-26），在复建时仍按原位置予以恢复，未采用现代模制和预制的剪瓷作品或"淋搪"作品；屋面保留较好的红陶瓦当、三角形红陶滴水也尽量沿用（图 6-27）。天井两侧廊庑屋脊上的两对小神兽原位恢复；对梁柱榫口处依照原工艺采用铜钉牛皮箍进行捆扎加固（图 6-28）。穿斗梁架上的编竹夹泥墙按原工艺进行恢复：穿枋与柱之间的空格用木条或竹片做骨架，穿插编织竹篾或填扎草筋做拉结纤维，再挂抹黏土灰泥，干透后用壳灰浆罩面（图 6-29 ～图 6-31）。

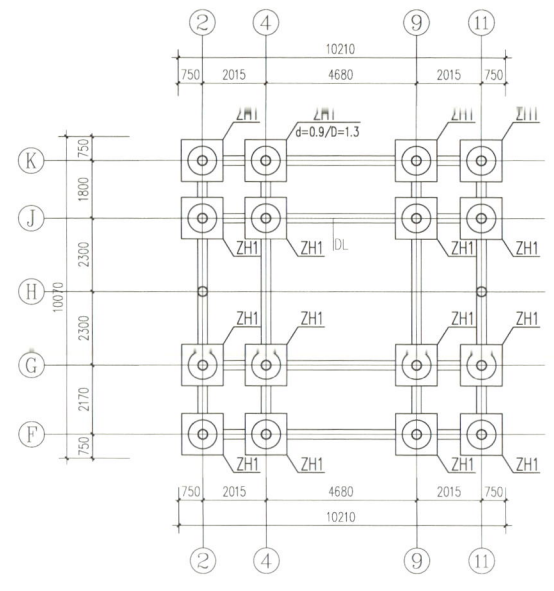

图 6-21　中殿基桩分布图（单位：mm）

图 6-22　后殿后檐墙桩基加固

图 6-23　中殿大梁安装

图 6-24　中殿梁架恢复施工

图 6-25　翘脊上的瓷片剪粘行龙及人物形象、花卉等

图 6-26　垂脊上的手工瓷片剪粘花卉图案

图 6-27　利旧原建筑的瓦当和滴水

图 6-28　用牛皮箍捆扎加固木构件

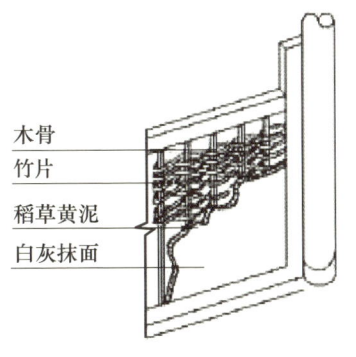

图 6-29　竹编夹泥墙制作工艺图示　　图 6-30　工匠制作竹编夹泥墙　　图 6-31　恢复后的中殿竹编夹泥墙

（2）按原样恢复中殿后壁彩塑狮豸照壁。在拆照壁前，先对照壁进行网格状画线分格，再实行分块切割，头部为整体切割，将构件妥善存放于室内保管。照壁墙基桩完成后，在重砌照壁墙时，将分块构件在照壁墙上进行镶嵌组装，按原位置和原样恢复（图 6-32、图 6-33）。聘请具有多年灰塑制作经验的老师傅，经过细心修复，使神兽的造型神态和周边云彩烘染效果基本接近原作品，从而保留下可贵的实物标本。

（3）精心选购重要建筑材料，如主梁和瓦件。中殿脊檩和两侧抬梁大通糟朽较严重需要更换，但特大号的老木料一直难以落实，后经过寺庙老人协会帮助和费心寻找，终于在同安马巷一处木料仓库采购到直径达 36cm 的老木料作为脊檩材料和直径超过 40cm 的老木料作为大通材料。昭应庙屋面因历经多次重修，拆卸下的拟进行利旧的瓦件规格较为多样，厚薄不一，许多瓦件存在酥松、暗裂和残缺现象，各种规格的数量或多或少，无法保证各区域统一铺设，也将造成瓦垄、瓦沟宽窄不一致，屋面铺设不齐整，不利于后期维护和保养。因此，为了落实设计方案和保证工程质量，通过多方渠道物色和样品比选（图 6-34），终于在泉州安海采购到 20 世纪 90 年代烧好后未开窑的红陶板瓦，其规格、颜色和制作平整度、烧结程度等均符合设计要求，质量上乘，从而满足了建筑用瓦的数量和质量需求。

图 6-32　拆卸前的彩塑狮豸照壁　　图 6-33　修复后的彩塑狮豸照壁　　图 6-34　比选各种新旧瓦件的质量和颜色

（四）木构件特殊防虫防腐措施

对加工后拟安装的梁柱、枋板、橡条等新构件和拆卸后利旧的木构件均采用闽南传统的桐油浸煮方法（图6-35、图6-36），达到较好的防腐、防虫效果。专门聘请具有经验的闽南古建木构件维修队，在空旷地搭建一个长约8m、宽0.8m、高0.7m的铁槽，倒入生桐油，底部安置4组煤气炉灶同时点火燃烧，待生桐油煮沸20min转为熟桐油后，再依次放入各类新、旧木料，小榀桷、橡条等需在桐油中煮沸10多分钟，一般规格的木构件则煮沸20多分钟，而大直径的脊檩、大通则专门煮沸7～8h，包括夜间浸泡时间长达10多个小时，这种桐油浸煮法，使桐油完全吸入木料深层，松油味浓重，新木料颜色变深，而老木料显暗色，表面更加坚硬，防腐、防虫效果极好（图6-37）。由于桐油属于天然植物大漆，因此待木料油渍干透后并不影响后续表层涂刷其他色漆和进行彩绘。在此过程中发现老木料和旧木料与新木料同样具有相当高的吸油率，因此，桐油量消耗较大，支出不菲。

建设单位：厦门市同安区洪塘镇人民政府
代建单位：厦门同安市政建设开发有限公司
设计单位：福建博龙古建筑设计有限公司
　　　　　郑剑峰
施工单位：福建景翔建设工程有限公司
　　　　　陈泽诚
监理单位：河南东方文物建筑监理有限公司
　　　　　徐乃峰
编写人员：郑东

图6-35　木构件桐油浸煮法（一）

图6-36　木构件桐油浸煮法（二）

图6-37　桐油浸煮后的新、旧木料组合

七 同安区庶安楼保护修缮工程

一、概述

庶安楼亦称店仔土楼。庶安楼位于厦门市同安区五显镇店仔村，2020年3月庶安楼被厦门市同安区人民政府公布为同安区第十批区级文物保护单位。该楼始建于清康熙十六年（1677年），距今已有将近350年的历史。庶安楼整体为三层正方形防御性土楼建筑，体现了特定历史时期的生产、生活方式与民俗风尚，在以红砖大厝为主要传统民居类型的闽南地区较为独特珍稀，具有较高的历史、艺术、科学价值。然而，庶安楼因住户已陆续搬出多年，缺乏日常维护，西廊房倒塌殆尽，其余部位也存在不同程度的残损病害。后经多方努力，庶安楼在2020年修缮完工，散落于田间的一颗明珠终于重新绽放光彩。

图 7-1　庶安楼鸟瞰照片（图片来源：郭志伟　摄）

（一）庶安楼概况

庶安楼坐北朝南，由前厅、主堂、东廊房、西廊房四面围合成回字形建筑，中间为四方形天井，建筑面向天井一侧均设置廊道连通形成回廊。总面阔23.5m，进深23.5m。该栋建筑占地面积约552m²，总建筑面积1660多平方米，共三层。主入口门楣上方有浮雕楷书"庶安楼"石匾，落款"丁巳年桂月题"。庶安楼木装修较为精美，隔扇心屉造型多样，廊道的木栏杆雕花形式多变（图7-1、图7-2）。

图 7-2　庶安楼正面（图片来源：郭志伟　摄）

（二）修缮工程简述

庶安楼修缮工程范围为庶安楼文物本体，工程内容包括墙体维修加固工程、木构架维修工程、屋顶揭瓦维修工程、地面工程、门窗维修工程、排水工程、白蚁防治、水电工程、油饰工程等。庶安楼修缮工程于2020年3月1日开工，施工持续时间为330d，修缮遵循从上至下、由内到外、先结构后装饰的原则，合理确定施工工序。

二、庶安楼的建筑特色

（一）文物建筑的历史沿革

庶安楼为当地富商李寿官所建。李寿官祖籍为泉州安溪，因李寿官与清康熙年间重臣李光地是宗亲，故其请李光地题写了楼名。"庶"即庶民、平民之意，"庶安"体现了动荡时期百姓对安居乐业、平安生活的一种期冀。

据民国《同安县志》[1]记载："康熙元年五月，总兵官许龙擒郑成功弟成赐于厦门。郑成功卒，子自厦入台……十七年，郑经仍踞厦门。闰三月迁厦门百姓于内地，申严海禁。四月，总督郎廷相请召募舟师窥取厦门。六月，白巾贼蔡寅归郑经。七月，明武平侯刘国轩取同安。副都统雅塔理退守泉州，同安、惠安、兴化相继陷，泉州围急。学士李光地以乡兵导官兵，间道赴援。喇宁海赖平南复同安。十月，总督姚启圣遣子姚仪领官军败刘国轩兵于同安，遣漳州进士张雄至厦门招抚不成。十八年，红巾山贼劫掠北界……"

庶安楼是在社会不稳定的历史背景下建造的，从康熙元年（1662年）至康熙十九年（1680年）同安县战事不断，康熙十七年（1678年）战乱蔓延至泉州，可见当时同安地区乡民生活艰辛，饱受战争摧残，整日寝食难安。店仔社李姓族人为尽量避免战乱波及，不受兵匪侵扰，于清康熙十六年建成庶安楼，作为李姓族人居住场所。

中华人民共和国成立后庶安楼归集体所有，作为店仔村贫农协会主任的李沈做山决定，让村里几户无房的贫农首先住进庶安楼。当时住进庶安楼的一共有五户人家，有的家庭兄弟姐妹多达七八个，几乎占据了大半个楼层。从20世纪50年代初到80年代末，5户人家像一个大家庭，休戚与共，不断繁衍生息，三四代同堂。到搬出庶安楼时，已经多达200多人。至20世纪90年代初，最后一户人家迁出。此后近30年间无人居住。庶安楼2009年经过文物普查，确定为文物点。

（二）文物建筑的价值评估

1. 历史价值

庶安楼历经了近350年的沧桑变化，历史悠久。土楼本身属于具有居住性和防御性的建筑，福建土楼源于宋元时期，是北人南迁时为了适应南迁后生存环境的变化而创造的一种特殊居住形式，建筑建成于清政府平乱年代，对于研究明末清初同安及周边地区因战事而建的居住防御一体建筑有一定的见证意义。庶安楼的建成，体现了社会动荡时期民众为了抵抗外敌和野兽侵扰聚众而居的生产生活方式。该栋建筑整体形制保存较为完整，体量庞大，在厦门地区同类型闽南土楼历史遗存中，极为珍稀，具有代表性。土楼是福建地区独特的建筑形式，也是研究中国传统社会、经济、文化等方面的重要实物资料。对于建筑学、历史学、社会学、经济学、文化学等多个学科来说，庶安楼可证实与补充相关文献记载，具有重要的历史价值。

2. 艺术价值

庶安楼空间构成均衡对称，开敞与封闭空间相结合，开敞通透的厅堂、天井与封闭昏暗的卧室形成对比，第三层靠外墙位置设有四面连通的回廊，具有建筑艺术特色。庶安楼的斗栱、三楼的垂花柱、心屉图案多样的隔扇、铜钱纹与鱼鳞纹等雕饰精美的木质栏杆均呈现出建筑独特的艺术价值（图7-3、图7-4）。

3. 科学价值

庶安楼在建造过程中，注重采光、通风和防御，既满足了居住需要，又具备了防御外敌的功能。庶安楼的外墙从基础逐步往上，一层至二层墙身部位为块石及条石与三合土垒砌而成，块石及条石砌筑的墙基高达4.82m，厚度达1.48m。坚固耐腐蚀，且外墙不易攀爬，锄头和铁撬棍等工具短期内无法对其造成破坏，且具有防水、防火功能。一层大门口上方还设有防火、洒水、流沙的防御口，用于抵御水、火攻击，具有良好的防御功能。在石墙上方采用三合土逐层夯筑至外墙檐口下方，外墙墙体厚度分2层内缩，二层三合土墙体厚90cm，二层外墙不设窗，避免竹梯攀越。三层三合土墙体厚56cm，靠外墙位置设有四面连通的内环回廊暗道，外墙上四面各设置5个窗户作为瞭望口和防盗匪的阻击口（箭窗）。庶安楼就地取材，建筑材料与建造工艺，体现了庶安楼的科学价值。

庶安楼平面呈正方形中轴对称布局，具体由前厅、主堂（正厅、主厅）、东廊房、西廊房四面围合成回字形建筑，中间为四方形天井，建筑面向天井一侧均设置廊道连通形成回廊。庶安楼一、二、三层内环为连通的回字形廊道，便于居民在廊道快速穿梭行走。第三层除有内环廊道外，另有两处差别，一处是除第三层东南角的内廊道可连通前厅东角间的楼梯通道外，其余三处角落廊道均另开设有方形木梯洞，木梯洞平常用木盖板盖住，遇紧急情况时可打开，让居民快速从二层廊道架梯上到三层，木梯洞的设计巧妙且人性化，既确保居民日常使用安全，又能在遇急事时快速打开供人架梯攀爬使用；另一处是在三层东、西、南、北四面外墙内侧均设置暗道连通，形成外环暗道。外环暗道高度仅可佝身而行，

图7-3　庶安楼主厅修缮前立面（图片来源：郭连杰 摄）

图7-4　庶安楼主厅修缮后立面（图片来源：郭连杰 摄）

系安全应急设施[2]。外环暗道与各房间采用木隔板隔开，从暗道不可进入房间内，这样的设计科学合理，兼具隐蔽性和安全性。

（三）文物建筑的保护历程

庶安楼建成后作为李氏族人的居住场所。20世纪90年代以前尚有人居住，90年代初最后一户居民迁出，至今近30年时间无人居住。在使用期间发生的残损维修次数多而零散，没有统一组织安排修缮，是居民自发性的局部小修和改造，均无记载可查。

2009年1月，在第三次全国文物普查中被登录为文物点。

2019年7月，启动抢险加固工程。

2020年1月，启动修缮工程。

2020年3月，被厦门市同安区人民政府公布为同安区第十批区级文物保护单位。保护范围为建筑本体四周外延15m，类别为古建筑。

（四）庶安楼的建筑特色

1. 平面格局

庶安楼平面为中轴对称的正方形格局，由前厅、主堂、东廊房、西廊房四面围合成回字形建筑，中间为四方形天井，建筑面向天井一侧均设置廊道连通形成回廊。前厅及主堂各设五开间，分别为明间、东次间、西次间、东角间（前厅位置为楼梯间）、西角间；东、西廊房各设三开间，分别为明间、南次间、北次间。二层布局与一层布局相同。三层基本与一层布局相似，差别为三层在东西南北四面外墙内侧均设置内廊连通，形成外侧回廊（图7-5、图7-6）。

2. 地面

一层室内地面为素土基层，方形红砖铺地；二层地面为木楼楞上铺木楼板基层，木楼板上铺3：7灰土，面层铺方形红砖；三层地面做法同二层做法（图7-7）。

天井地面稍低于一层地面约12.5cm（一层地面设为

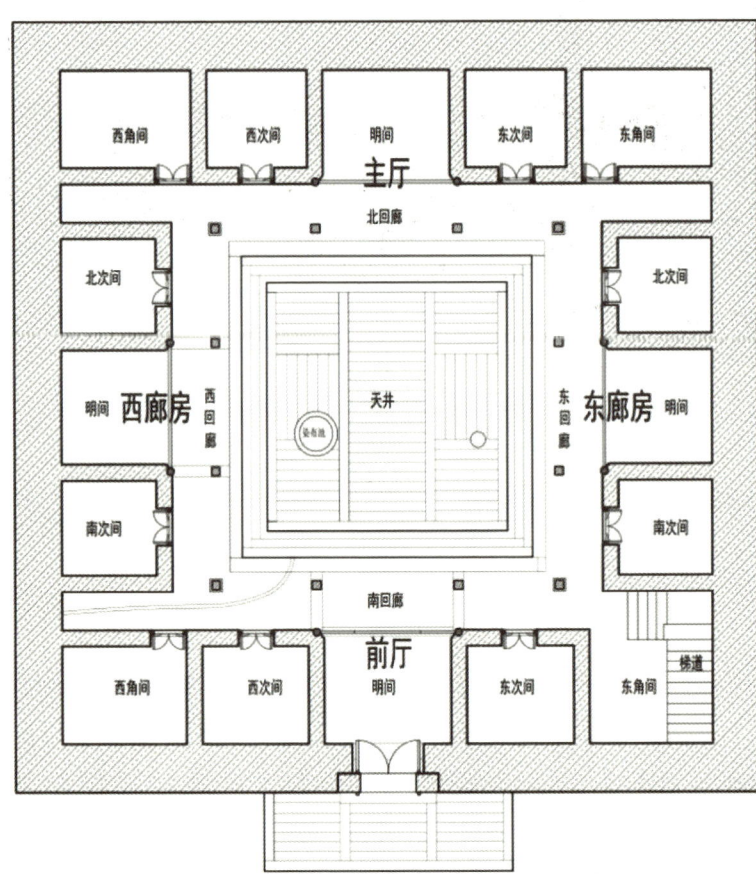

图7-5 庶安楼一层平面图（资料来源：河南省博古文化遗产保护规划设计院）

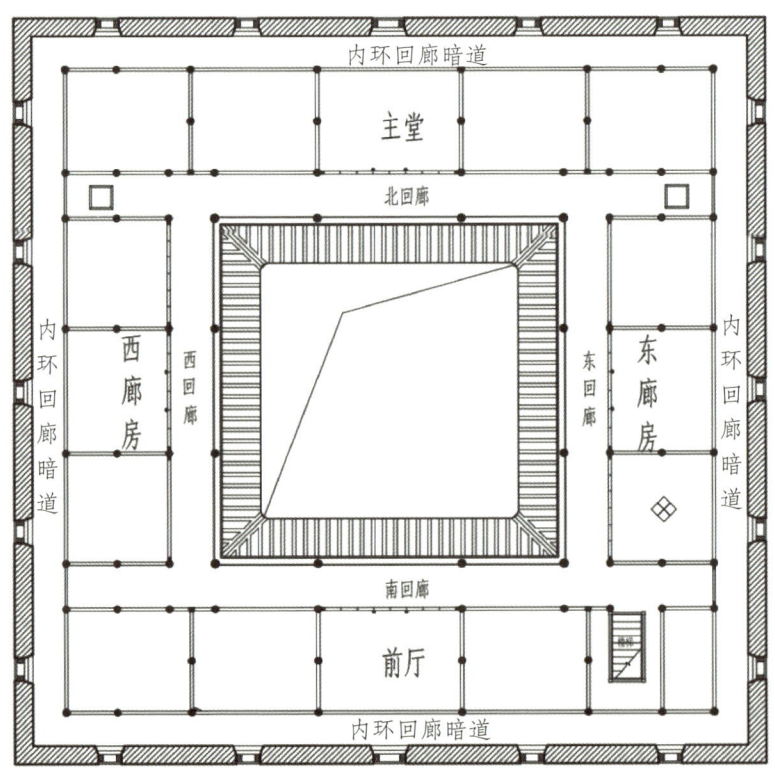

图7-6 庶安楼三层平面图（资料来源：河南省博古文化遗产保护规划设计院）

图 7-7　庶安楼楼地面铺法（图片来源：厦门翰林文博建筑设计院有限公司）

±0.000），地面采用花岗岩条石分 3 开间铺作。天井与建筑台明间设下凹的排水沟，深度约 32cm，沟底采用条石铺作。天井出水从排水暗沟排出，排水暗沟的排水方向为由天井的南面向西南方向。

3. 墙体

一层外墙为块石及条石与三合土浆砌；外墙面为大条石墙面，红土、砂浆和壳灰补缝；室内隔墙采用块石墙裙红土浆砌，墙裙以上部位为三合土夯土墙；室内墙面采用海蛎壳灰抹面。靠天井一侧廊道位置采用花岗岩方石柱与石柱珠作为檐柱支撑二层前廊木结构楼板地面。

二层外墙中下部为块石及条石与三合土浆砌，石砌墙体以上至三层的楼板下为三合土夯土墙，室内房间隔墙均为三合土夯筑（图 7-8）。前厅及主堂的前廊老檐柱位置明间为木隔断，两侧的次间及角间位置为三合土夯土墙；东、西廊房前廊老檐柱位置明、次间均为木隔断。二层室内外夯土墙面均采用海蛎壳灰抹面。靠天井一侧廊道位置采用杉木方柱作为檐柱支撑三层前廊木结构楼板地面。

三层外墙采用三合土夯筑，内外墙面均采用海蛎壳灰抹

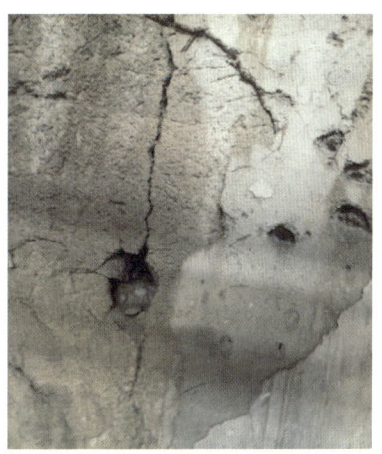

图 7-8　庶安楼内外墙体做法（图片来源：厦门翰林文博建筑设计院有限公司）

面。房间隔间均采用木结构分隔，并在木梁架间做灰壁。前廊老檐柱位置均采用木隔扇做隔断。靠天井一侧廊道位置采用杉木方柱作为檐柱支撑第三层屋面。

4. 大木构架

第一层屋面梁架即为第二层的楼板地面及天井一层的雨披梁架。室内做法为墙上搁杉木楼楞；廊道部位为石檐柱承接杉木柱斗，柱斗承接杉木梁，杉木梁伸出柱外形成挑檐拱，挑

檐拱上架 2 道杉木拱，拱上架设圆檩及扁直方椽子用以承接雨披瓦屋面。石檐柱与杉木老檐柱之间架设杉木圆形梁，杉木圆形梁上承接杉木斗，斗上架设杉木楼楞，楼楞的顶面与方形杉木梁齐平；杉木楼板架设于楼楞与杉木梁上形成同一标高楼板面，楼板上铺 3 : 7 灰土，面层密缝铺设方形红砖。

二层屋面梁架即为三层的楼板地面及天井一层的雨披梁架。室内做法为墙上搁杉木楼楞；廊道部位为杉木檐柱与杉木老檐柱之间架设杉木方梁，杉木方梁伸出柱外形成挑檐拱，挑檐拱上架 2 道杉木拱，拱上架设圆檩及扁直方椽子用以承接雨披瓦屋面。方形梁上架设杉木楼楞，楼楞上铺杉木楼板，楼板上铺 3 : 7 灰土，面层密缝铺设方形红砖。

三层屋面梁架做法为四柱九檩做法。室内为穿斗式做法，前廊为穿斗抬梁混式做法。前廊做弯椽屋面，与屋面中脊之间形成暗厝，前廊的檐柱与老檐柱之间设步通并向天井一侧伸出形成挑檐拱，挑檐拱上挑垂莲柱，垂莲柱上架设挑檐檩。步通上设木瓜筒，木瓜筒上设瓜斗，瓜斗上架鸡舌拱与弯拱，拱上架圆檩。室内空间为前、后老檐柱之间采用木隔断围合成的独立空间，前、后檐柱之间设山柱分隔成前、后对称的穿斗式梁架，柱与柱之间采用穿枋连接成整榀梁架。梁架间隙及隔墙堵板采用竹子编织网格，用草泥灰填缝，面层抹海蛎壳灰。后檐檩直接架设于土楼外墙上。

庶安楼各层梁架构造示意图如图 7-9 所示；庶安楼箭窗如图 7-10 所示。

5. 屋面

庶安楼在二层廊道外侧沿天井的四面均做有合瓦雨披屋面，防止雨水飘入廊道对木结构产生破坏；庶安楼在三层廊道外侧沿天井的四面均做有合瓦雨披屋面，防止雨水溅入廊道对木结构产生破坏；庶安楼三层的楼顶屋面做法为每一侧均采用双面坡合瓦屋面围合成平面为方形的回字形屋面，中脊外侧的屋面为四面倒水，中脊内侧的屋面为四水归堂。

6. 装饰装修

建筑整体装饰较为精美，主要体现在造型图案多变的大量隔扇心屉、栏杆雕花、透雕的垂花柱等处。庶安楼门的主要形式有木门框双扇木板门、石门框对开板门、木隔扇等。隔扇心屉有编织纹、一码三箭、铜钱纹、海棠花等多种

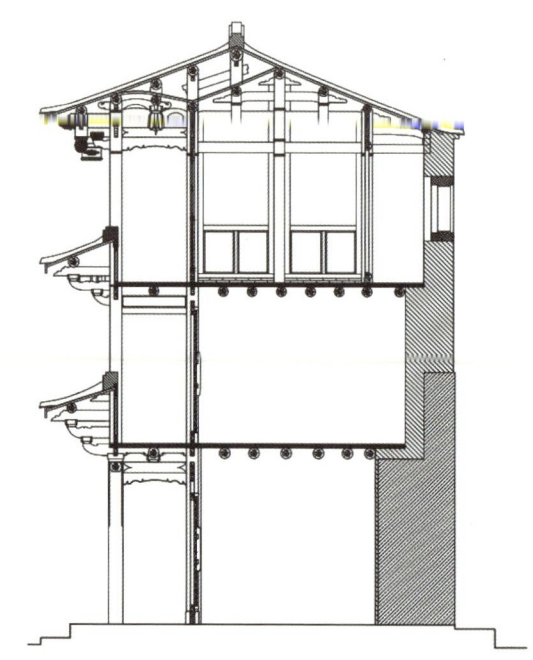

图 7-9 庶安楼各层梁架构造示意图

图 7-10 庶安楼箭窗

式样。隔扇横批有席纹、万字纹、十字花等（图7-11）。窗的主要形式为土楼建筑极具代表性的箭窗，这种窗外大内小，具有较强的防御功能，既可向外瞭望，又可进行射击防御。廊道木栏杆的雕饰精巧多变，有葫芦纹、锦纹、万字纹、鱼鳞纹、灯景式、直棂式等多种形式（图7-12）。

7. 勘察概括

2019年8月经勘察发现，因年久失修且长期无人管护和早年局部房间改造不当等因素，庶安楼本体残损较为严重，西廊房大面积倒塌，其余部位墙体多处开裂，局部墙体受雨水侵蚀塌落严重，墙面抹灰几近脱落无存，木构件糟朽腐烂严重，大量门窗构件残损、缺失。一、二层雨披屋面塌落无存，三层屋面瓦件破损及脱瓦严重，雨天漏雨严重，局部屋面塌落无存。二、三层靠天井一侧廊道的木栏杆残损严重，局部栏杆缺失；室内一至三层地面铺地方形红砖缺失严重；木楼板及木楼楞大面积糟朽腐烂，局部缺失；天井排水沟内淤泥堆积，排水暗沟堵塞，遇大雨天气易造成积水等，通过日常保养维护已无法解决现残损病害问题，如不采取措施，残损病害将进一步加剧，甚至有建筑整体倒塌的风险。

图7-11 庶安楼造型多样的心屉、绦环板、横批（资源来源：河南省博古文化遗产保护规划设计院）

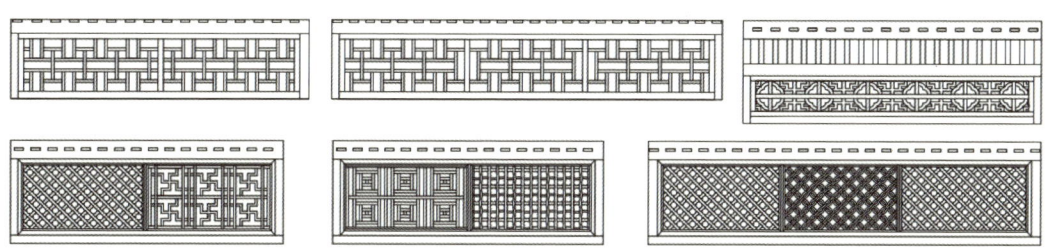

图7-12 庶安楼雕饰精巧的木质栏杆（资源来源：河南省博古文化遗产保护规划设计院）

三、庶安楼的修缮施工

鉴于该楼具有较高的文物价值，且年久失修，已残损严重，根据相关规定，以不改变文物原状为基础，遵循最低限度干预原则，贯彻"保护为主，抢救第一，合理利用，加强管理"的文物保护方针，通过保存、延续与文物相关历史信息的真实性，保护与其相关的具有价值信息的各个要素的完整性，使其价值得以延续。保护措施主要分为两个阶段，先对建筑进行抢险加固，再对建筑进行全面整修。

（一）脚手架搭设

庶安楼修缮工程采用钢管落地脚手架。落地脚手架所用钢管外径48mm、壁厚3.50mm，钢材强度等级Q235-A。落地脚手架搭设的工艺流程为：场地平整、夯实→排水沟设置→基础承载力试验、材料配备→定位设置通长脚手板、底座→纵向扫地杆→立杆→横向扫地杆→小横杆→大横杆（格栅）→剪刀撑→连墙件→铺脚手板→扎防护栏杆→扎安全网。

（二）地面砖作、石作修缮

1. 花岗岩石板地面

掘取断裂、凹陷地面的条石，清理地面杂土等，填素土夯实基层，回铺断裂、下陷的条石，注意接缝尽量密实。条石遗失或严重破碎，无法再次回铺的，采用与原材质相近的花岗岩旧条石铺设。铺设时要求与周边原地面保持平整，缝隙大小一致，铺完后将细沙扫入缝隙（图7-13）。

2. 红砖地面

破碎的红砖地面：分布在建筑二、三层室内，维修时，检查红砖地面，局部揭取破碎严重影响正常使用的红砖，重新补铺。施工时先揭取地面破碎的红砖，将3∶7壳灰红土结合层夯实后，按原斜纹或工字缝形式密缝干铺红砖地面，采用的红砖按原规格色泽统一定制。

缺失的红砖地面：分布在建筑一层地面，现已无存，维修应全部补配新砖（300mm×300mm×20mm，本地传统红砖）。施工时先用砂土夯实基层，根据明、次间的主次顺序，分别按原对缝形式密缝干铺红砖地面，用细沙扫缝。二、三层回廊楼红砖地面现已无存，维修应全部补配新砖（300mm×300mm×20mm，本地传统红砖）。施工时先将3∶7壳灰红土结合层夯实，然后按原对缝形式密缝干铺红砖地面，用细沙扫缝。

图7-13 楼地面砖作、石作修缮（图片来源：厦门翰林文博建筑设计院有限公司）

（三）墙体修缮

1. 墙面抹灰脱落

建筑内部墙面抹灰脱落：清理墙面抹灰脱落处残留的灰渣，草泥灰打底，用海蛎壳灰砂浆重新抹面。三合土外墙面抹灰脱落：清理墙面抹灰脱落处残留的灰渣，草泥灰打底，用海蛎壳灰砂浆重新抹面，外罩纸筋灰。

2. 墙面污渍等的清除

泥水污渍：残留泥水污渍的墙面均已破损，抹灰脱落严重，本次维修，剔除残留泥水污渍的墙面，草泥灰打底，重新用海蛎壳灰砂浆抹面。外墙面植株根系：庶安楼外墙面多处残留榕树根系和霹雳果藤根系，剔除墙面残留的植株根系，用100℃开水浇淋植株根系，使植株根系坏死，无法再次生根发芽，并最终枯萎。条石缝隙墙面：清理条石缝隙残存的松散三合土杂土和灰尘，采用三合土重新填缝，缝隙用木夯杵夯实。

3. 夯土墙施工工艺

（1）选取本地红土、生石灰和河砂按5：3：2的比例加水充分拌制后用土工布覆盖发酵。

（2）测量墙体厚度、长度，定制夯土模具，模具木料选用本地质地坚硬杂木，不易变形，更易于控制墙体平整度。

（3）检验发酵的夯土材料，手抓成团，膝盖处扔下成伞状即可使用。

（4）墙体测量定位完成后固定夯土模具，加入发酵完成的夯土，每次加入散土高度为30cm，人工先用脚将散土踩实后再用大小夯杵夯实（夯筑时每隔30cm加入适量竹筋且竹筋应植入旧墙，增强整体性）。

（5）拆模后检查墙体垂直度，如有偏差及时纠偏。

墙体修缮施工如图7-14所示。

图7-14 墙体修缮施工（图片来源：厦门翰林文博建筑设计院有限公司）

4. 木构架修缮

更换严重开裂、糟朽、无法继续使用的柱子；嵌补开裂的柱子；墩接柱脚糟朽的柱子；打牮拨正歪闪木构架；更换严重糟朽、开裂、虫蛀，无法继续使用的楼楞、檩条、木构件；制安补配缺失的楼楞、檩条、木构件；嵌补 3～30mm 缝宽的开裂楼楞、檩条。木柱墩接施工工艺如下：

（1）糟朽木柱截断，截断尺寸不可超过柱身长度 1/3，保留端做抄手榫。

（2）选取同直径的本地老杉木，测量墩接长度后做抄手榫并作防虫防腐处理。

（3）新、旧木柱抄手榫 180°交叉对接，接槎位置横向设置钉榫，增强结构稳定性。

（4）红外线垂直度、水平度检验纠偏，归安（图 7-15）。

（四）屋面修缮

1. 屋脊拆卸、制作、安装

现存的屋脊断裂破损严重，且多处歪散移位。本次维修，待屋面全面揭瓦后，拆除断裂破损严重，且多处歪散移位的屋脊，采用壳灰砂浆红砖瓦制作安装屋脊，屋脊需保持原走向、高度及厚度。屋脊草泥灰打底，面层抹壳灰，外罩纸筋灰。

2. 屋瓦下方红砖叠涩

现存的红砖叠涩破损严重，且多处歪散移位。本次维修采用修补做法恢复红砖叠涩，待屋面揭瓦后，拆卸下歪散移位的红砖叠涩，拆除破损叠涩残存的破碎红砖，用同规格、材质的旧砖重新浆砌拆除部位红砖叠涩，不足的红砖采用同规格、材质旧红砖补足。部分进行定制（图 7-16）。

图 7-15 木柱墩接（图片来源：厦门翰林文博建筑设计院有限公司）

图 7-16 屋面修缮（图片来源：厦门翰林文博建筑设计院有限公司）

3. 屋面盖瓦施工工艺

（1）测量放线，检验木作水平高度等相关尺寸是否存有误差，如有误差及时调整。

（2）找出正脊的横向中点，分中号垄后根据实际尺寸调整垄数及垄宽后进行正脊、斜脊施工。

（3）屋脊施工完成后，根据屋脊两侧堆砌的瓦垄拉垂直线定位瓦头砌筑，瓦头砌筑时应横向拉线控制瓦头出檐和高低（滴水瓦出檐不可超过自身长度的一半）。

（4）拴线铺灰，先将中间三趟底瓦和两趟盖瓦瓦好，试水后水流痕迹呈直线即可，水流痕迹如有折线，适当调整底瓦后再次试水至水流痕迹呈直线方可。

（5）盖瓦施工完一垄后，应用长条笔直方木靠背检验瓦背倾斜角度，如有偏差及时调整。

（6）瓦垄两侧壳灰砂浆封边应采用坐浆灰，封边完成后待砂浆稍干后清理瓦垄。

（7）坐浆灰砌筑压瓦砖，压瓦砖应横向拉线，在保证牢固的同时提升整体屋面感观质量。

（五）小木作修缮

小木作修缮施工工艺：

（1）就地取材，选取本地老杉木。

（2）根据现场保留旧构件，现场取样，同尺寸测绘放样。

（3）用手工线锯锯取，将木条加工出各样式，杉木质地较粗，用手工线锯锯取时应掌握力道，避免出现断裂现象。

（4）形状加工好的木条根据格栅样式榫卯拼接，榫卯拼接位置应严丝合缝。

四、庶安楼修缮工程技术亮点

庶安楼修缮工程 2020 年 3 月 1 日正式开工进场，施工单位根据《文物保护工程管理办法》和《古建筑修建工程质量检验评定标准》等各相应条款有关标准、规范、规程进行操作施工。

（一）三合土工艺做法

施工单位在现场施工中使用的一些特殊建筑材料，如三合土的工艺做法，属建筑一大特色亮点。根据设计要求对倒塌的内墙老墙土进行原材料再利用，与新土和壳灰按一定配比混合发酵后，重新夯筑内墙。施工前设计单位经过多方调查考证，访问长汀和漳州地区多位老水泥师傅，得出坍塌墙体的老墙土质松散，经过长期氧化、雨水渗透等，土壤的黏性不足，若需要再利用，老墙体中必须添加约 30% 的新土（新挖的本地黄黏土）拌和成黏性较高的混合土，再与生石灰粉和少量中砂充分拌和，堆沤发酵两个月以上方可达到筑墙要求。经过现场多次试验，最终得出的配比为 10%～15% 的壳灰与 10%～5% 的中砂和 80% 的混合土（老墙土中的碎瓦、碎石需经过粗筛，粗筛后保留的碎瓦和碎石粒径不宜大于 3cm，碎瓦石的比例不超过老墙土的 15%，碎瓦石的作用和中砂一样，是在墙体夯筑完成后，夯土墙继续发酵固结、自然干缩的过程中，避免随着墙体水分的蒸发墙体开裂）拌和，拌和过程中需用花洒边拌边洒水，不宜过湿（检验时用手抓取可结成团，成团后轻扔到地面后可散成伞状颗粒），待拌和均匀后，将三合土堆沤发酵两个月以上即可筑墙。夯筑土墙时用墙模固定捣夯，墙模由两块厚木板组成，高约 50cm，长 267cm 左右，间距 33cm 左右，可以根据所夯墙厚调整（图 7-17、图 7-18）。墙模一端用墙模头封住，另一端用井字形木框架夹住。夯筑时用木夯杵夯实，墙内需加上适量的竹筋松节枝，待墙体干硬后，再逐层夯筑（因施工时的天气和现场土壤黏性的不同，不同区域夯土墙做法配比略有差异）。

图7-17 夯筑工具（一）（图片来源：郭连杰 摄）

图7-18 夯筑工具（二）（图片来源：郭连杰 摄）

（二）木作的保护和修复

在施工过程中对于木构件的保护和修复是其另一修缮亮点。庶安楼木构件既涉及楼楞、檩条和梁架、斗栱等承重木构件，也涉及门、窗等装饰木构件。门窗构件数量尤以三层的隔扇门为最，多达84扇，而隔扇门多有破损，主要破损位置在其身堵内木条装饰，遵循最低限度干预原则，施工单位在修复过程中需逐一拆卸各门扇，参照隔扇门身堵内的木条样式，选用同品种旧木材手工刨制相同纹样、大小的木条逐条镶嵌补齐，修整隔扇门后归安至原处。若隔扇门已缺失，应参照对称位置的隔扇门样式制作安装，确保三层廊道隔扇门等构件的真实性和完整性。

庶安楼修缮工程的难点主要有：木材、墙体残损严重，现场清理及安全隐患排查工作量大且费用高；建筑结构为土石木结构；涉及施工工种类型较多，协调工作量大；施工场地有限，新制木材工程量大，材料分批次进场，进场次数多，材料运输成本较高，加工制作周期较长；补配新制隔扇门窗数量、种类多，对细木作业人员的技术和效率要求高；旧墙重新抹灰，量大且年代久远，原基层处理不到位和新制抹灰砂浆配合比失调容易造成空鼓脱漏现象，对抹灰作业人员施工技术要求高。

庶安楼修缮前、后对比如图7-19～图7-24所示。

《同安文物大观》有载：庶安楼类似闽西的客家土楼，是古代家族聚居的封闭式建筑，墙体坚固厚实，顶层靠外墙一周有环通暗道，通过墙上小窗观察和防卫，具有良好的防御功能，是同安境内最具特色的土楼民居。庶安楼修缮工程采用了传统的工艺手法与材料，在进行拆除施工前，对隐蔽部位及其节点均进行了拍照存档，也为后续修复提供了保障。庶安楼修缮工程重塑了地方建筑风格，传承与发扬了闽南地区土楼建筑的历史文化。

庶安楼文物保护修缮工程从保护方案的编制到工程施工，严格把握工程质量，工程全过程历经1年半左右的时间，于2021年12月完成竣工验收。庶安楼保护修缮工程的成功，为厦门市人民政府组织第一批不可移动文物集中修缮项目的开展和厦门市文物保护事业提供了践行实例。

传统建筑

（a）修缮前　　　　　　（b）修缮后　　　　　　　　　　　　（a）修缮前　　　　　　（b）修缮后

图 7-19　修缮前、后地面对比（图片来源：厦门翰林文博建筑设计院有限公司）　　　　图 7-20　修缮前、后木构架对比（图片来源：厦门翰林文博建筑设计院有限公司）

（a）修缮前　　　　　　（b）修缮后　　　　　　　　　　　　（a）修缮前　　　　　　（b）修缮后

图 7-21　修缮前、后楼面对比（图片来源：厦门翰林文博建筑设计院有限公司）　　　　图 7-22　修缮前、后装饰装修对比（图片来源：厦门翰林文博建筑设计院有限公司）

（a）修缮前　　　　　　（b）修缮后　　　　　　　　　　　　（a）修缮前　　　　　　（b）修缮后

图 7-23　修缮前、后墙体对比（图片来源：厦门翰林文博建筑设计院有限公司）　　　　图 7-24　修缮前、后屋面对比（图片来源：厦门翰林文博建筑设计院有限公司）

参考文献

[1] 吴锡璜. 同安县志 [M]. 厦门：方志出版社，1929.

[2] 厦门市文物管理委员会，厦门市文化局. 厦门文物志 [M]. 北京：文物出版社，2003.

建设单位：厦门市同安区五显镇人民政府
代建单位：厦门市同安国投房地产开发有限公司
设计单位：河南省博古文化遗产保护规划设计院
施工单位：福建省泉州市古建筑有限公司
监理单位：福建宏业建设监理有限公司
编写人员：喻婷、彭晨曙、郭漳生、郭连杰

八 马巷城隍庙保护修缮工程

一、概况

(一) 马巷城隍庙概况

1. 简介

马巷城隍庙,位于翔安区马巷镇翔安第一中学南侧 100m 处,清乾隆四十年(1775年)始建于孔沟路头,今庙翻建于 1989—1991 年间,坐北朝南,石砌墙体,抬梁、穿斗混合木构架,兼用歇山、卷篷硬山顶。城隍庙由城隍庙本体及附属用房土地公庙、龙王庙、观音堂(不在本次修缮范围内)组成。其中,城隍庙本体建筑面积 255m²,前为过殿,后为正殿(来源于当地说法),面阔 3 间计 10.75m,总进深 24m。龙王庙建筑面积 37m²,土地公庙建筑面积 15.3m²(图 8-1)。

2. 历史沿革

乾隆四十年(1775年),朝廷允府县之请,将原设在金门的通判署移驻马巷。原县境东部的翔风、民安、同禾三里五十八保,以及金门十保的"一切刑名钱谷事件"(管理钱粮的出纳与登销、管理刑事的判案和行刑),统归其管理。衙门称作"马巷厅"。清代的"厅"有着行政特区的含义,地盘不大,却与县平级,直属于府。厅的主官为"通判",以下设照磨和千总,分管政务与军务。

马巷厅一经成立,随之而来的是大兴土木。通判署、文武

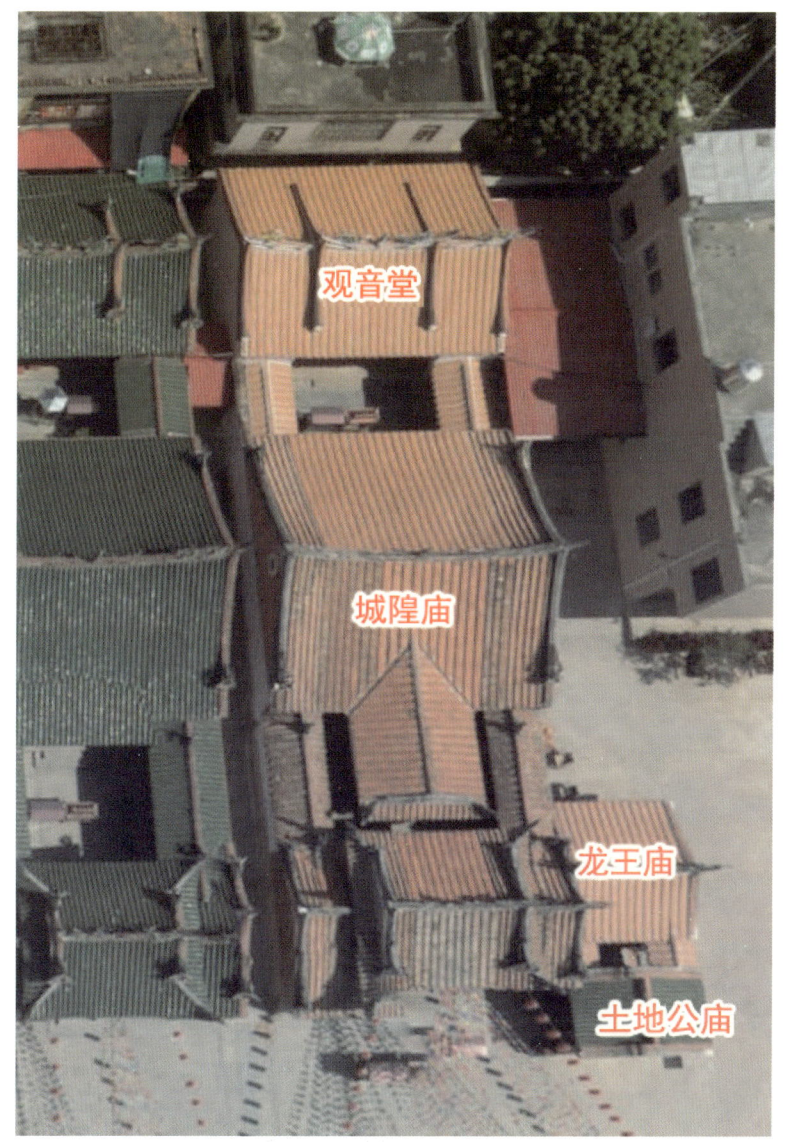

图 8-1 马巷城隍庙(一)(图片来源:厦门翰林文博建筑设计院有限公司)

庙、城隍庙便在同年兴建。

清乾隆四十年（1775年）六月万友正［字端友，阿迷（今云南开远）人］任马巷通判，率乡绅倡建城隍庙于孔沟路头。

嘉庆七年（1802年）同安秋旱，知县孙树楠向城隍祈雨，史书记载"壬戌秋，雨水愆期，余旦夕焦思，祷神宇下。神乃大沛甘霖，四民感泣。"有此神迹，便成功募得感恩民众善款，于嘉庆八年（1803年）重修城隍庙（图8-2）。

嘉庆十二年（1807年）温凤韶（字焕亭，广东顺德人）荐任厅卒，率先捐廉迁建城隍庙于三乡卧龙边，即今所在地。嗣后，又在城隍庙右侧建文武庙，左侧建龙王庙，后侧建观音堂。

光绪十三年（1887年）黄家鼎任同安通判，庙宇修缮维护。现存样式便是此次修缮维护后的样式。

1933年因战争原因，庙宇圮废。

据《翔安区志》记载，1988年10月，马巷镇乡人成立"马巷城隍庙筹备委员会"，于1989—1991年再次重建城隍庙，重建初期仅恢复城隍庙本体，后陆续恢复龙王庙与土地公庙。其中，过殿门廊仍保留着光绪十三年（1887年）的石构墙裙柜台脚，及墙堵镶嵌的浮雕麒麟纹石板、龙凤牡丹纹枋板、透雕龙凤牡丹纹青石窗、楹联石柱等。

图8-2 马巷城隍庙（二）（图片来源：厦门翰林文博建筑设计院有限公司）

据庙宇功德墙记载，2009年观音堂恢复重建。

2019年6月，因城隍庙正殿屋面多处渗漏及后檐墙歪闪，启动修缮设计工作，并于2020年2月开始施工，2020年6月竣工验收。

（二）马巷城隍庙价值

1. 历史价值

"城隍"这个名词最早的文献记载，可以追溯到《周易·泰卦》的"城复于隍，勿用师"；《易经》中又言："城复于隍，其命乱也。"这里所说的"城"是指"城廓"，"隍"则是"城堑"，指城外护城的壕沟，"城隍"就是防守城池的护城河。

城隍神是普遍崇祀的重要神祇之一，大多由有功于地方民众的名臣英雄充当（图8-3～图8-5），是我国民间和道教信奉的守护城池之神。明洪武二年（1369年），朱元璋称帝之后积极推进汉文化复兴，城隍建设就是其中一项，于是大封天下城隍，定其爵位、官品，规定祭礼。在保护源自本土的宗教道教文化上，对城隍庙的保护已然成为华夏儿女的义务。

马巷城隍庙始于清乾隆年间，与马巷厅一同成立，见证了马巷的兴盛衰败，背后所蕴含的历史已成为马巷镇的活化石。从始建之初至今经历了多次废址、重修，依旧威严不减当年。祭祀的城隍神每三年为一任，温良玉（南京人，生平未详）为当地末任守护神至今，虽历史已不可考，但民众依旧相信马巷因有城隍神的守护而安居乐业，每年都举行大祭来祭拜城隍神，这已成为当地居民生活不可或缺的一部分，也为中华传统宗教文化的传承贡献了微薄之力。

图 8-3 西安城隍神纪信

图 8-4 上海城隍神秦裕伯

图 8-5 马巷城隍神温良玉（图片来源：厦门翰林文博建筑设计院有限公司）

2. 艺术价值

马巷城隍庙建筑的整体格局为闽南传统红砖大厝的建筑格局，庙内石作雕刻精美细腻，木作雕刻也十分有特色，彩画作多样且寓意深刻，较完整地保存着城隍文化。

在建筑格局上，庙为石砌墙体，抬梁、穿斗混合木构架，兼用歇山、卷篷、硬山屋顶，前为过殿，中为正殿，后为后殿式格局。面阔3间，前、正殿间建卷篷顶拜亭于天井中。过殿为门楼式镜面墙，三川脊歇山顶，进深2间，抬梁穿斗式木构架，塌寿为白石"牌楼面"，正殿为抬梁构架墙上搁檩，燕尾脊硬山顶，进深3间。过殿、拜亭与正殿曾作为办案的公堂使用，在办案时由"阳官"（地方官）与"阴官"（城隍爷）同时做审判，后殿曾作为地方官休憩的场所。当年修建城隍庙的知县孙树楠曾形容"前厅有县令登堂办案的尊严，后堂又如家居的安适"，既做公堂，亦可为庙，还能安家，阴阳官同时审理案件的形式十分罕见，乃本土特色之一，是乡土文化研究及历史研究的重要资料。

庙内石作雕刻不仅精美，而且内容十分丰富，门楼正前方置游踏，踏脚石，大石吟，墙裙还保留着清朝工艺柜台脚，两侧山墙上的浮雕为麒麟纹石板，山墙直接与吊筒相连，龙虎门上为条积窗，而大门两侧为螭虎窗，枋板浮雕龙凤牡丹纹饰。墙面则多处嵌饰辉绿岩规整石板，其上浮雕麒麟等诸种瑞兽形象。串角草花、牌头、规带、脊斗、燕尾脊、脊堵雕刻均为闽南传统剪粘工艺，保存完整，为闽南传统陶作雕刻传承提供参考依据（图8-6）。

图 8-6 马巷城隍神庙石雕及剪粘（图片来源：厦门翰林文博建筑设计院有限公司）

在现场实测调查木作工艺时发现，以中轴线分左、右两侧的木作，在工艺上有显著差别，根据管理者的描述，左、右两侧木作分别由两位木匠师傅制作，但是木构架是一致的，所以不影响整体美观。这种由两位师傅各承包一侧的做法也是极为罕见的，虽理由暂时不得而知，却在工艺的特殊性上留下浓墨重彩的一笔。

城隍庙的华丽离不开彩画作的功劳，仔细观察可以发现，彩画作几乎遍布庙内的各个角落，从柱、斗、墙到梁、枋、檩，几乎都有或多或少的彩画。木构架整体以黑色调为主，红色为辅，闽南油漆作行话称之为"红黑路"，即梁架及大构件以黑色为主，底面涂红，侧面涂黑的传统彩画工艺，在红黑路的整体基调上辅以各式各样的彩画。在现场调查时发现，有彩画的梁柱因为毒性彩画颜料的保护而保存完整，而天井中无彩画的木柱被侵蚀得非常严重，在保护的基础上增加富丽繁华之美，也是闽南传统彩画工艺的特色之一（图 8-7）。

3. 社会价值

1993 年，马巷城隍庙被列为同安区第五批县级文物保护单位，作为文物保护单位，其保护范围内不得进行其他建设工程作业。建设工程应当尽可能避开不可移动文物。设立文物保护单位也让周边居民重视城隍庙的社会价值，自主维护城隍庙的安全与环境，有利于马巷的发展与建设。

2001 年马巷城隍庙被厦门市人民政府公布为厦门第一批涉台文物古迹。每年的农历六月初七和十一月十七，是马巷城隍庙举行"开天门"春秋祭之日，届时，原马巷厅辖下各乡镇包括金门县的一些乡民，都沿袭旧俗，纷纷赶往庙会。香客络绎不绝，人山人海，各商铺门口都摆奉敬客。从历史和未来的角度来看，马巷城隍庙搭载着两岸人民的风俗习惯，是两岸更深厚、更凝重、更稳固的文化交流平台。同时也搭载着海外侨胞的思念，曾经因为生活而在海外工作的华侨们，也曾回乡贡献自己的一份力量。对于发掘、培育两岸长远的统一的稳固的精神家园，促进两岸和平发展具有重要作用。图 8-8 为我国台湾朱立人捐资建造的石碑。

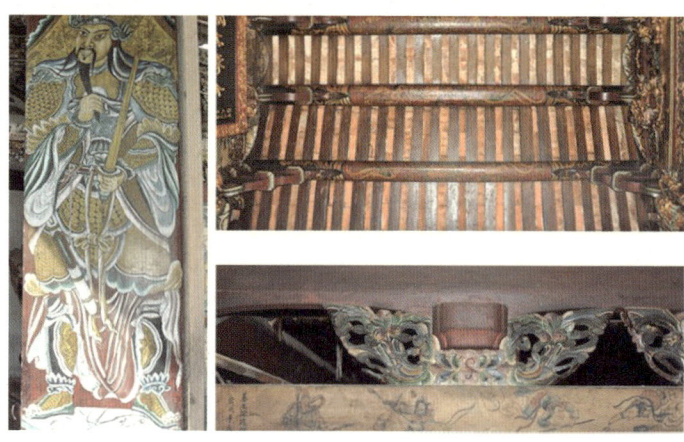

图 8-7　马巷城隍庙彩绘（图片来源：厦门翰林文博建筑设计院有限公司）

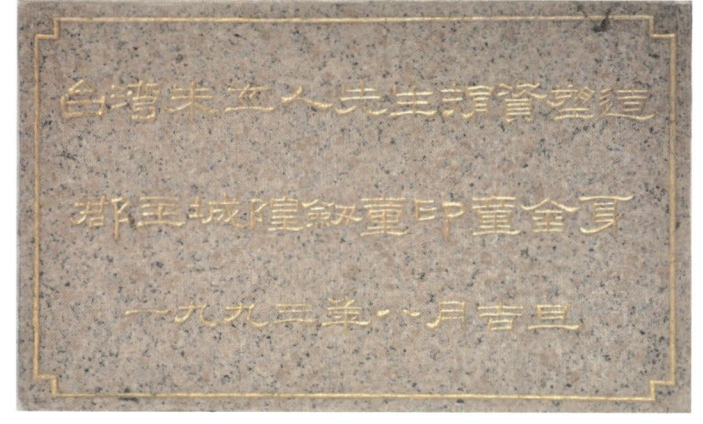

图 8-8　我国台湾朱立人捐资建造的石碑（图片来源：厦门翰林文博建筑设计院有限公司）

4. 文化价值

马巷城隍庙虽经历过多次重修重建，或许整体样式与始建时不太一样，但是庙内的诗词则是从始建之初流传至今。庙门镌有楹联：显戮冥诛任渠巧诈百端总难漏网，佑贤辅德鉴尔真诚一点那不善旌。其联头藏"显佑"二字。朱元璋诏令天下祀奉城隍神，并为各级城隍封爵，"省为威灵公，府为灵应侯，县为显佑伯"。

庙中对联也多与善恶报应有关（图8-9）。善恶报应是古往今来，亘古不变的主题。描绘着历史，警示着当下，预示着未来。

门楼内侧悬挂硕大算盘，也是警示，寓意为人算不如天算。内有黑白无常，为谢、范二将军。谢将军，名为"谢必安"，取义酬谢神明，必能平安。范将军，名为"范无救"，取义犯罪之人，必然无救，同为警示。

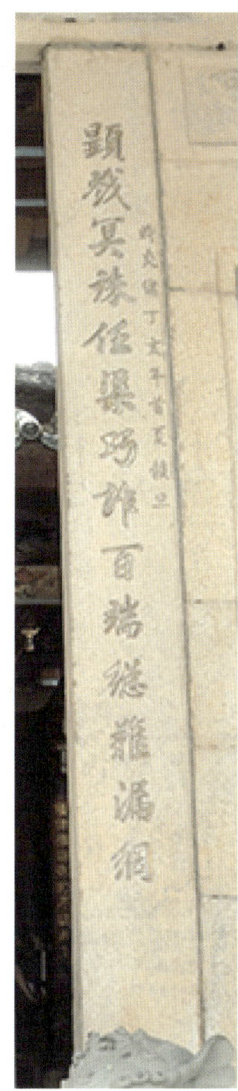

图 8-9　马巷城隍庙对联（图片来源：厦门翰林文博建筑设计院有限公司）

马巷城隍庙作为众多城隍庙的一座，与天下城隍庙一致，警醒着世人，劝人向善，蕴含优秀的传统文化，保护其文化的传承是我们应尽的义务。

二、修缮工程

（一）文物本体存在的问题

因年久失修及白蚁蛀蚀，马巷城隍庙存在屋面多处渗漏、木构件多处糟朽、局部墙体外倾等残损现象，具体如下。

马巷城隍庙建筑瓦件局部扰乱破损，致使屋面多处漏水，并进一步导致屋面木基层及梁架结构受潮糟朽；屋顶多处剪粘及灰塑破损；过殿及正殿多处檐口下沉，封檐板糟朽；多处木柱遭白蚁蛀蚀，柱脚糟朽严重，部分木柱中空（图8-10）。

马巷城隍庙，建筑内部天井现为条石及斗底砖结合的铺装形式，条石多处断裂破损，由于铺装基础不平整，致使斗底砖凹凸不平并出现大面积破碎的现象；建筑内部铺装大块红色方形斗底砖，整体保存较好，局部出现残破现象。

马巷城隍庙门整体保存一般，正门局部糟朽，油漆脱落；部分板门被改为现代铁门；部分现存板门糟朽。窗大部分为石质窗，整体保存较好。内部木雕整体保存较好，局部出现糟朽脱落现象。内部彩绘整体保存较好，部分彩绘因红砖风化而局部脱落。

屋顶剪粘及灰塑整体保存较好，部分因年久失修零部件缺失。

（二）方案设计

2019年8月，设计单位完成了文物建筑的修缮设计工作，设计单位以细致的现场分析调查为依据，确定现状建筑的历史

图 8-10　屋面瓦件缺失、渗漏，檩条糟朽、望砖缺失（图片来源：厦门翰林文博建筑设计院有限公司）

材质，详细调查历史资料，以全面的建筑特征调查为前提，以安全性鉴定报告为基础，充分评估建筑残损情况，详细调查当地传统建筑的修缮工艺，以科学严谨的态度制定切实可行的修缮做法，确保文物的真实性不在本次修缮过程中受到损害（图8-11）。2019年9月，本项目获得了文物部门的批复。

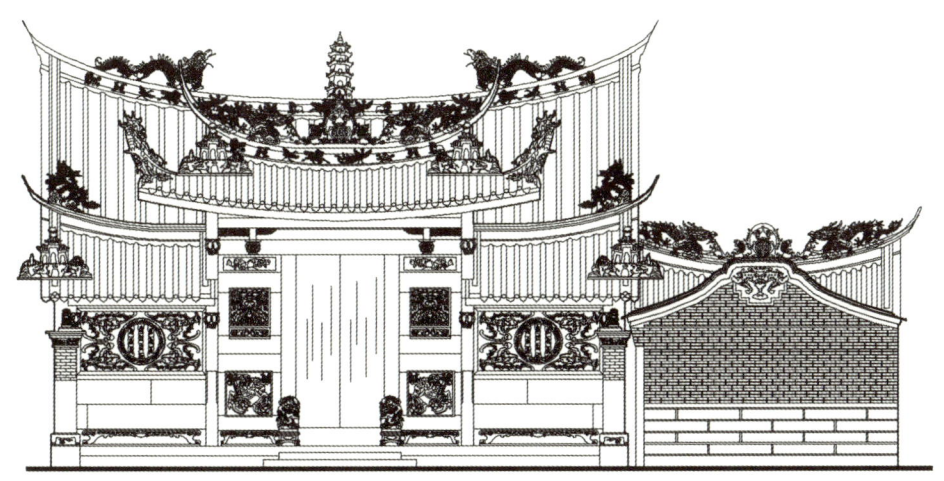

图 8-11　马巷城隍庙正立面（图片来源：厦门翰林文博建筑设计院有限公司）

（三）修缮目的

通过科学合理的技术手段，解决现存隐患和危害，有效地保护建筑主体结构安全。

最大限度地保存现存建筑的历史面貌，尽可能多保留和真实反映建筑的历史信息。尽可能保存和利用原结构，采取最小干预原则。为研究厦门地区乃至闽南建筑的布局、结构、材料、工艺技术，提供更加真实可靠的实物资料。

按现存建筑的面貌和残存的痕迹，经过甄别，拆除后期使用过程中由于维修、改造等与历史原貌不协调的构筑物，还原历史，充分体现建筑历史面貌的真实性和完整性。

（四）工程施工

马巷城隍庙修缮工程于 2020 年 2 月开工，由潮州市建筑安装总公司负责修缮施工，2020 年 5 月竣工。

施工严格按照设计要求，贯彻遵守不改变文物原状的原则并采取了原物尽量保留、小样严格控制、各方积极参与的方式确保了最终的修缮效果。2020 年 6 月，工程经市文物专家、代建单位、设计单位、监理单位、施工单位与建设单位的终验，顺利通过了文物部门的竣工验收。

三、建筑艺术的保护与传承

（一）台基与地面

马巷城隍庙正殿设垂带踏跺，台基为石砌（陡板石台明）。船篷轩台基地面为红色方砖十字缝斜墁铺地。船篷轩与圆堂间有条石相隔。圆堂台基地面为红色方砖十字缝斜墁铺地。

闽南传统建筑的地面铺砖正厅地面用人字铺、侧厅用丁字铺的方式，可在视觉上突出厅堂空间的主体地位，且使用人字铺和丁字铺的说法，隐含了"人丁兴旺"的寓意。

为了最大限度地保留马巷城隍庙传统地面铺装和历史信息，此次马巷城隍庙地面修缮采用局部替补的修缮做法，即对存在酥碱、碎裂以及局部起拱、塌陷等问题的地砖，由匠师分块取出，平整基层后再采用同规格旧砖进行铺设。

（二）墙体

马巷城隍庙的内外墙均为典型的闽南传统建筑墙体形制，外墙为包规起形式。下碱采用石材人字砌裙堵，烟炙砖空斗砌筑身堵，山尖采用烟炙砖砌筑并施灰塑。

马巷城隍庙正殿内侧墙体均为烟炙砖砌筑并采用壳灰砂浆饰面。后廊部分墙体外侧部分下碱为人字砌裙堵，身堵烟炙砖抹红灰，中间施瓷砖彩画，水车堵部分施瓷砖彩画。南侧门洞为烟炙砖工字缝砌筑。

闽南传统建筑清水砖墙砖缝多采用元宝缝，即凸圆缝装饰。凸圆缝工艺要求较高，首先要求砖的尺寸一致，表面平整，棱角分明，每块砖均需经过打磨；其次分类细密的专门工具增多，如拌和灰浆的搅拌板，校准水平使用的水银平尺，勾砖缝使用的"洋铁皮"和"圆套"等；最后定砖缝时要使用较精确的标尺，要求灰缝厚度及砖缝线对位极为精确、均匀。

壳灰砂浆元宝缝是闽南镜面墙及其他清水砖墙的重要价值体现。然而，现存的清水砖墙存在不同原因不同程度的残损，尤其是外墙，勾缝遭长时间风雨侵蚀，部分勾缝已缺失，部分勾缝因后期不当修缮，采用水泥砂浆随意涂抹，破坏了墙体的整体价值。

本次修缮针对马巷城隍庙墙体各种不同的残损状态分别制定不同的修缮措施。针对水泥砂浆勾缝，人工清理水泥砂浆勾缝后采用传统壳灰砂浆恢复元宝缝；针对局部风化的清水砖，进行局部剔除更换；针对内墙面大面积受潮空鼓的抹灰层及被水泥砂浆涂抹的抹灰层进行全面铲除并采用闽南传统黏土砂浆打底，壳灰砂浆饰面。

（三）屋面翻修

因屋面木构件遭白蚁驻蚀变形，诱发屋面多处渗漏，本次工程对屋面进行全面翻修，更换糟朽木构件后对屋面进行重新铺设，但闽南宫庙及宗祠类建筑的屋脊往往装饰复杂精美的剪粘构件，这些构件题材大多来自传统民间故事、戏曲演义、历史掌故等，匠师用颜料、壳灰和瓷片将人物、故事和场景生动地演绎在屋脊和墙头壁上，韵味悠长，独具闽南特色，有些构件虽经历上百年的岁月洗礼，依然光彩夺目。作为闽南传统建筑的重要艺术价值体现，屋脊的修缮在整个修缮过程中显得尤为重要。

马巷城隍庙正殿的脊檩因遭白蚁蛀蚀需更换，本次修缮采用正脊吊装的施工工艺，在将脊檩抽换后，进行正脊的归安。该做法虽能完整保留原有正脊的结构及装饰，但对屋脊的防水要求更高，本工程在椽条安装后，冲洗原屋脊底部表面松散的壳灰砂浆泥粉，再用防水涂料喷涂三遍，对正、垂脊裂缝处采用压力灌浆法进行处理。先用封堵胶泥封缝，再灌注超细微膨胀壳灰砂浆灌浆料。灌浆料固化后，对封缝胶泥进行磨平处理。

四、文物建筑的传承与利用

马巷城隍庙历来香火旺盛，信仰者众多，修缮前对于白蚁驻蚀及屋面渗漏，香客多有怨言，作为厦门市第一批涉台文物古迹，社会各界对于马巷城隍庙的修缮极为关注。在社会各界的监督下，马巷城隍庙虽"修缮一新"，但在信众及社会各界眼中，城隍庙依然古朴庄重、"修旧如旧"，这无疑是对本次修缮工程最好的肯定。本次修缮工程通过验收之后，马巷城隍庙及时交接到理事会，农历六月初七，马巷城隍庙举行了规模空前的"开天门"庙会活动，为本次修缮工作画上圆满的句号（图8-12）。

图8-12　马巷城隍庙信众

建设单位： 厦门市翔安区马巷镇人民政府
设计单位： 厦门翰林文博建筑设计院有限公司　喻婷、杨威松
施工单位： 潮州市建筑安装总公司　李炜
监理单位： 厦门惠和园林古建设计有限公司　陈志权、洪阿明
编写人员： 喻婷、杨威松

2020—2022 厦门市不可移动文物集中保护修缮工程优选案例

九　思明区泰山路 7-19 号修缮工程
十　厦门破狱斗争旧址保护修缮工程
十一　厦门各界抗敌后援会会址（保生堂）保护修缮工程
十二　清和别墅修缮工程
十三　湖里区王清祥宅平移保护工程
十四　海沧区芦塘举人第（棣鄂楼）维修工程
十五　集美农林学校旧址保护修缮工程
十六　后垵红楼建筑保护修缮工程
十七　翔安区原金门县政府旧址之盐兵楼修缮工程
十八　鼓浪屿廖家别墅（漳州路 44 号）保护修缮工程
十九　鼓浪屿中华路 77 号修缮工程
二十　鼓浪屿鹿礁李氏宅（鹿礁路 99 号）保护修缮工程

近现代建筑

九　思明区泰山路 7-19 号修缮工程

一、案例概况

(一) 文物基本情况

1. 简介

泰山路 7-19 号为厦门市思明区一般不可移动文物，文物地处思明区中华街道文安社区泰山路第六市场老街内。泰山路毗邻中山路主街、钓仔路，属于中山路历史文化街区。泰山路 7-19 号文物建筑占地约 423.5m²，建筑面积约 1565m²，共 8 开间，总长 30.8m，进深 14.8m。整体为邻商业街建造的西洋古典主义风格洋楼建筑，建筑层数为四层，局部三层。建筑结构体系较混杂，竖向承重体系采用砖砌体墙及混凝土柱混合承重，楼（屋）面承重体系包含现浇钢筋混凝土板及木楼盖，为混合结构。

2. 历史沿革

1920 年，厦门老城开始旧城改造，进行马路开辟、城墙拆除、市场规划、公园兴建、堤岸修筑、码头更新等一系列城市建设活动，至 1933 年，厦门城市面貌焕然一新。1928 年，厦门市区规划建设 9 个市场，并按顺序进行命名。泰山口第六市场建于 1931 年，是厦门唯一保留 1949 年前市场招牌的菜市场，为市民提供日常所需的食品和用品，这里仍然充满了生活的气息。泰山路 7-19 号建筑处于泰山路第六市场老街区，为当时市场典型的底商上居特征的沿街洋楼建筑。

现今，漫步泰山路，引人注目的泰山路 7-19 号洋楼以其独特韵味令引人注目。这是一座典型的西洋古典主义建筑，呈现出高贵典雅且庄重肃穆的气质。该建筑始建于 20 世纪 20 ~ 30 年代，尽管无法确认其创始者，但仍能感受到其所承载的历史底蕴。

通过现场住户提供信息了解到，该建筑早期为规模较小的自建房，后续每隔一段时间便在原有基础上进行局部扩建，最终形成建筑现状。室内因商业、居住生活需求，内部二至三层存在大量夹层搭盖，且进行过多次改造翻修。目前仅有建设单位提供的 2009 年拍摄的泰山路 7-19 号的照片，作为建筑原貌历史考证资料（图 9-1）。

图 9-1　2009 年泰山路 7-19 号立面（图片来源：厦门市思明区人民政府中华街道办事处）

3. 保护价值

泰山路 7-19 号联排洋楼由左侧泰山路 7-13 号红砖洋楼和右侧泰山路 15-19 号水刷石洋楼组合而成，沿着泰山路商业街建造。整体建筑朝向东南，底层商业、上层居住。立面风格为西洋古典主义风格，建筑立面具有极富欧式风格的雕刻窗饰，尽管被破旧的防盗网构筑物覆盖，却仍不失建筑魅力，曾因处在拥有厚重历史及浓郁人文气息的中山路历史文化街区片区，被定位为人文景观名宅。

文物建筑见证了 20 世纪 30 年代厦门中山路历史街区的繁荣与变迁，是市场记忆的守护者。文物建筑所处的地方，先有了第六市场，后有了街道。人们在街道的两旁建起了房屋，上层为居住之所，下层则是热闹的店铺。泰山路 7-19 号建筑，正是那个时代市场特色的缩影。

建筑的立面细节丰富、特色鲜明，既有英式的联拱洋楼的神韵，又融入了巴洛克风格的独特魅力。门窗套和横梁上的几何状凸起装饰，仿佛是艺术家们倾注心血的作品。立面的拱券、外墙面、檐、柱雕饰各具特色，变化无穷。从远处看，建筑线条清晰、统一协调；近观则能领略到其细部丰富的艺术魅力。

整栋建筑采用闽南传统的红砖砌筑而成，局部墙面和装饰细部则巧妙地运用水刷石装饰工艺。窗楣上的花卉图案仿佛在诉说着古老的故事，而闽南传统的木门窗则让人感受到那份淳朴与自然。这一切都展现了当时厦门地区闽南工匠的高超营造技艺，闪烁着科学的光芒。

总体来说，泰山路 7-19 号文物建筑的价值主要体现在建筑屋顶、沿街外立面、木门窗、窗楣、檐口、柱式装饰细部、平面布局等方面。每一处都凝聚着历史的痕迹和匠人的智慧，值得我们细细品味和珍视（图 9-2、图 9-3）。

图 9-2　2021 年 6 月修缮前立面

图 9-3　2021 年 6 月修缮前立面细部

4. 保护历程

2013 年，泰山路 7-19 号建筑被厦门市思明区人民政府公布为一般不可移动文物，类型为近现代重要史迹及代表性建筑。

2020年7月，厦门中山路被列入商务部公布的第二批国家级试点步行街名单，厦门市人民政府相关部门和单位组织开展"一路五街"立面整治提升工程项目，旨在做好历史街区历史文化遗存的保护和传承、街区环境的整治提升工作。同时根据相关文物部门指示，厦门市思明区濒危类、急需维修类不可移动文物集中保护修缮名单中共有15处文物保护单位，其中泰山路7-19号被列入保护修缮名单。

2020年9月，厦门合立道工程设计集团股份有限公司开展并完成泰山路7-19号修缮工程设计方案的编制工作。同年12月，厦门市思明区文化和旅游局审核批准了设计方案。

2021年6月开展泰山路7-19号修缮工程，同年12月工程通过文物部门的竣工验收。

（二）工程概况

1. 建筑保存状况

泰山路7-19号因建筑自然老化、居住及商业使用，文物保护理念不强，后期多次被翻修改造等，建筑立面风貌破损严重，外墙面饰面、装饰细部、挑檐等损坏严重（图9-4）；现有外立面加设了众多空调外机、雨篷等附属物，破坏了整体文物建筑立面风貌（图9-5）；内部二至三层存在较多自行搭盖的隔层，各层墙面已出现不同程度饰面层脱落、开裂；混凝土楼板、梁、柱构件出现不同程度老化、开裂、露筋锈蚀；木楼板（盖）出现腐蚀、漏水等问题；整体建筑保存状况较差、极大破坏了文物建筑风貌的完整性、真实性。

此外，泰山路7-19号文物建筑入口前的中山海景广场（第六市场）空间，如今也已变得拥挤局促。停车场的设立使得这片原本宽敞的空间变得狭小，人车混流、交通混乱，导致广场失去了原有的宁静与和谐。这片广场曾是周边市民休闲娱乐的好去处，如今却让人感到混乱和不安（图9-6）。

2. 修缮目的

为了重现泰山路7-19号文物建筑的价值，守护这份宝贵的历史记忆，急需开展保护修缮工作。保护修缮工作应注重保持其历史原貌，对破损的外墙面饰面、装饰细部和挑檐进行修缮，对新增的空调外机和雨篷等附属物进行拆除或梳理。对于室内结构隐患应进行处理及恢复。此外，改善泰山路7-19号文物建筑入口前的广场空间氛围也至关重要。重新规划停车位、设置人行道、加强交通管理等措施势在必行。同时，设计团队也考虑对广场空间进行美化，如增设绿化带、设置景观小品等，以提升整体环境品质。

图9-4 修缮前泰山路7-19号立面现状

图9-5 修缮前泰山路7-19号立面附属物现状

图9-6 第六市场广场现状

（三）工程内容

工程性质：修缮工程。

工程范围：泰山路 7-19 号建筑。

修缮内容：屋面屋架、屋瓦、砖块等构件替换及修缮；替换受损屋架、屋瓦、斗底砖构件；楼板顶板或木梁加固或替换；墙体的加固和修缮；外立面恢复和附属物梳理规整；外立面渗水漏雨木质门窗构件替换及恢复，第六市场广场公共空间环境的整治。

（四）实施过程

在对建筑进行深入细致的实地勘测与记录的过程中，设计团队充分依托了各方单位、街道、社区和住户的大力支持。深入住户内部，调查了建筑重点保护部位的损坏状况，详细绘制现状勘测图纸，记录现状残损病害情况，为后续的修缮工作提供了重要依据。此外建设单位委托中国建材检验认证集团厦门宏业有限公司出具民用建筑安全性鉴定报告，作为修缮工程设计依据。为了确保修缮工作的顺利进行，设计团队在现场勘察的基础上，对病害病损的原因及损伤状况进行了深入分析，并制定了科学合理的修缮措施（表 9-1）。

表 9-1　建筑病损及修缮措施分项表

位区	现状残损	具体修缮措施
屋顶	因气温变化、自然因素，屋顶区域屋瓦、砖块破损，导致室内漏雨	全面检修屋顶、屋檐漏雨区域，替换受损的屋瓦、斗底砖等
	因屋顶砖破损漏水、植物种子飘落，局部滋生杂草	采用物理方法拔除，在物理去除困难时，采用少量除草剂去除
建筑沿街立面	因自然老化，水刷石墙面空鼓	敲除空鼓墙面，按原水刷石墙面恢复
	因气温变化、雨水冲刷、风吹日晒，红砖墙的砖缝砂浆缺失；红砖墙面脏污	采用水泥砂浆勾缝，颜色、缝宽、凹凸同原建筑；采用化学方法清洗红砖墙面
	人为不当维修，局部后期水泥粉刷	敲除水泥墙面，按原水刷石墙面恢复
	因气温变化、雨水冲刷、风吹日晒，屋顶、屋檐悬挑板饰面露筋，窗檐破损、剥落；檐口下轻钢结构支架有锈蚀	铲除受损面层，对悬挑部分混凝土楼板钢筋进行除锈处理，板底采用聚合物砂浆抹平后，采取板底粘贴碳纤维布加固措施；面层按白灰顶篷工艺修复；置换锈蚀轻钢结构支架
	因气温变化、雨水冲刷、风吹日晒、房屋连接处檐口断裂，梁托露筋锈蚀	重新配筋浇筑按原有样式修复檐部及梁托，钢筋进行除锈处理，采用聚合物砂浆修复，面层按白灰顶篷工艺修复
立面门窗构件	窗户窗套破损严重，木制门窗构件缺失等，局部窗洞封堵、后期改为现代门窗	参照已有的套窗水刷石工艺恢复；修复木制门窗等构件，封堵部分恢复原窗洞；现代门窗构件按现存原有木门窗替换恢复
立面附属物	油烟管线、雨污管道、市政电网管线、空调外机、晾衣架、防盗网、雨篷布置凌乱，严重破坏建筑立面大厦原貌	拆除油烟管线、梳理雨污管道、移位或下放市政电网管线。空调外机重新移位至窗下或屋顶等隐蔽部位；拆除晾衣架、防盗网（或内置）
	广告店招样式、尺寸、色彩不统一，严重破坏立面原貌	在保证可逆性的原则下，统一广告店招样式、底部设置可伸缩式红色雨篷

续表

位区	现状残损	具体修缮措施
室内混凝土楼板	因年久失修、自然老化导致室内楼板饰面出现局部霉变、受潮、剥落、钢筋锈蚀现象，影响建筑结构安全	混凝土楼板钢筋进行除锈处理，板底采用聚合物砂浆抹平后，采取板底黏贴碳纤维布加固措施；面层按白灰顶篷工艺修复
室内木楼板	因气温变化，木梁热胀冷缩、构件老化，导致木梁出现裂缝、受潮现象，缺乏承受力，危及整体建筑结构安全	屋架清理糟朽处，局部轻微缺陷采用钢套箍处理；糟朽程度比较严重，失去结构承载能力，采用原木替换
室内墙体	因气温变化、外墙防水差，室内砖墙饰面层出现明显开裂、破损及变形，局部受潮霉变、剥落，影响建筑结构安全	检修墙面破损区域，墙体内破损处均采用高延性混凝土面层加固，饰面层按原白灰内墙面工艺恢复
室内木楼梯	楼梯长期使用，木材老化，木楼梯出现扭曲、变形现象，踩踏时有明显震颤及声响	按照原有木质楼梯材质、工艺、形制修复

修缮方案严格遵循《中华人民共和国文物保护法》《文物保护工程管理办法》《中国文物古迹保护准则》《文物保护工程设计文件编制深度要求（试行）》等法律、标准、规范，经过专家严谨的审查修改，方案最终顺利获得了文物部门的认可与批复。

修缮工程于2021年6月正式启动，百年建设集团有限公司承担了修缮施工的重任，福州善为古建筑设计有限公司则负责监理工作。经过数月的精心施工，工程于同年12月圆满竣工。经过各参与单位的预验收及整改环节，最终顺利通过了文物部门的竣工验收。

（五）实施效果

修缮前泰山路7-19号建筑立面老化、空鼓，立面设置了众多后期加建的构筑物，破坏了文物建筑立面原有风貌。室内楼板木梁糟朽、混凝土板底露筋，危及建筑的结构安全。泰山路7-19号文物建筑的修缮工程实施后，通过外墙修缮及梳理附属物空调外机、广告店招、附属物设施、构件、市政表箱等设施，恢复泰山路7-19号文物建筑立面历史原貌，重现其富有价值特色的立面装饰细部。同时对建筑室内的结构隐患区域进行加固处理，解除其房屋安全隐患，使得住户居住更为安全。再者对于第六市场广场空间的整治提升，使得整体公共空间更加适宜，成为周边居民休憩娱乐的场所（图9-7～图9-9）。

图9-7 修缮前

图9-8 修缮后

图9-9 广场空间整治后

二、案例修缮要点

（一）屋顶修缮

泰山路 7-19 号文物建筑因住户文物保护观念缺失、生活需求、自然老化等因素，屋顶后期加建彩钢篷、屋瓦多处破损漏雨、局部滋生杂草等，破坏文物建筑屋顶的原有风貌。本次屋顶修缮，经过街道社区、住户的多方努力，尽可能拆除屋顶后期加建的部分，统一对屋瓦进行揭取，替换修缮建筑屋顶砖瓦构件，替换或加固内部糟朽的屋架木梁，按斗底砖平屋面、红瓦屋面工艺恢复，最大限度恢复原建筑的屋顶风貌，解除屋顶漏雨造成内部结构木梁损坏的危险。

（二）建筑沿街主立面修缮

文物建筑立面独具魅力，展现出巴洛克风格的西洋建筑特色，其立面水刷石饰面工艺、清水红砖墙、立面拱券以及细部装饰雕刻，都闪耀着艺术的光辉，成为文物建筑备受瞩目的保护焦点。然而，岁月与人为因素使得外墙立面渐显老态，被后期构筑物遮挡，文物建筑立面的原始风貌遭到破坏。

在修缮过程中，精心修缮了文物建筑的主立面，以确保泰山路商业街沿街建筑的立面风貌和谐统一。修缮工作细致入微，专注于破损的水刷石墙面和红砖墙面的修缮，以及立面破损外门窗构件、水刷石装饰细部纹饰的恢复。同时，彻底清除了无用的附属物构件，并重新梳理了防盗网、空调外机、广告店招、雨篷等附属物，使其与整体立面风貌相得益彰。

通过这一系列的修缮措施，力求让文物建筑的立面重新焕发生机与光彩，展现出其独特的艺术魅力和历史价值（图 9-10、图 9-11）。

（三）解除建筑结构安全隐患

根据现场勘察以及民用建筑安全性鉴定报告，楼板木梁腐朽、混凝土楼板钢筋外露、墙体空鼓、酥化等问题，均对房屋结构安全构成威胁。为确保建筑结构安全，室内重点针对相关部位进行加固，消除安全隐患。遵

图 9-10　修缮立面效果图

图 9-11　修缮后立面实景

循文物最小干预原则，结构干预主要侧重于修缮补强，提升结构安全性和耐久性。修缮内容包括：（1）替换加固屋架及楼板木梁腐朽部分，施工过程中需统一揭开屋瓦、拆除楼地面铺装，二次勘察木梁损伤状况。对木梁腐朽部位进行清理，局部满足承载力的轻微缺陷可采用钢套箍处理；对于腐朽严重、丧失结构承载能力的部位，则按原有木材规格进行替换。（2）对楼板顶板梁柱构件钢筋外露区域进行统一除锈处理，随后采用聚合物砂浆抹平，并进行板底粘贴碳纤维布加固。（3）针对墙体空鼓、酥化区域，采用高延性混凝土面层进行结构加固，以提升墙体结构承载力。饰面部

分则按原白灰内墙面进行恢复。

（四）公共空间景观同步整治提升

泰山路第六市场街区公共空间景观同步整治，优化并协调文物建筑景观风貌。主要设计措施包括：（1）将广场停车区域协调疏通至中山海景广场主楼地下停车区域，提升第六市场广场空间品质；（2）拆除邻泰山路的栏杆、围墙，迁移相关市政设施，打开泰山路7-19号一般不可移动文物建筑的观赏视野；（3）优化车行、人行流线的交通组织；（4）广场上保留原有古树、置换地面铺装，结合市场文化置入相关城市家具，打造居民公共休憩广场空间[1]（图9-12、图9-13）。

图9-12　第六市场广场空间整治意向图

图9-13　第六市场广场空间整治后

综合来看，对泰山路第六市场街区的公共空间实施了全面升级改造，以优化其景观风貌和功能特性。通过一系列精心设计和改造措施的落实，期望这片历史悠久的街区焕发新的活力，为市民提供一个更加舒适、便捷且富含文化底蕴的公共空间。

三、结语

中山路历史文化街区的老建筑见证了厦门近代城市发展中中西文化的交融，承载着厦门中山路历史街区建筑发展演变的历程。对泰山路7-19号一般不可移动文物进行修缮，目的是最大限度地恢复文物的原有风貌，揭示其历史痕迹，同时为周边社区居民提供休闲的公园广场空间，消除文物结构的安全隐患，提升居民的生活品质。这一举措不仅突显了政府对中山路历史文化街区遗留建筑文化进行保护的坚定决心，也进一步提升了厦门的城市品位和形象，具有重大意义。

参考文献

[1] 曾光. 厦门市中山路历史风貌区街区界面设计实践[J]. 城市开发，2022（12）：86-87.

建设单位：厦门市思明区人民政府中华街道办事处
代建单位：厦门建发兆诚建设运营管理有限公司　姚文伟、王琪琛
设计单位：厦门合立道工程设计集团股份有限公司　曾光、黄炳飞、刘棕端、李强
施工单位：百年建设集团有限公司　吴兵兵
监理单位：福州善为古建筑设计有限公司　张礼月
编写人员：曾光、黄炳飞

十　厦门破狱斗争旧址保护修缮工程

一、案例概况

（一）保护对象基本情况概要

1. 简介

厦门破狱斗争旧址位于福建省厦门市思明区思明南路451号。2006年，国务院公布厦门破狱斗争旧址为全国重点文物保护单位。厦门破狱斗争旧址是福建省党史教育基地，具有重要的纪念意义和教育意义[1]。现旧址东与思明区厦港消防救援队一墙之隔，东南约1.27km为厦门大学；西与厦门神鹭电器厂一墙之隔，西北约567m可达鸿山寺；南邻沙坡尾，北靠鸿山。

厦门破狱斗争旧址是福建省保存较好的古代监狱建筑群之一。《厦门志》载："乾隆三十年（1765年），同知黄彬建监狱十四间，以禁台逮人犯。嘉庆十八年间，同知叶绍荼重修。"[2]破狱斗争旧址前身为厦防同知署监狱，始建于清乾隆三十年。此后不断扩建，清宣统二年（1910年），厦门始创地方审判厅，设有厦门商埠地方审判厅牢狱，原海防厅判决的人犯关押在此。"厦门以通商繁要地，前清驻厦防同知兼理民事，设押管所而已，无监狱也。"清末，又变为押管所。"于是规划地址，就县署左方隙地，并旧有押管所辟为新监狱，又就县署右方吏舍改筑看守所。"①民国时期，押管所改为新监狱。中华人民共和国成立后，思明监狱改造成公安系统工作人员的住宅区及工厂的仓库等。其间历经多次修葺、重建、改造，建筑的形态和使用功能在不同的时期均有所变动。但清末民国时期的监狱主体建筑大部分保存下来，基本明晰，监舍部分保存较为完整。[3]

厦门破狱斗争旧址现存监狱南北长，东西窄，略呈长方形。南北通长约40m，东西均宽约20m。占地面积约784m²，建筑面积约464m²。破狱斗争旧址为围合封闭式的砖、木、石结构，采用闽南地区常见的民居建筑形式。建筑材料主要有砖、石、木、三合土、石灰等。主体建筑为单层三段式，地基填埋乱石，基墙为糙石叠砌，墙体砖砌。屋顶为双坡布瓦（板瓦）硬山顶（图10-1）。[4]

图10-1　厦门破狱斗争旧址航拍图

---

① 思明县建筑监狱碑文。

2. 核心价值

(1) 历史价值

1930年，中共福建省委成立的破狱委员会从思明监狱里成功地营救出40多位被国民党统治者关押的所谓"政治犯"。基于此一重大事件，思明监狱被列为厦门市重要的革命遗址之一，并被命名为"厦门破狱斗争旧址"，成为厦门市重要的爱国主义教育基地之一，具有较好的历史教育价值。

(2) 艺术价值

厦门破狱斗争旧址牢房A区、B区、C区、D区功能分布明确，监狱建筑的演变、监狱布局的逐步完善，以及所采用的闽南传统建筑形式，对于探讨中国监狱建筑发展历程和地域特色具有一定的研究价值（图10-2）。

(3) 科学价值

厦门破狱斗争旧址是福建省保存较好的民国时期古建筑群之一。厦门破狱斗争旧址运用中国古建筑营造方法，巧妙地将石材、木材、砖等材料用于建造，极具闽南特色的搁檩式屋面既扩大了室内的使用空间，也使其不需要像抬梁式梁架那样需要大量大尺寸木材，体现了清末至民国时期监狱建筑的风格，为我们更好地研究清末至民国时期监狱建筑提供了依据。因此，厦门破狱斗争旧址具有一定的科学价值。

3. 保护历程

1813年，厦防同知署监狱重修。清嘉庆十八年（1813年）间，同知叶绍棻重修监狱。

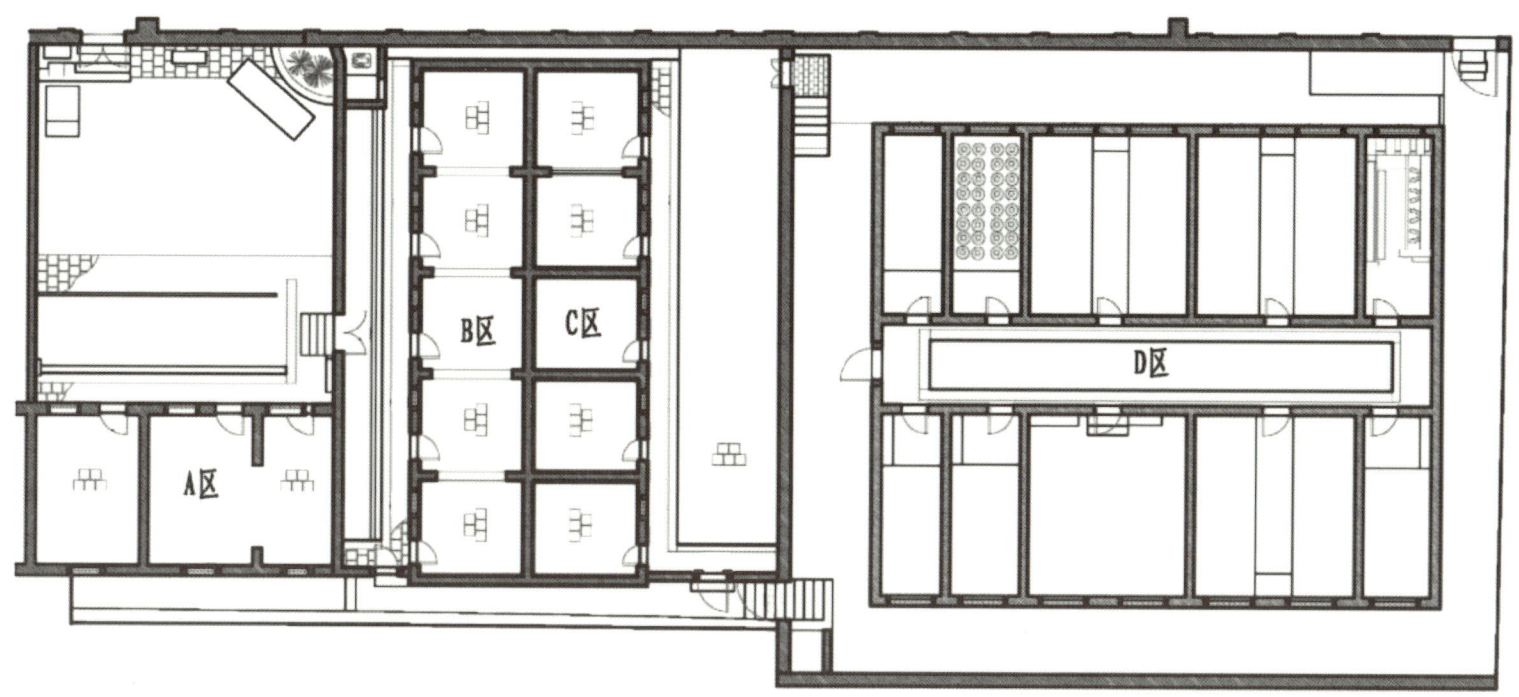

图10-2 厦门破狱斗争旧址分区图

1916年，建造新监狱。所谓新监狱，即在原押管所范围内的空隙地带再建一座监舍。清末曾任奉天高等审判厅厅长的许世英，于1912年通电全国，派员调查各县实际情况，并于当年提出了司法计划书，该计划书对新式监狱做了全面的规划。1915年思明县县长报请当时的检察总长许世英批准建造新监狱。

1993年，厦门破狱斗争旧址由厦门市文化局进行全面维修。

1998年，思明区人民政府把厦门破狱斗争旧址辟为思明区爱国主义教育基地，把B区南座的五间监舍改造成"破狱斗争"展览室。

2004年，厦门破狱斗争旧址由厦门市博物馆管理。同年，厦门市文化局主持对旧址进行全面的维修加固，维修加固后作为市级爱国主义教育基地对外开放。

2017年，因莫兰蒂台风造成的破坏，由厦门市文化局对A区监舍进行了保养维护。

2020年，厦门破狱斗争旧址D区围墙由厦门市博物馆进行抢险加固。

2021年启动厦门破狱斗争旧址保护修缮工程。

（二）项目背景

厦门破狱斗争旧址基本完好，地面局部龟裂、凹凸不平；部分桁条等大木构件出现开裂、局部糟朽；墙面抹灰部分酥碱严重；屋面瓦片酥碱、破碎，屋面局部漏雨，导致椽子有不同程度糟朽等。本次修缮在不改变厦门破狱斗争旧址原有历史风貌的情况下，对牢房建筑本体进行检修，不进行大规模翻新。

（三）工程目标

工程性质：保护修缮工程。

实施对象：厦门破狱斗争旧址。

修缮工程的范围：屋面揭瓦重铺，屋脊重塑，屋面清理；屋架木结构更换处理；墙体抹灰翻粉、墙面清理、围墙墙帽重砌、墙体标语保护清理；A区、B区、C区室内门洞加固、裂缝墙体灌浆加固；墁砖地面、条石地面、三七土地面重铺及B区、C区、D区墙基防水处理；木门修补和清理、围墙防盗网重装、门窗铁件除锈防锈处理、水沟疏通等。

工程目标：保持厦门破狱斗争旧址的完整和健康状态，最大限度地延续其历史真实性和完整性。

（四）实施过程

保护修缮工程的实施环节主要包括勘察设计、施工组织实施。

1. 勘察设计（2020年1月—2020年4月）

设计单位于2020年对厦门破狱斗争旧址进行了实地考察和调研，完成厦门破狱斗争旧址现状勘察测绘，绘制各分区建筑正立面图、背立面图、侧立面图及屋面俯视图和檩条布置图。编写现状勘察说明及整理照片。完成A区、B区、C区、D区CAD图纸大图线型标注。绘制门窗及岗哨大样图。编辑各分区残损照片。编写现状残损统计。完成A区、B区、C区、D区CAD图纸现状文字残损描述、标注。编写檩条现状勘察表和门窗现状勘察表。完成D区南侧、东侧和西侧围墙CAD图纸现状文字残损描述、标注。完成现状图纸内部初审。根据初审报告对现状图纸进行订正修改。

2. 施工组织实施（2021年12月—2023年5月）

施工前，根据现场实际情况采取文物保护措施，确保维修范围内一切文物的安全。遵守国家现行有关施工及施工验收规范进行施工。

在施工过程的每一阶段都做详细记录，包括文字、图纸、照片甚至录像，留取完整的工程技术档案资料。拆解前期无法勘察的隐蔽部位、施工中发现新问题或与设计不符的情况，除做好记录以外，及时通知设计单位，以便调整或变更设计。施工单位在施工中进一步鉴别文物建筑各种残损情况，并将发现的隐性损坏及时报告建设和设计单位，以便分析损坏原因及对建筑造成的危害后，采取符合实际、恰当的修缮手段。保护修缮工程施工与其他专业（水、电、消防等）的施工配合，在文物建筑保护修缮之前确定设计方案，统筹施工，保证施工质量。

3. 工程实施过程中各方的配合

地方政府、建设单位、设计单位、施工单位、监理单位、物业等有关部门共同协作，将各关键节点工作合理安排，制定节点工期表，在指定的日期内完成。

二、案例亮点

（一）不改变原状原则

1. 原建筑格局

厦门破狱斗争旧址修缮前 A 区院埕地面为水泥地面，面积约为 45.48m²。A 区原有的天井被混凝土填平（图 10-3、图 10-4）。早期考古发掘显示，现 A 区监舍对面还有与之对称的三间监舍建筑遗迹。A 区院埕揭露水泥面层后，发现其下填土层厚约 5cm，填土层下清晰地暴露出监舍基址三间、檐廊、天井、廊道及下水道等建筑遗迹。建筑遗迹正与 A 区现存监舍相对称。

虽然与东侧监舍对称的西侧监舍已经倒塌，但是可以选择地面铺装来表示原有的平面布局。

图 10-3　修缮前 A 区院埕地面

图 10-4　修缮后 A 区院埕地面

保留 A 区西侧监舍地面墙基遗迹，参考东侧监舍恢复原室内红砖地面。铲除墙基及原有室外地面覆盖的水泥面 45.48m²，夯实基层后采用与现存规格及质地一致的地面红砖进行铺设，地面红砖规格为 300mm×300mm×20mm，共 35.22m²，同时参考了现存地面做法，聚合物砂浆勾缝，缝隙 20mm。

参考东侧监舍墙体做法。铲除两侧监舍墙基遗迹面层覆盖的水泥后向下开挖 200mm，用 1∶2 石灰砂浆找平墙基遗迹坑洞后，平铺糙面条石，条石规格为 2600mm×1000mm×120mm，用 1：2 石灰砂浆捉平缝，条石顶面凸出地面 50mm（图 10-5、图 10-6）。

2. 原有建筑材料

（1）条砖

厦门破狱斗争旧址主要使用方砖和条砖两种类型的红砖。现场剔除 A 区东侧水泥砂浆面和 D 区四周通道原地砖面层后发现，原始地面采用长 220mm、宽 170mm 红砖铺地残留。而原设计图纸地面面层采用 300mm×300mm×20mm 斗底砖，因此根据剔除发现的残留，施工时 A 区中部天井地面、A 区东侧通道地面、D 区四周通道地面均采用与原始地砖（长 220mm、宽 170mm 红砖）接近的旧砖铺地（图 10-7）。

（2）竹钉

原橡板和檩条之间采用竹钉加固，一是便宜，二是方便就地取材。本次修缮特地购置竹钉，该竹钉已和麦皮或米糠翻炒过，用于橡板和檩条之间加固。竹钉与普通铁钉相比防腐性强（图 10-8）。

（3）瓦

揭瓦卸瓦时，尽量保护旧瓦件（图 10-9），对有腐蚀、裂缝、砂洞、残损和变形严重等达不到标准的旧瓦片进行更换。旧瓦片使用时做好清理、清洗（图 10-10）、除尘等工作。添换瓦件的规格、

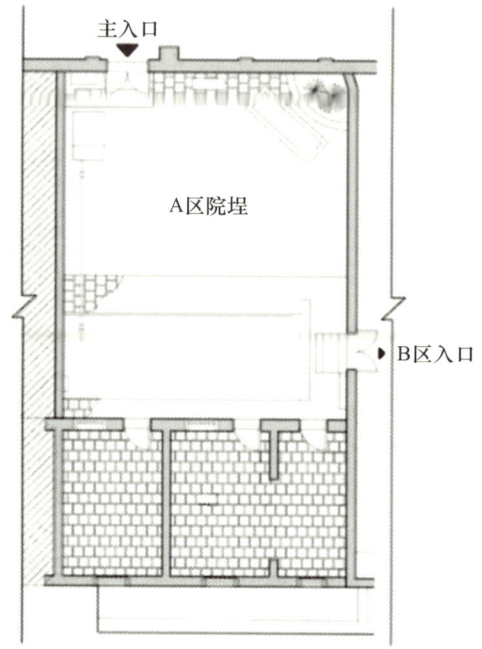

图 10-5　A 区修缮前平面图

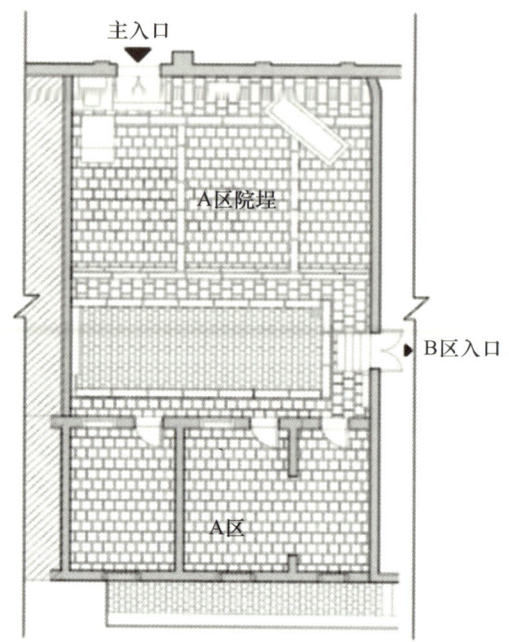

图 10-6　A 区修缮后平面图

图 10-7　D 区四周通道地面

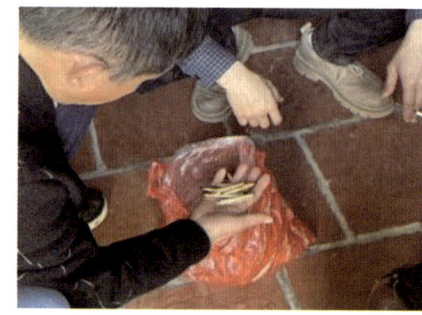

图 10-8　挑选竹钉

图 10-9　旧瓦片

图 10-10　清洗旧瓦片

品种、质量与原瓦件相同,并符合设计要求。相同规格的瓦件分门别类放置以备用。

3. 原有建筑工艺

（1）墙体抹灰工艺。

原有墙体工艺基层采用壳灰、红土、砂混合打底灰,面层采用壳灰砂浆。面层第一遍工序为放浆,第二遍工序为压光,最后一遍工序为收光。修缮时剔除原墙面粉刷层,剔除墙面抹灰酥碱、空鼓、剥落的部位,凿除时应尽量避免二次损坏。采用扫帚扫除剔除部位面层的灰尘,清洗干净。用清水打湿剔除部位的墙面。内墙采用壳灰、红土、砂（比例为1∶1∶5）打底灰,外墙采用壳灰、红土、砂（比例为0.5∶1∶4）打底灰,采用细砂、壳灰以2∶1比例配制的壳灰砂浆抹面。对壳灰砂浆抹面进行试块试验,主要从细砂颗粒和白灰与细砂配比以及墙面协调角度进行考虑,细砂颗粒粒径1.5mm、2.0mm,白灰与细砂配比1∶2和1∶2.2,得到四种壳灰砂浆抹面样式,最后选择粒径1.5mm细砂颗粒,白灰与细砂按配比1∶2.2配制的壳灰砂浆抹面样式（图10-11～图10-13）。

（2）屋面。

首先揭瓦,清理瓦片,挑拣瓦片,清扫屋面的灰尘。其次参照设计图纸,对木结构进行检查、编号。发现和图纸有出入,施工单位、设计单位、监理单位和建设单位共同讨论协商,报给工厂。再由木工工匠按照原工艺进行木材加工,对加工好的木料进行防腐防蚁处理。对进场木料进行复核、检测,确保木材材质、规格、含水率符合设计要求。制作好的木构件按照原工艺进行安装。最后安装完再对屋面进行防腐防蚁处理。保留原屋面做法,塑完屋脊,先铺平瓦,平瓦铺四行后,开始铺底瓦。底瓦铺完要垫平、试水,再铺盖瓦。最后用尺子检查"笑口""喝风"情况（图10-14、图10-15）。

图10-11　B区墙面施工前

图10-12　B区墙面施工后

图10-13　壳灰砂浆抹面试块

图10-14　施工前B区、C区屋顶

图10-15　施工后B区、C区屋顶

（二）最低限度干预原则

施工期间发现 B 区展陈未做改动，如按原方案（图 10-16）对后期开设门洞进行钢梁钢柱加固，势必造成 B 区过道过于狭窄，影响美观及使用功能。A 区、C 区也有同样的情况。为达到对文物的最小干预，保证工程质量及安全，根据最低限度干预原则对门洞进行加固：A 区门洞跨度为 2.45m，采用 25#A（250mm×78mm×7mm）替换原槽钢（图 10-17）；B 区 E 轴门洞跨度 2.2m，原有槽钢 10#A 不改动；B 区 L 轴、K 轴、H 轴门洞跨度 2.2m，原过 D150 木梁保留，木梁两侧用 20#A（200mm×73mm×7mm）槽钢加固，两槽钢间距 500～600mm，用螺栓（直径 12mm）穿孔与原木梁连成一体（图 10-18）。

施工措施如下：施工前架设支撑支顶门洞过梁；所有槽钢端头进入支座不少于 200mm，支座范围内清除松散残余砂浆，保证支座及周围砌体可靠；安装固定加固槽钢；过梁上部墙体剔除粉刷层，清理松散灰缝，勾缝补强，两侧墙面增加钢丝网砂浆粉

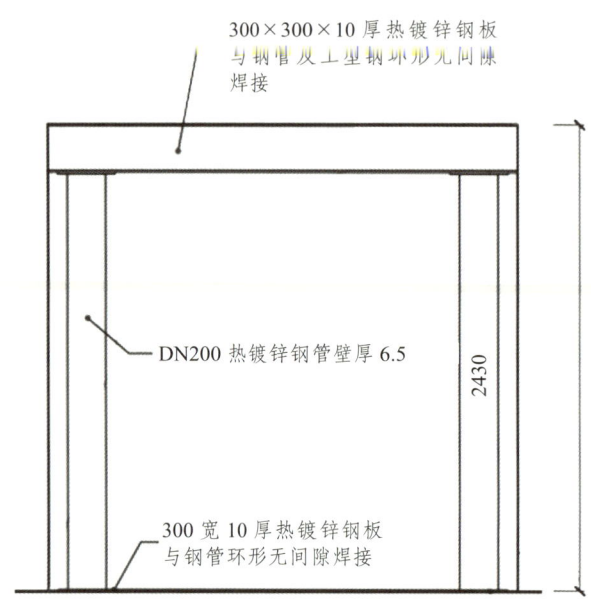

图 10-16 门洞加固原方案（单位：mm）

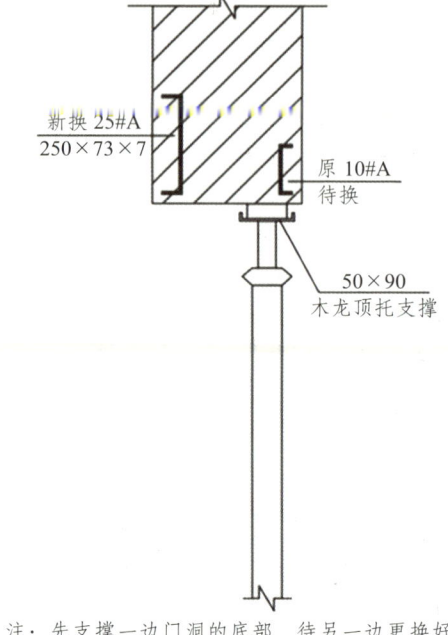

注：先支撑一边门洞的底部，待另一边更换好槽钢、灌浆凝固后再支撑更换另一边。

图 10-17 A 区（支撑）加固大样（单位：mm）

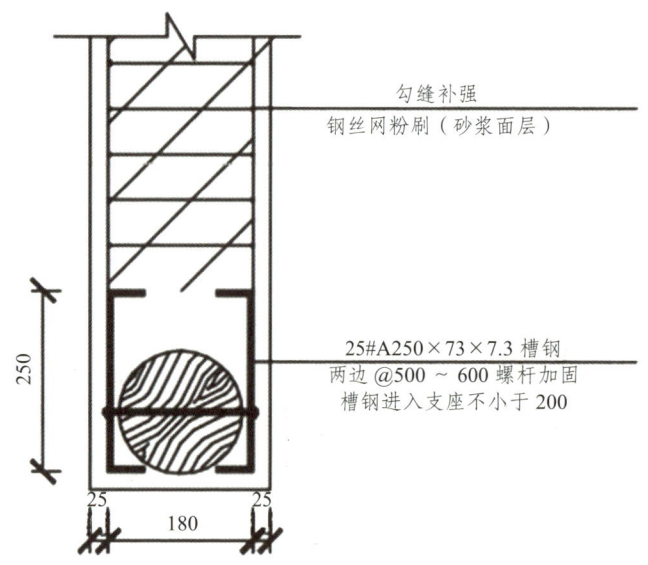

图 10-18 重新加固大样（单位：mm）

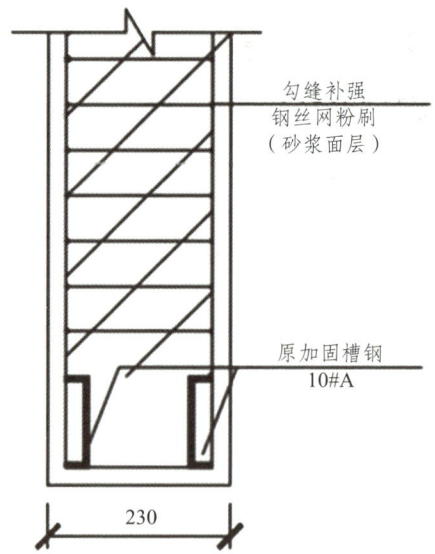

刷加固墙面，并与原加固槽钢连成一个整体；待过梁上部墙体及支座处砂浆强度达到设计强度的 70% 后拆除支撑。符合最低限度干预原则（图 10-19～图 10-23）。

近现代建筑

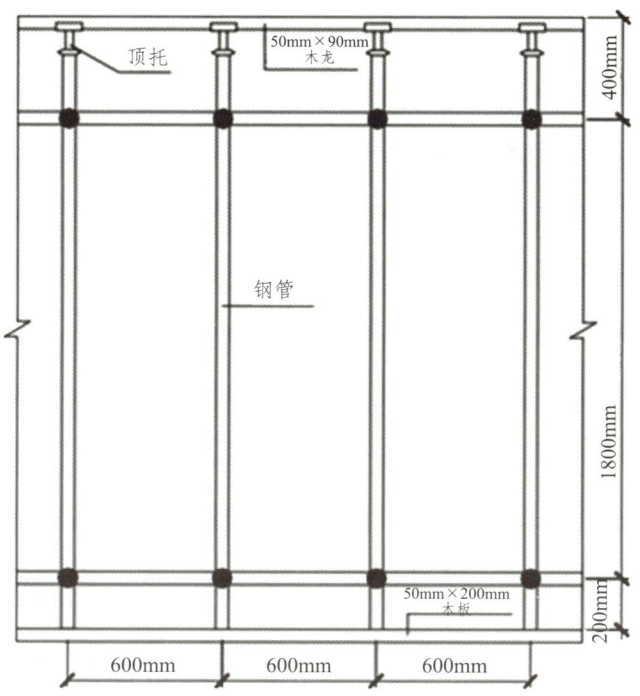

图 10-19　A 区、C 区钢管支撑大样

图 10-20　B 区施工前门洞

图 10-21　B 区门洞加固施工中（一）

（三）可识别性原则

在厦门破狱斗争旧址修缮中，对于修补、增加以及替换的部位，都进行相应标记，如对 A 区门洞的新槽钢标记"2022.6"（图 10-24）。墙面既考虑"修旧如旧"，也注意与现有的墙面有一定的区别（图 10-25）。

（四）无损半定量元素分析

D 区监舍后檐墙内墙面窗洞上的九处监狱"规则"标语（图 10-26）面层布满灰黑色污渍，在详细的病害调查的基础上，利用奥林巴斯 Vanta 手持式 X 荧光光谱分析仪采用常见混合模式对标语字迹表面进行快速无损半定量元素分析（图 10-27）。在确定表面为无危害尘埃后，采用鬃毛刷、清水清洗干净，避免不当的方法破坏标语。

图 10-22　B 区门洞加固施工中（二）

图 10-23　B 区门洞加固施工后

图 10-24　A 区门洞槽钢

图 10-25　外墙面

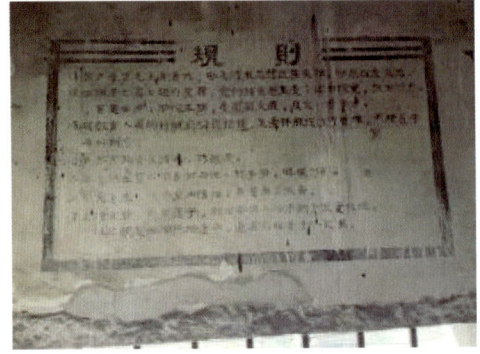
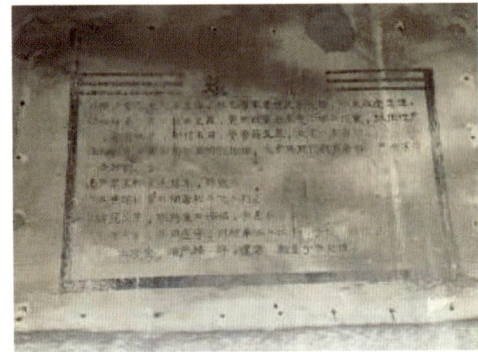
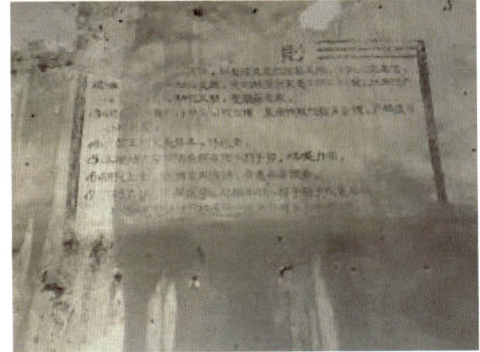

图 10-26　监狱"规则"标语

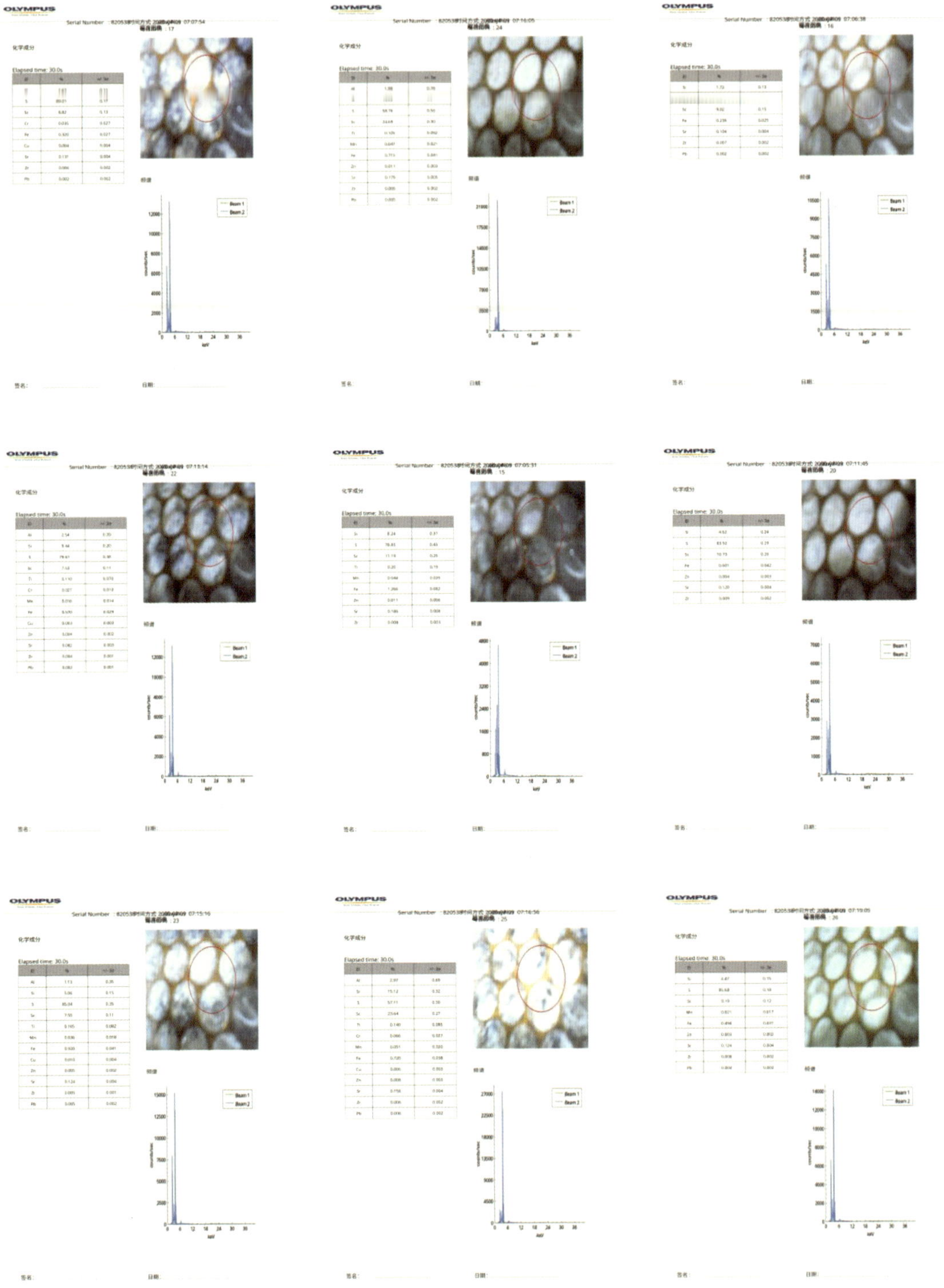

图 10-27　监狱"规则"标语检测数据

三、经验总结

1. 行业专家指导

此次维修，文物修缮工程类、结构类、文史类专家等参与指导，从建筑历史到建筑设计、施工工艺、材料选择、历次维修情况等方面追根溯源，充分挖掘建筑的历史、文化、艺术价值。除此之外，文物修缮专家郑东、结构专家谢益人就厦门破狱斗争旧址展陈空间结构问题数次到现场指导，提供了很多宝贵的意见。诸位专家的悉心指导，也为整个施工工期和工程质量提供了有力保障。

2. 施工参与各方的配合

建设单位对本工程严格管理，在材质方面委托监理单位进行检测，在工艺方面咨询请教闽南当地的工艺师傅。

设计单位在施工期间委派专人定期到现场进行监测，并及时对相应的设计方案进行变更，以确保工程的顺利实施。

监理单位委派专业监理工程师定期对工程进行全程监督与指导。

施工单位严格按照图纸施工，派驻经验丰富的老工匠驻扎现场，对重要部分工程制订相关的专项施工方案，在施工技术力量方面最大限度给予相关保障。

修缮施工过程中，各方对工程遇到的重点难点问题提出切实可行的意见。严格要求，通力合作，克服各种困难，顺利完成工程项目。

参考文献

[1] 福建省文物局，福建省文物保护中心．福建文物概览 [M]．福州：福建人民出版社，2021．

[2] 厦门市地方志编纂委员会办公室．厦门志：清·道光十九年镌 [M]．厦门：鹭江出版社，1996．

[3] 靳维柏．厦门历史文物精粹 [M]．厦门：厦门大学出版社，2016．

[4] 靳维柏，林元平．思明监狱的红色记忆 [M]．北京：中国文史出版社，2007．

建设单位：厦门市博物馆（厦门市文化遗产保护中心） 郑东、王蒙、黄美意

设计单位：泉州大众古建筑设计有限公司 陈志毅、郭连杰

施工单位：福建景翔建设工程有限公司 张建平、李官华、廖志堂

监理单位：河南东方文物建筑监理有限公司 郑飞、徐乃峰

编写人员：黄美意

十一　厦门各界抗敌后援会会址（保生堂）保护修缮工程

一、项目概况

厦门各界抗敌后援会会址（保生堂）位于厦门市思明区定安路71号，始建于1929年，1982年被厦门市人民政府公布为厦门市文物保护单位。厦门各界抗敌后援会会址原为中国台籍妇产科医生陈锡辉、黄仔尾夫妇的私人诊所和住宅，目前产权由其后代继承。建筑坐南朝北，平行于小走马路，沿定安路呈少有的菱形布局。占地面积约158.30m²，建筑面积约675.18m²，为五层砖混结构，立面沿定安路保存完好，具有典型的装饰主义风格特点，底层沿街为闽南建筑风格骑楼，平面三面围合，和南侧高景墙围合成内天井。在主体外西侧（侧庭院）、东侧和屋顶都有后期加盖现象（图11-1～图11-3）。

图11-1　夜景艺术照明还原效果图

图11-2　历史照片

图 11-3 现状鸟瞰照片

二、历史沿革

该楼建成于 1929 年，大楼一、二层设妇产科和儿科诊所，三、四层为住宅，五层为礼佛堂。因为楼主以行医为业，故以闽台共同信奉的"医灵真人"吴本，即保生大帝信俗命名为"保生堂妇幼诊所"，因为妇产科和儿科的受众的性别构成，女医生更受欢迎，所以开业数年，女主人黄仔屘在当地声名鹊起，颇受认同和欢迎。黄仔屘出生于我国台湾台南乡下，早年作为护士随一位日本妇产医生学习妇产和儿科知识，20 世纪 20 年代婚后随夫到厦门开业行医。保生堂对面的定安路 68 号亦为陈锡辉所建，陈、黄夫妇原在此接诊居住，保生堂建成后卖与日籍律师南部晋。

据了解，当年该建筑聘请了日本建筑师进行设计，且部分建筑装饰主材也采自日本，如白色外墙贴面砖背面还有日本厂家的标志，二楼和五楼中厅更有共计十几幅难得一见的日本国宝"九谷烧"瓷画墙砖。不少建筑部位的形制和做法均留有日式烙印，如除沿街门面沿袭厦门骑楼的通高门板外，上层各功能空间的实木门又窄又低，净高甚至不到 1.8m，实地勘察时令人不解：斥巨资建造的大楼应该不至于在这个部位省钱，况且这些实木门选用铁木制作，造价不菲。后经进一步考证发现，该模式多见于日本，因为秀吉时代，政府税收系依门的大小收取的，所以各家各户的门都偏小，这个点位也从一个侧面旁证了该建筑设计师可能是日本人的说法。

在项目实地踏勘过程中，还有一个重要发现：沿定安路建筑主立面外窗槛墙表面为厦门早期建筑水泥砂浆拉毛做法，原以为这属于建筑原生外饰，通过进一步勘察和采访调研得知，原来这些拉毛层的下面多有文字和图案构成的阴刻及浮雕，20 世纪 60 年代中期，为避免继中庭天井的两幅巨幅糖水灰主题浮雕遭人为破坏的悲剧重演，业主召集工匠将这些饱含建筑历史人文信息的浮雕图文用水泥砂浆拉毛方式加以遮盖掩饰，总算躲过一劫。因为此次建筑修缮时间、经费上的限制，无法展开耗时耗力的进一步考古性揭示，相信日后条件成熟，待保生堂的全面性修缮提上日程之时，保生堂将向世人揭开神秘面纱，届时文物建筑也将更真实、更完整、更全面地呈现于世人面前。

1937 年 7 月 28 日厦门各界抗敌后援会在黄厝巷（厦门国民党市党部）成立（图 11-4），选举执委 69 人，下设宣传、募捐、慰劳、救护、救济、交通、侦察、粮食、国货、资源、财务 11 个部，同时择址保生堂作为后援会其中几个部门的工作地点。几个部门在保生堂工作了近九个月，直至 1938 年 5 月 10 日日军进犯厦门岛之前才撤到闽西继续抗日宣传活动。在保生堂工作期间，后援会出版了《抗敌导报》等刊物，并组织团队深入街头及农村开展演讲及文艺演出等抗日宣传活动，组织抗日游行及募捐慰劳公演，发动民众献金献力，慰劳前线抗日将士、赈济金门难民等。厦门沦陷后保生堂便恢复妇幼诊所的功栏散落，建筑主体遭受较大破坏，因此保生堂建筑于20世纪90年代末期被思明区危改办判定为危房暂停使用。

三、文物价值分析

（一）艺术价值

保生堂作为厦门中山路近代重要地标建筑之一，在建筑艺术方面独树一帜，是一栋中西合璧的骑楼式建筑，内外装饰精美，用料考究。主楼通高巨柱及白色马赛克面砖构成的竖线条、建筑顶部退台式冲天向上的风水塔亭和旗杆座，二层沿街凹外廊虚实变化营造出强烈的光影效果和立体感，以及硬木门窗、彩色压花玻璃、铁艺窗栅及屋顶铁艺花座等无不体现当时风靡全球的装饰主义（Art Deco）风格特征（该风格起源于法国，流行于欧洲和美国，为20世纪20至30年代现代主义建筑早期形式之一）。尤其值得一提的是，该建筑在装饰艺术风格中有机融入了南洋骑楼元素和大量的闽南建筑装饰工艺。除前述墙面水洗石浮雕，中间天井的两幅巨幅糖水灰主题浮雕（八仙过海及愚公求贤），枋眉、壁柱楹联、花鸟植物灰塑浮雕，以及已经灭失的顶部风水塔亭上的镂空八卦铜饰等，将西式装饰风格和闽台地域特色有机融合，珠联璧合、相得益彰。通过此次对保生堂建筑室内外的全面勘察发现，有两点使保生堂的艺术和历史价值倍增并值得深入研究及挖掘。

1. 国内夜景艺术照明始祖

保生堂在设计之初已经在外墙上重要的装饰面和形体转折变化之处装有照亮外墙面专用的白炽灯（类似于现代夜景艺术照明的洗墙灯），二楼中轴线立面中心位置窗槛墙有一个彩色内透光的圆形磨砂玻璃景窗，其上更有三幅长条铜质广告灯龛，夜间可利用灯光和空气加热原理而转动广告灯箱。这一发

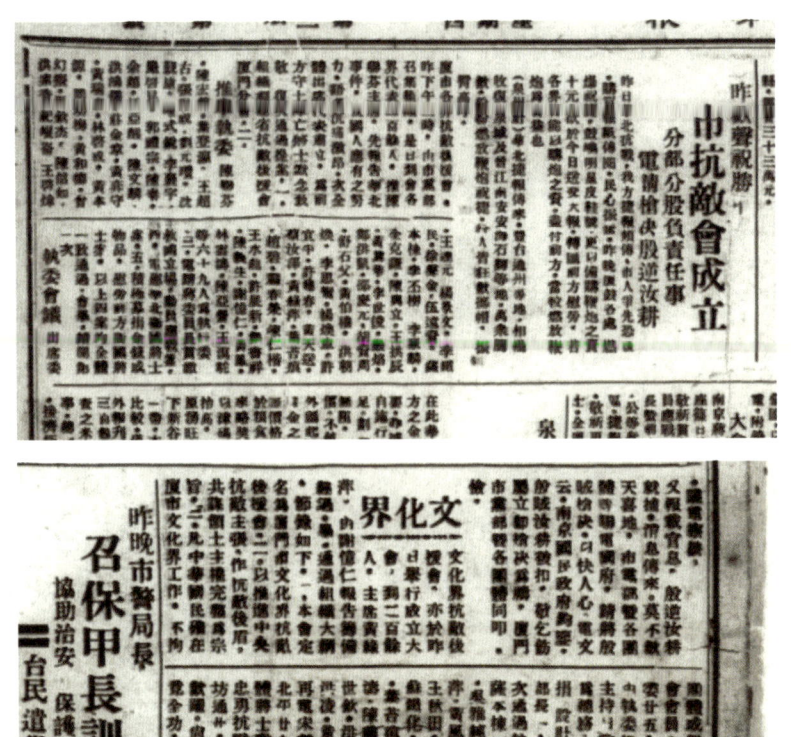

图11-4 《江声报》（图片来源：厦门市图书馆）

能。黄医生直到20世纪50年代还在其中坐堂看诊，60年代中期离世。

20世纪60年代中期后保生堂陆续作为街道办事处、文安派出所办公地点，其后政府还安排钟表厂工人等无房居民在此居住。70年代末，保生堂的产权回归房主后人，20世纪80年代中期后人搬离后底层被作为商业店面，上部则作为群租公寓出租。

1982年，厦门各界抗敌后援会会址（保生堂）被厦门市人民政府公布为市级文物保护单位。年久失修，加之群租公寓的不当使用，特别后期相邻中山海景广场基坑石方爆破振动，导致建筑南侧两翼出现结构开裂，屋面板部分塌陷，女儿墙护

现是厦门甚至是国内首例,可谓建筑夜景艺术照明始祖,在当时国内大部分城乡连使用电灯都算奢侈的情况下,此举无疑极具超前性。当时即使是号称十里洋场的大上海,夜景灯、霓虹灯大多也是在建筑完工后根据夜景效果需要后期安装,且多为简单化勾勒建筑轮廓的普通白炽灯点状灯带(图11-5)。而保生堂在建筑设计时就将艺术照明和立面造型整体一并考虑,该灯光效果在21世纪以后才在国内各个城市陆续出现。所以,保生堂此举实属罕见,称为国内夜景艺术照明始祖也不为过。

图 11-5 外墙洗墙灯位置

2. 日本"九谷烧"彩绘瓷画

保生堂二层坐诊厅和五层中间"祖堂"室内墙裙发现十几幅日本"九谷烧"瓷画砖。而"九谷烧"系有350年历史的日本国宝级彩绘瓷器工艺（相当于中国的青花瓷），在我国南方城市建筑中一次性发现数量较多且保存完好的日本"九谷烧"彩绘墙瓷画实属罕见。作为日本室内装饰元素的"九谷烧"彩绘墙瓷画即便在当时的日本，也算是高档装修才得以使用的高级材料。中国境内除东三省用得较多外，其他地方并不多见，况且1945年日军战败投降时对中国境内"九谷烧"之类日本国宝采取"带不回就就地销毁"的政策，导致出现在中国建筑物上的"九谷烧"成为稀罕之物。加上20世纪60年代的历史原因，此类文物基本消失殆尽，所以保生堂留存的"九谷烧"瓷画砖更属珍品（图11-6），也可进一步佐证保生堂为日本建筑师设计的说法。

图11-6 现存"九谷烧"照片

（二）历史价值

建筑主人漂洋过海从台南到厦门执业、置业、置产，繁衍生息，充分体现了闽台两地的"五缘"关系。尤其是女主人通过个人努力和奋斗，在那个重男轻女的特殊年代从一名台南农家女逆袭成为厦门地区知名妇产科医生，悬壶济世，名利双收，以事实打破了当时闽台"自古女子不如男"的世俗观念，充分见证了当时女权运动的兴起，为妇女地位的提高提供了极具说服力的佐证。

特别是抗战期间，保生堂作为厦门各界抗敌后援会会址虽然短暂但极其特殊的历史，更见证了抗战时期厦门各界同仇敌忾，积极抗日的民族气节和高度的凝聚力。定安路71号建筑鉴于在各方面较高的文物价值，早在1982年就被厦门市人民政府列为文物保护单位，是启迪后人的爱国主义教育基地。

（三）工程技术价值

保生堂建设择址之初自由度还是较大的，从历史照片可以看出：当时建筑周边场地较为空旷，选择余地较大，而保生堂择此地而建，一方面使之成为大走马路的地标端景（图11-7），形成中山路片区的重要节点，彰显了建筑和主人的重要地位；另一方面在成为各路口地标端景，便于招揽诊所客人的同时，又利用大、小走马路和中山路的小夹角成功地回避了风水直冲忌讳，为了防止建筑转角正对大走马路，建筑和定安路偏离了一个小角度，呈菱形布局，可谓厦门近代城市规划中标志性空间塑造的成功案例。

保生堂在建筑工程技术方面也可圈可点，就当时建设条件而言，可谓不计成本、用料考究，工法细腻，许多材料购自日本。近百年间虽历经大自然岁月摧残和各种人为破坏，主立面及内部主装饰仍然基本完整，少有摧毁性、规模性的不可逆整体破坏，这在一定层面上也说明了当年建筑质量的可靠性和高水平，而这一切归功于采用的建筑技术的先进性。首先，因为建筑结构采用当时较先进的半框架结构、钢筋混凝土肋梁楼结构，才使建筑抵御住近百年的台风、地震等自然

图11-7 大走马路端景

灾害和邻近地块基坑开挖爆破引发的振动、后期不当使用及加建等人为性破坏。同时因为内外饰材料和工法的考究，建筑风貌基本得以保存，至今后人依然可以感受到洗石子、水磨石、灰塑、糖水灰、锻铁、水泥砂浆花式葫芦子等地域特色浓郁的传统工艺的独特魅力。

值得一提的是，保生堂在设计之初就根据妇幼诊所和住宅合一的特点，很好地处理了医、住动线和功能分区，还通过中间内庭两侧楼梯实现诊前、诊后客人的有机分流，减少了交叉干扰，在医疗流线组织方面就那个时代而言可谓相当先进。除此之外，一、二、

三层楼板在特定位置留有带箅子或者活动盖板的孔洞，药品和器械可以通过滑轮、吊绳垂直提升，大大提升了物流垂直运输效率，这一特色在当时厦门的多层建筑中并不多见。

保生堂在选址和规划布局上充分兼顾城市端景的风貌塑造要求，在工程技术方面不仅借鉴和引入了当时国际上较为先进的西洋建筑思潮和技术，同时也融入了东洋（日本）元素和材料，将厦门地域特色和营造工法有机结合，体现出极高的工程技术价值。

四、主要残损及勘察分析

现状勘察发现的主要残损如下。

（1）外观整体保存较好，屋顶祖堂东侧与东侧七天优品酒店之间的缝隙空间及底层东侧边庭多有后期搭盖和拆改；沿定安路主立面外墙设计考究、工艺精良且基本保存完好，而其余立面相对则较为简单。外墙、骑楼柱式、窗套、檐口线脚等均为水洗石材质，搭配日本产象牙白面砖；地面材料有水磨石、厦门水泥花砖、斗底砖等；窗户大部分为木制推拉窗、彩色压花玻璃，三层中厅中部临街窗槛墙处（也是正立面中心位置）还有一扇直径约 70cm 的圆窗，镶以 5mm 厚磨砂玻璃，已有裂纹但未散落，既活跃了立面构成，又在夜间内透彩色灯光，配合其上的三幅活动广告灯龛，具有丰富夜景效果。后期有部分原铁木门窗更换为杉木制平开窗或铝合金推拉窗，个别位置有后期封堵原窗、增设新窗等现象。勘察发现原有木门窗材质多为稀有高档铁木，后期不当修缮更换的杉木窗破损严重。屋顶露台原砖砌及水泥砂浆预制酒瓶栏杆破损严重，北侧及西侧红色水磨石花台破损殆尽。

（2）特色工艺及细部包括天井中庭两幅大型灰塑浮雕景墙，每幅尺寸约 4.2m×1.4m，上幅为"愚公求贤"，下幅为"八仙过海"，下幅浮雕墙因处于近人尺度，20 世纪 60 年代中期遭人为故意严重损坏，后来局部还被覆盖白色瓷砖。上幅由于位置较高，人力非借助工具难以企及，保存相对完好。同样工艺的灰塑作在顶层祖堂门两侧墙体及阳台连接两侧露白的拱洞墙上多处出现。经考证二楼坐诊厅外凹阳台门上半拱凹龛和正立面原色水泥拉毛面层内里皆有灰塑图案及文字，乃当年房主担心这些装饰遭受"八仙过海"浮雕同样的命运而找人加以覆盖。除此之外，建筑厅堂顶篷的肋梁阴阳角均有精美装饰，彩色枭混线脚做工细致，圆形灯盘亦美轮美奂。三层以上住宅部分木楼梯还镶有铜质护角及防滑条。屋顶女儿墙立柱上有碗形镂空花座，为锻铁铆接，极具特色，但表面锈蚀严重。

（3）建筑结构形式为加密构造柱的砖混结构（也有半框架结构一说），钢筋混凝土条形基础，这在当时已属于较为超前的工程结构，同时因为建筑地处花岗岩地质同文顶山脚，地基条件极佳，故历经近百年，建筑主体未见结构性破坏。只是 20 世纪 90 年代中期相邻中山海景城项目大规模石质基坑爆破，才导致南侧两翼建筑外墙开裂，加上后期搭盖、屋顶水池（后作为花池）无序加载、年久失修等因素，柱子、肋梁、楼板等结构构件存在开裂破损、暴筋锈蚀，墙身砖砌体勾缝剥落等情况。但是经结构鉴定和结构专业工程师依文物行业标准《近现代历史建筑结构安全性评估导则》（WW/T 0048—2014）勘察评估后发现，建筑整体结构符合导则一级评估标准，无须二级评估，仅对建筑各部分组成构件（梁板柱和砖砌体）进行还原性修补即可满足文物建筑修缮延年益寿的要求。

（4）骑楼及门厅作为商业店面，对原接诊门厅和主楼梯进行了封堵，西侧边庭也以轻钢铁皮结构搭盖为商业空间。上部原住宅部分更是化整为零改为带卫生间的群租公寓，主立面外窗赘加现代外凸不锈钢防盗栅，导致结构错误加载、管线无序、雨污合流，风貌受损（图 11-8～图 11-13）。

图11-8 现状屋面后期搭盖及葫芦栏杆残损

图11-9 现状西侧违章搭盖

图11-10 现状室内局部原有格局已改变

图11-11 现状外立面残损情况

图11-12 现状局部钢筋裸露，渗水开裂

图11-13 现状室内墙地残损情况

五、修缮原则和修缮内容

（一）修缮原则

（1）不改变文物原状原则：最大限度真实、完整地保存厦门各界抗敌后援会会址（保生堂）的原貌、建筑特色和相关历史信息。

（2）最小干预原则：修缮措施应该避免无根据的臆测性修缮，以有效修复文物建筑损伤、延年益寿为主要目标。

（3）四原原则：施工时严格按照原材料、原工艺及原形制对建筑残损进行修缮补配；加固部分要与原结构和构件连接可靠。

（4）科学定性，合理分期：根据项目残损情况、结构鉴定结论，此次工程定性为局部修缮，根据造价、工期要求和残损程度及范围筛选修缮内容，重点放在结构加固、构件止损和保养、赘加拆除和局部复原。为今后结合文物建筑活化利用要求的全面性修复打好基础，做好铺垫。

修缮设计如图11-14～图11-22所示。

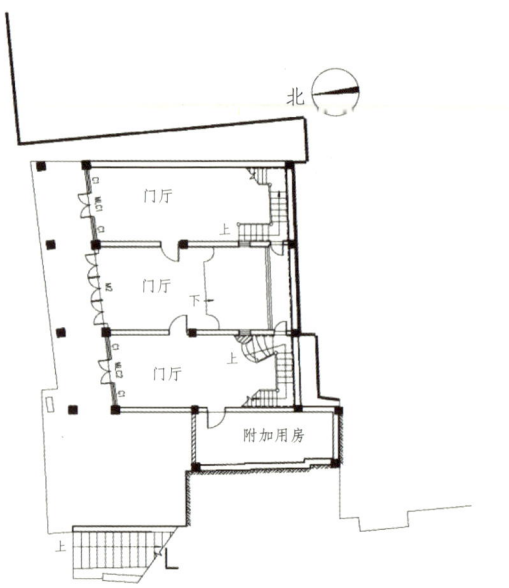

图11-14 一层平面修缮图

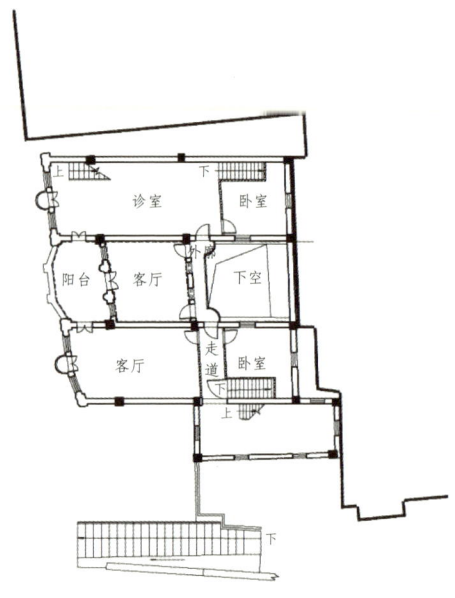

图11-15 二层平面修缮图

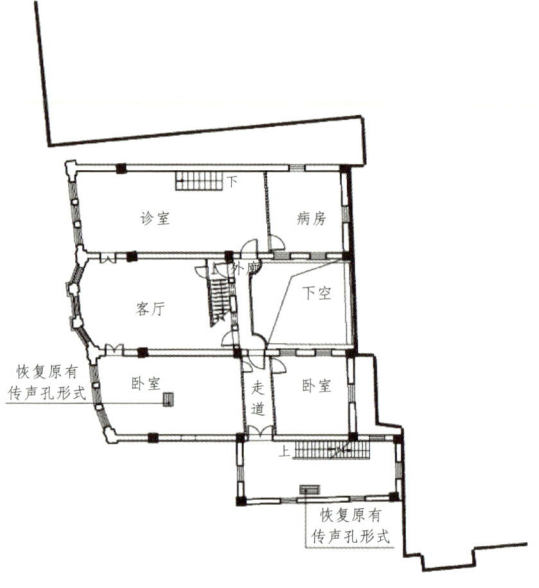

图11-16 三层平面修缮图

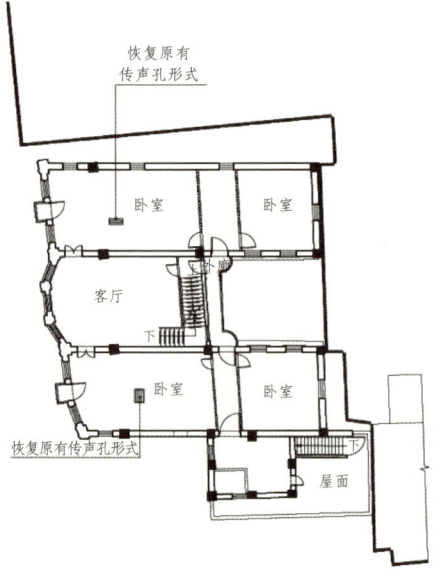

图11-17 四层平面修缮图

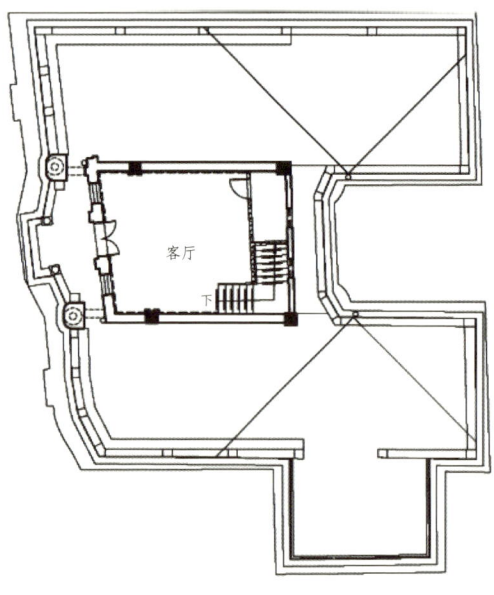

图11-18 五层平面修缮图

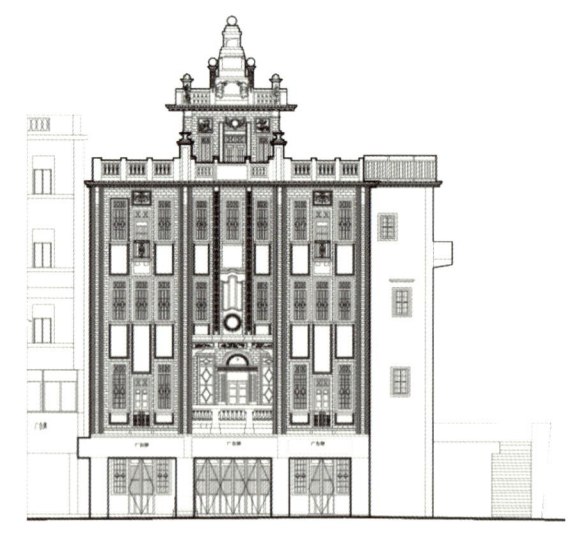

图11-19 正（北）立面修缮图

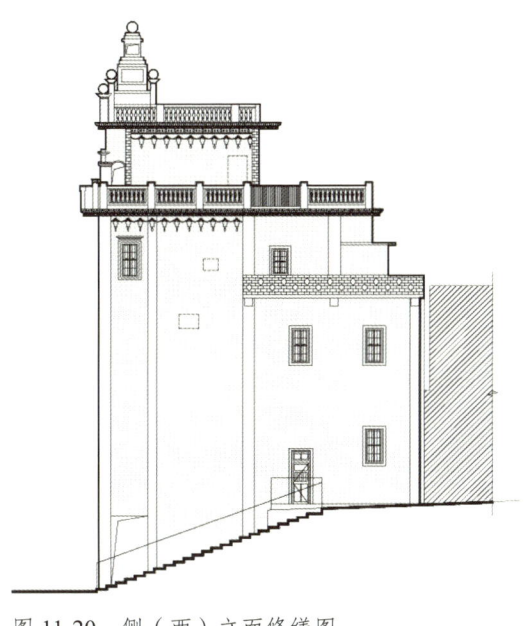
图 11-20 侧（西）立面修缮图

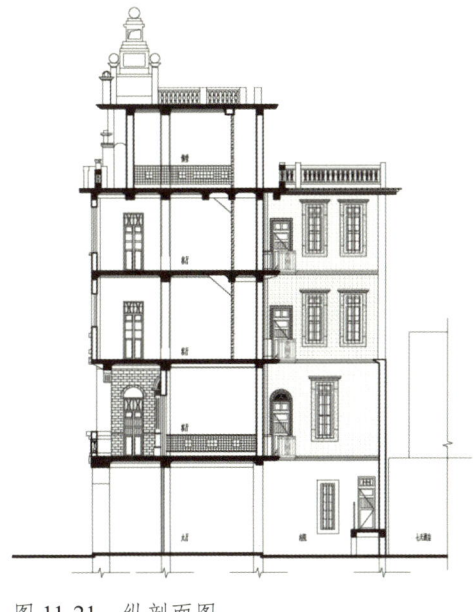
图 11-21 纵剖面图

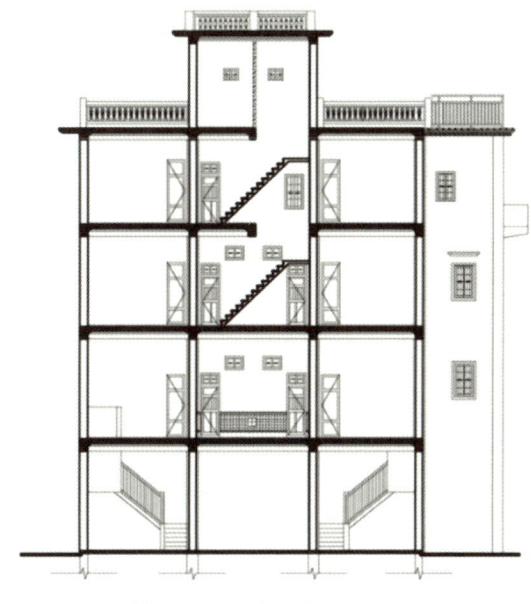
图 11-22 横剖面图（资料来源：设计单位）

（二）修缮内容及重点

厦门各界抗敌后援会会址（保生堂）建成近百年，其间自然灾害、白蚁及潮湿、人为破坏、不当改造和使用乃至周边土建工程的振动冲击均对建筑造成了不同程度的损害。因此，结合造价和工期限制要求，将本次工程定性为保护性修缮工程，主要内容是对建筑主体进行保护修缮，对建筑周边进行环境整治，排除各种影响文物结构安全及风貌的因素，修补残损构件，补配缺失或改动的部分，拆除后期搭盖和赘加物，恢复文物建筑风貌，使文物建筑益寿延年，焕发青春。

恢复的部分应以现存实物和历史影像资料为依据，清除和补配的部分均保留详细的记录。修缮的重点如下。

（1）根据现状结构残损情况依照结构安全鉴定报告及相关标准和规范进行加固和修复。

（2）对功能性、装饰性构件进行修补复原，恢复建筑内外风貌。

（3）拆除后期不当搭盖、赘加物以及室内分隔墙，清理各类管线。

（4）尽可能恢复主立面夜景外墙及内透光照明，还原建筑独特艺术魅力。

修缮前、后的对比如图 11-23 ~ 图 11-28 所示。

各部位施工如图 11-29 ~ 图 11-37 所示。

六、修缮难点及亮点以及存在问题

（一）难点

（1）由于历史原因，该建筑在人文典故及工程档案方面资料严重欠缺，甚至有不少有悖逻辑常识和历史脉络的误传误判。

（2）大量的墙面文字印刻、灰塑、壁画等被水泥浆拉毛覆盖，一时难以剔除，只能留待后期考古性精细化修缮。

（3）建筑后期搭盖严重，因为涉及业主实际利益，需要相

图 11-23　修缮前侧（西）立面效果

图 11-25　修缮前正（北）立面效果

图 11-27　修缮前鸟瞰效果

图 11-24　修缮后侧（西）立面效果

图 11-26　修缮后正（北）立面效果

图 11-28　修缮后鸟瞰效果

图 11-29 施工搭架

图 11-30 拆除后期搭盖　　图 11-31 结构加固　　图 11-32 水洗石修补

图 11-33 纹样及葫芦栏杆修复　　图 11-34 木构件修补

图 11-35 混水墙面修补　　图 11-36 内墙面修补　　图 11-37 地面修补

（图片来源：厦门万圣形意堂建筑工程有限公司）

关部门做耐心细致的说服工作和必要的政策性补偿后逐步拆除。

（4）底层中庭利用原地形花岗岩整石结合园林手法塑造假山造景，因缺乏影像资料佐证，加之造价、工期所限，只能剥离整石上的后期搭盖和构筑，庭院风貌只能靠后期精细化修缮加以复原。

（5）据文物建筑主人后代口述，二层阳台外门框柱顶雕有麒麟戏珠形象，20 世纪 60 年代中期遭受破坏，因为历史影像欠缺，暂时无法恢复。

（6）屋顶祖堂东侧的后期搭盖由于和业主协调无果，难以拆除，留下风貌瑕疵和遗憾。

（二）亮点

（1）借助此次改造工程，通过多方考证、实地调研、详细论证，弥补了建筑历史沿革方面的不足，澄清了之前的不少历史困惑，对文物价值进行了重新认定和补充，正本清源。

（2）依照文物修缮修旧如旧的原则和"四原"技术措施的合理应用，令文物建筑益寿延年，风貌再现。

（3）通过勘察和大量的纵横工程案例比对，提出该建筑为国内夜景艺术照明始祖的结论，完善了文物的独特价值认定。

（4）通过对建筑风格、材料、工法的分析，不仅对其装饰主义风格进行较为准确的判定，还通过室内日本"九谷烧"彩绘瓷画和外墙日产瓷砖等元素的发现，佐证了建筑及其主人和日本的关联，也提供了本建筑为日本建筑师设计的参考线索，为厦门近代中外交流史的研究进行了有益探索。

（5）从城市视廊端景塑造的角度解释了建筑菱形平面构成的设计原因。

（三）存在问题

（1）勘察过程中发现，原建筑没有内设厕所。根据闽南传统习俗，初步判定厨厕应该布置在底层靠小走马路一侧的西侧庭院上。这一基本住宅功能的缺失导致后人在建筑主体内部多处搭盖厨厕加以弥补。

（2）后期活化利用功能未定。在建筑修缮工程中，设计单位虽然一再提出应该结合建筑后续活化利用要求进行整体设计的建议，但是因为代建单位的权限，加上造价、工期所限，直到修缮工程验收各方仍未能达成共识。导致修缮后的房屋交还业主后，因为缺少厨厕，加之有关部门提出将原边庭开发为开放性"口袋公园"的思路，原厨厕难以恢复，导致建筑难以延续住宅功能。

（3）造价和工期的制约导致不少分部分项难以修缮到位。

七、结语

厦门各界抗敌后援会会址（保生堂）作为厦门市级文物保护单位，经历了近百年沧桑、见证了城市变迁、牵连了闽台"五缘"、作为妇幼诊所也是悬壶济世和众多新生命诞生之所在。更在民族危亡之际成为厦门各界宣传抗日、增强民族凝聚力的精神堡垒。通过此次保护性修缮，文物建筑日渐破坏的趋势得以有效遏制，文物的内外在风貌得以更好地呈现给世人。同时通过对文物的历史沿革进行深入细致的调查，去伪存真，在一定程度上还原了历史本来面目。相信随着时机成熟和建筑活化功能的进一步明确，保生堂或将迎来全面修缮的一天，届时那些隐藏在拉毛面下的图文信息将重见天日，保生堂将向世人揭开神秘的面纱，让我们一起期待这一天早日到来。

建设单位： 厦门市思明区人民政府中华街道办事处
代建单位： 厦门建发兆诚建设运营管理有限公司　姚文伟
设计单位： 厦门海宸景观工程设计有限公司
　　　　　　中国建筑技术集团有限公司厦门分公司　廖宁、庄永水、吴银亮、林建鸿、黄坚持
施工单位： 厦门万圣形意堂建筑工程有限公司　钟能伟、李官华
监理单位： 福州善为古建筑设计有限公司　张礼月
编写人员： 廖宁、庄永水、吴银亮、林建鸿、黄坚持

十二　清和别墅修缮工程

一、文物简况

（一）历史背景

清和别墅，建于1927年，位于厦门市思明区东浦公园附近。现存别墅洋楼、花圃、假山湖亭、后花园。别墅与后花园规模宏大，精致奢华。清和别墅是一座融合中西建筑风格的私家园林建筑，具有很高的研究价值，2015年被厦门市人民政府公布为市级文物保护单位。

主体建筑为一幢两层的法式别墅，位于西侧。院子东侧有大片太湖石造景的假山，是厦门现存规模最大的一片太湖石，亭台楼阁点缀其间，妙趣天成，造园艺术水准颇高。榕树根盘绕石门形成"树门"，构成整个园林区的入口，蜿蜒的九曲桥卧于引溪而成的潭水之上。过了湖中的养心亭，就进入假山区。怪石嶙峋，姿态万千，间以小桥流水、石阶步道，十分精巧。西侧，走过长百余米的花圃、葡萄架长廊，进入生活区，到达别墅洋楼。别墅院门门头中央精雕有双面富丽雄健的高卢雄鸡，洋气十足；八角园门，两侧福寿雕窗，两侧地面侧坎上各伏卧一西洋石狮，神态不同；进门有卵石小径，点缀有彩石拼花"瓶升三戟""太极双鱼"等图案。

（二）建筑艺术

清和别墅是民国时期中式造园与西洋舶来建筑的精致融合。图12-1为1938年一名日本人拍摄的主院局部。拍摄位置可能是东侧假山上的瞭望塔。近景是假山湖亭之中的养心亭、九曲桥；中景为院中环形汽车路围合的方形花圃藤架园林，中有喷泉、花篱、藤架、小径、西洋雕塑、盆景、秋千、座椅等精致小品；后上中央为别墅洋楼，东立面，其后侧西南角，有一座瞭望塔，六角三重檐。塔北侧为通往外海的水面，其东岸拐角处有座二层小楼，是卫队宿舍；远景为当时的厦门湾海面、岛屿、远山。

东花园极其精美。山水湖景应是精通中国明清造园艺术的大师所做，而其中亭、桥等小建筑，外形为中式，材料用石及混凝土建造，洋为中用，中西合璧，曲尽其妙。周围一大圈太湖石假山参差起伏，中心区围出一个人造湖，湖面北宽南窄像一个双肚宝葫芦，大潭在北，小潭偏西南。葫芦瓶口用丝带状小桥一系，一侧桥头设有一座平面扇形的半亭；宝葫芦腰间细处架有一座四柱亭桥，现有桥面、白色宝瓶栏杆、扶

图 12-1　清和别墅（1938 年）

手、四柱，亭盖轶失；大潭水面中央，如玉带般跨上九曲桥，桥心即湖心，用太湖石造出个小岛平台，平台上单设一座蓝绿琉璃瓦顶的六角石亭，名曰养心亭。九曲桥宽约67cm，长约33m，白石条栏杆，水漾翠叠之中曲曲折折，步移景换。倚坐养心亭，小桥流水，鸟语花香，时时花鸟异，日日景不同。

东南岸假山凸起，层峦叠宕，假山上有奇花、异木、曲径、小塔，山下沿湖设垂钓小径，崎岖怪石之中，又浑然天成地造出几间山洞，门窗皆天然石洞，洞内设有床榻桌几，可供数人纳凉休憩，品茗悟禅。石室向外设有暗道、明道、半明半暗的观景洞道，宽高可容一人通过，向湖一侧可从太湖石形状大小、角度各异的洞孔观赏天树湖景。洞天福地，虽由人做，宛若天开。

园中美景琳琅满目，花鸟鱼虫妙趣横生，很难用文字来描述，如图12-2所示。

图12-2 清和别墅东花园

中院花圃，方正平坦开阔。郁郁葱葱的花树遮挡之中，用绿篱花架围出小圃小径，间或布设有特色花门、造景、凉椅、小广场。北边有一座小山包，顶上为平台，其下有门不知通往何处（图12-3）。花圃西侧即为别墅洋楼。

清和别墅位于园林与花海的西侧。在花团锦簇的环境中，一袭素白的法式宫殿般的洋楼显得奢华而平静（图12-4）。

别墅主入口向北，院墙中央开八角形垂花门，门两侧壁上开方形镂空雕花窗，门头上徽标为浮雕一只巨大的高卢雄鸡，雄浑饱满，旌旗彩带气势张扬，刻书有1927字样（图12-5）。门后有进深10余米宽20来米的前院，从院门至楼门，用小鹅卵石铺出一条笔直的小径，拼花图案有瓶升三戟等。

清和别墅建筑面积700m²，建筑平面由大大小小规则矩形房间按功能秩序布设。一楼大客厅位于东南角，面向花园开窗开门，其上二楼为主人起居室，也面向花园开窗开门设观景阳台。建筑与花园相辅相成，别墅是花园中的居所，花园是这座别墅的花园。

别墅中设有十分宽敞的客厅，宴会厅，大、小餐厅，书房、主卧、客房、仆从室、厨卫等各功能房间俱全，西洋式样的铁

图12-3 中院花圃

图12-4 清和别墅（图片来源：王志红 摄）

图12-5 别墅北院门——福寿门

骨铁花彩色花纹玻璃门窗、西洋灯具等，在20世纪20年代恐怕只能全部是舶来品。由南门向北，依次设门厅、大客厅、会客厅、宴会厅，厅内完全是西洋装饰，大房间设有极讲究的壁炉。南部楼上即为主卧、起居室。用一条宽敞的楼梯通往楼上。楼梯之下有通往密室的暗道，密室又有通往远处的暗道，为主人的安全之用。楼梯间之北所有房间变小，为厨佣用房。厨房既直通户外，又有内天井，天井中设有仅容一人攀爬的狭窄楼梯直通屋顶天台。大客厅上方的天台十分宽敞，而主卧上方却是用双坡西洋瓦屋盖，不能上人，不容打扰。门窗的奢华并不仅在于用料稀贵，而在于每一扇窗都按照房间的功能、位置、用途做了匠心设计。主卧面向大花园设有阳台，从床边到阳台的门为三条立拱窗，从内向外看，关闭时如三扇彩画屏风，打开时天空云彩、鸟语花香以及阳台上的人影如在画中。主人起居室通往楼梯间的过厅处，设有一道一门三扇的五彩玻璃拼花窗，从外侧的白玻透光窗借来光线，色彩斑斓，使房间充满温馨华丽的气息。铺地极为讲究，汉白玉、大理石、瓷砖花色难以尽述，但其图案排布呼应房间功能，章法严格，收边弥缝绝无凑合之处（图12-6）。

别墅西侧是内庭花园。内庭花园在别墅南门西侧设有中式园门，名曰"悬镜"，华丽而温婉。圆形拱门之内即是一小片竹林，竹林内有小径、小石桌凳、壁龛。壁龛为青灰色石浮雕状的灰塑壁画，图案为中堂挂画及两侧对联，挂画中央为一只健壮的小鹿和松鹤，对联刻着："忠孝传家园，诗书训子孙"。别墅西侧茶厅与内花园连通，设有宝瓶外形的垂花门一座。内院北端矗立着一座瞭望塔。塔身像三重檐的亭，底层无墙，中心处竖起一座精致的铸铁装配件组装的旋梯，扶梯而上，二楼楼面为环道，六面墙壁，中央开窗，窗间白壁上有精美的彩绘壁画，壁画内容为耕读故事与花鸟鱼虫。往三楼无楼梯，在阁楼板中央开有容一人攀爬的上人孔。三层从外看窗框不小，从内看实际只是很小的瞭望孔。二、三楼层高很矮，刚刚够成年男子站立（图12-7）。

图 12-6　清和别墅内景

近现代建筑

二、维修工程

（一）残损情况

1. 屋面

屋面楼板，从室内可见多处钢筋锈蚀、混凝土面层爆裂，局部有植物根系侵蚀发展，屋面之上有几处长草与绿苔；坡屋面上所铺水泥机制瓦，残破酥碎，其下黄泥隔水层暴露，局部缺损；平屋面多处渗漏水，二楼门窗、顶篷、吊顶大部分朽坏脱落，多处窗框掉落，徒留窗洞。厦门每年台风带雨，屋面漏水与门窗缺失对楼体安全损害极大且快。

2. 门窗

门窗破损缺失，风、雨、虫、蝠、白蚁、植物侵蚀已十分严重。二楼的木门框几乎被白蚁蛀蚀殆尽，楼梯间二楼内厅有一口隔断窗，铅窗棂，三扇彩色玻璃拼花图案，局部残破缺失。外窗许多被后期使用单位换为铝合金推拉窗。

3. 外墙

全部新贴瓷砖，遮盖了文物本体。外立面据考证最初为白色灰刀拉花做法，20世纪50年代收归国有后，陆续有单位使用，近前一个时期，用作招待所，整座别墅外立面全部施贴白色竖条格瓷砖，外观与普通现代建筑无异，这事实上掩盖了文物特性，对文物保护不利。

清和别墅残损状况如图12-8所示。

（二）修复工程

1. 屋面修复工程

屋盖渗漏水是造成砖石泛碱酥落、混凝土中钢材锈蚀、梁

图12-7 清和别墅后院（修缮前）

图 12-8　清和别墅残损状况（修缮前）

板胀裂失效的主要原因。清和别墅屋面多处开裂，边角处局部长草，榕树须根滋长，进入房间内壁。

瓦屋面部分，需全面揭瓦后，剔除腐烂胀裂的混凝土与锈蚀钢筋，以钢筋网-高延性混凝土压抹加固。

楼板维修，主楼门房（3处），仆从楼全部房间（约100m²），四壁及顶篷，所有阳台、飘窗底板（约20m²），均因漏雨导致墙体与板底抹灰层剥落、污损，榕树茎根侵入。需全部剥除灰皮，以15mm厚高延性纤维砂浆（高延性混凝土）满面压抹压光，以白色防水乳胶漆饰面。墙面开关、灯线，吊灯均走明线，采用露明线盒。施工过程中务必保护好原水磨石拼花地面，务必使其不受污染、损伤。主、从楼上入天台：先揭下红陶面砖，查明原保护层、防水层、找平层、找坡层，查明有无保温层，以备之后原样恢复。揭示、清理至屋面混凝土楼板面，凿去锈蚀腐烂部分，以高延性细石混凝土补平，再全楼面以20mm厚C40高延性混凝土加钢筋网（XY-Q235-D4@200）压抹平实作为结构面层加固，注意挑檐板边必须加做滴水。新结构层之上做聚氨酯防水涂层2道；其上按原材、原构造重新恢复原上人屋面（保温层、找坡层、找平层、防水层、保护层、面砖），以及重做女儿墙、护栏、天沟，加装落水斗、落水管。

2. 门窗修补

此次维修工程，拟对全楼木门窗框进行恢复修缮，采用防腐新材，面漆原色做旧；拆去后期铝合金窗，换回复原仿制钢棱花玻窗。内外窗均安铁骨加花纹玻璃，要根据尚残存的两处仿制复原。保留几处残存原物不得拆除，保留残状，重在补全、补齐，完善其围护功能，保护文物本体，延长文物寿命。

3. 外墙饰面维修

别墅主楼外立面，有近年新贴到顶的外墙瓷砖，将古外立面全部遮蔽，仅余后花园两处壁龛壁画，以及后花园的"悬镜门"。墙皮及灰塑均须保留原物、原状，必须修补处使用原材料、原工艺，但仍需遵守最少干预原则。马上要脱落的墙皮以早年传统工艺配胶黏回，即"宁要残损原物，不要新材做旧"。特别注意，在拆除墙面新瓷砖时，必须先对花砖墙进行严密保护，防止碰、砸、污染、冲撞。

外墙皮，从历史照片来看，原建筑墙体外表皮做法是"白灰（壳灰）砂浆压抹拉花"。现场出屋面的壁炉烟囱内侧，从仆从楼顶上主楼屋面的楼梯、女儿墙立柱外皮等几处尚有原物遗存外露（图12-9）。下部细部需在拆除后贴白瓷砖时轻敲慢剥，尽量保持原有灰皮，包括线脚、图案、细部做法，最大限度保存文物原状以及残状。

需修补部分，灰浆按拆除瓷砖时带落的原始灰浆样品，委托厦门大学建筑与土木工程学院建材实验室进行成分分析与配方复制试验。新配砂浆成分、颜色，尽量接近原始砂浆，但不必做旧，新旧有别，做到后期修补措施"可识别"。遵照《古建筑砖石结构维修与加固技术规范》（GB/T 39056—2020），采取人工搭架轻敲，去除现有白瓷砖，洗刷、轻磨，显露出原墙面；对原墙面进行清洗，恢复原墙外表皮。按原琉璃瓦做法，恢复女儿墙压顶，以及各处挑板、阳台遮雨顶篷、小门楼屋盖，做好墙体防淋保护（图12-10）。

图12-9 残存原外墙面做法——灰刀拉花（修缮前）

（a）实施前（一）　　　　　　（b）实施前（二）

（c）实施后（一）　　　　　　（d）实施后（二）

图12-10 立面修缮前后效果对比

建设单位： 厦门市思明区人民政府梧村街道办事处

代建单位： 国机陆原工程设计研究有限公司　黄秋玲

设计单位： 国机陆原工程设计研究有限公司　林晋城、程贞场

施工单位： 河北昌捷园林古建筑工程有限公司　王泩、王志红

监理单位： 福州善为古建筑设计有限公司

编写人员： 张鹏程、夏锦

十三　湖里区王清祥宅平移保护工程

一、项目概况

王清祥宅为湖里区人民政府公布的一般不可移动文物。其为一栋两层砖混结构房屋，基础为条石基础，基础埋深（最深处）为0.98m。房屋竖向承重构件为墙体（烧结实心砖和黏土砌筑），主要承重墙体厚度为360mm。水平承重构件为混凝土楼板以及木檩条，房屋未设圈梁以及构造柱。庭院东、西两侧房屋两层以及屋面板均为混凝土现浇板，两层楼板板厚110mm，屋面板板厚80mm。庭院南侧房屋楼板为木结构，楼面为木檩条上铺木地板，屋面从下至上构造分别为木檩条、望板、红瓦。木檩条主要尺寸为$\phi 170mm \times 430mm$，$\phi 190mm \times 430mm$。

王清祥宅主楼平面形状为矩形，南北向长19.08m，东西向宽12.4m，建筑面积约为449m^2（图13-1）。房屋共两层，底层层高3.73m，二层层高3.44m。室内地坪到屋脊高度为9.7m，庭院东、西两侧房屋屋顶为平屋面，室内地坪到屋檐高度为7.88m，南侧为坡屋面，室内地坪到屋檐高度为9.7m。房屋共设有两个楼梯间，其中室外楼梯间位于房屋中部东西向走廊东侧，另一室内楼梯位于房屋南侧中部。

根据规划，对五通社区不可移动文物进行统一规划保护，其中将王清祥宅进行平移修缮保护（图13-1）。该栋建筑的施工方案：先将建筑物向西平移约32.1m，接着顺时针旋转约46°，然后向西南角平移约41.5m到达指定位置，使得建筑与建筑"坂美九十九间"同一个朝向，然后根据新址规划标高对房屋进行整体顶升降落1.55m，然后进行基础连接（图13-2）。

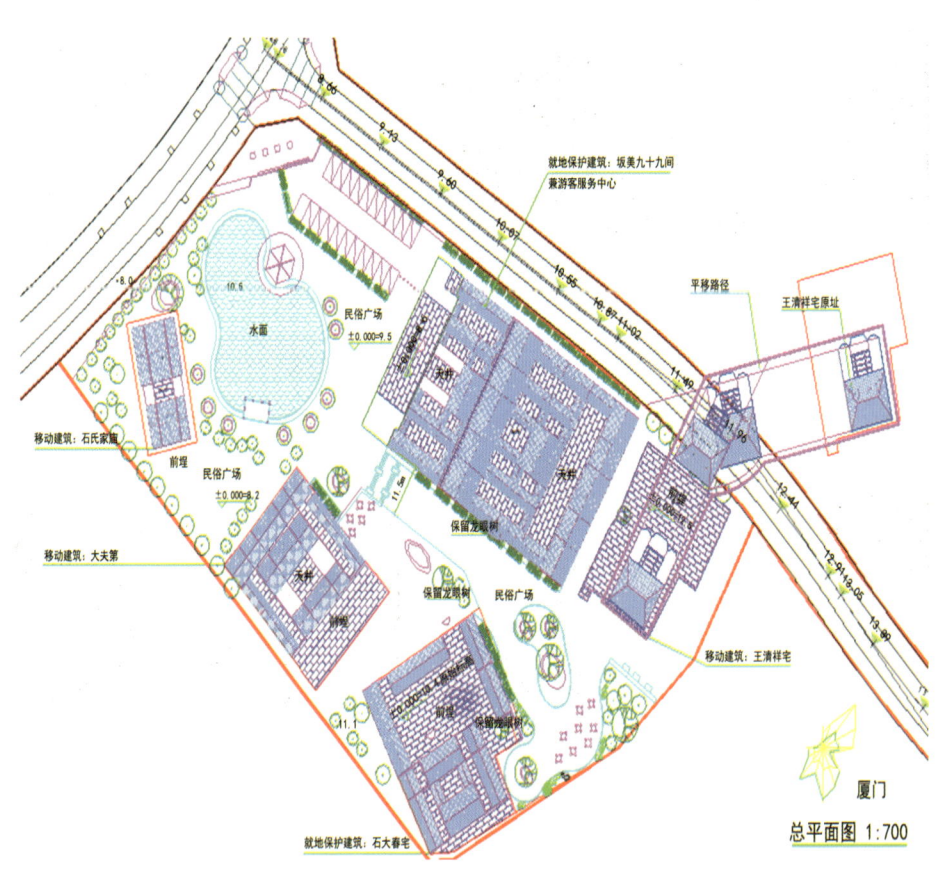

图13-1　总平面图

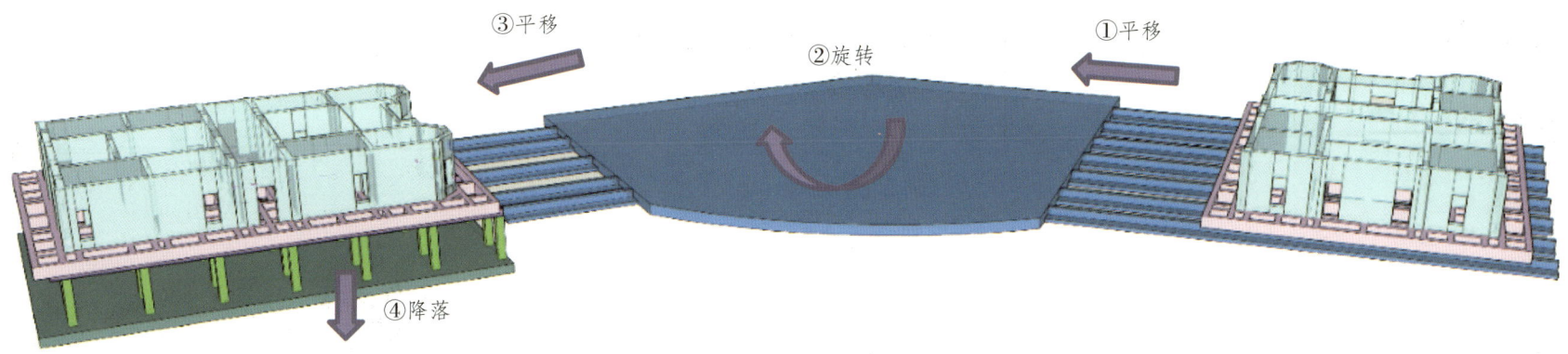

图 13-2 施工方案示意图

二、历史文化价值

(一) 建筑历史沿革及修缮调查

1. 王清祥宅历史沿革及环境状况

历史沿革：王清祥宅位于厦门市湖里区仑后社，自 1931 年建造后，一直作为王清祥家族住宅，1938 年日军侵略厦门时楼内珍藏被洗劫一空。

自然环境：五通社区位于湖里区，三面环海，仑后社原近海，四周地形原为丘陵，经历代平整今已平坦，但仍可看出地势由南向北逐渐倾斜。土壤主要为红壤。北邻浔江港，东 1.4km 为厦门东侧海域，南 2.9km 为虎仔山，西南 2.3km 为钟山。

人文环境：地处仑后居民区，居民多以渔业、商贸为主。周围多为现代民居，西 400m 环岛干道南北穿过，东 800m 环岛东路南北穿过。东北 1.3km 为五通码头所在地，北有槟城道横穿而过，东北 300m 为五缘湾商业区。

2. 相关人文、历史背景

王清祥（王荣祥）、王清仕为仑后社有名的"出番人"，曾到东南亚等地经商。

3. 房屋修缮历史调查

经勘察，王清祥宅房屋曾进行过修缮和改造，修缮资料未保存。

调查表明，房屋中部混凝土楼梯为后期加建。原房屋均为木门，木门外铁栅栏门为后期增加。

(二) 建筑风格

建筑风格：该建筑在当地又被称作红砖楼，是折中主义建筑形式。

整体布局：该建筑是一座平面呈凹字形的两层红砖洋楼，由主体建筑和院墙组成。门前有一平顶门亭。主体建筑的屋顶为四面坡。墙体下部用花岗岩条石砌筑，上部为红砖砌筑。

建筑装饰：窗额上有尖拱或水波状凸檐。楼冠中央的泥塑装饰为双狮护镜、花瓣、祥云等图案，两侧有花卉及双鹤、鹿等吉祥图案。厅门两侧贴有西洋瓷砖和中式几何纹彩绘。一、二层楼均有木屏风，其中二层楼屏风上有长尾雉和孔雀牡丹图、人物故事图等中国传统绘画，并有"香吐玉龙人臻五福，烛呈金凤家叶三多"等楹联。该建筑的装饰手法复杂多样，中西合璧，对研究中西建筑文化的交流和融合有十分重要的作用和价值。其建筑特色如图 13-3 所示。

（a）门庭中式几何纹彩绘（一）　（b）门庭中式几何纹彩绘（二）　（c）二层楼屏风上长尾雉和孔雀牡丹图以及特色楹联　（d）门庭顶部特色雕饰

（e）窗下特色雕饰　　　　　　　　　　　（f）双狮护镜、花瓣、祥云雕饰　　　　　（g）窗额上尖拱凸檐　　（h）窗额上水波状凸檐

图 13-3　建筑特色

（三）建筑价值

1. 历史价值

王清祥宅作为湖里番仔楼的代表，是湖里区丰富的文物种类组成部分，是湖里地方文化内涵的重要表征，湖里文物时间跨度从古至今，由远到近，该建筑是湖里区近代"湖里故事"的最好记录者和述说者，对保留、传承并发扬湖里历史文化起着至关重要的作用，是稀缺的历史文化遗产。

2. 科学价值

王清祥宅是闽南市区中心罕见的营建技艺完整性留存，代表了湖里地区的生产生活方式、风俗习惯、思想观念，可谓湖里地区番仔楼的典范，其设计、工艺特征、装修装饰等在一定程度上体现文物古迹本身的发展和变化。

3. 艺术价值

丰富的西洋图饰和我国传统书画对联，形成中西互补，其特殊艺术形式具有很高的艺术价值。

4. 文化价值

作为湖里区精神内涵的重要表达载体，王清祥宅是充实湖里区文化内涵的重要实物资料。

5. 社会价值

该建筑可以提升地区文化自信和文化认同感，对于宣传湖里的历史文化积淀具有积极的作用。挖掘该建筑重要的历史文化资源，对研究湖里、厦门乃至我国文化，增强民族文化凝聚力，提高民族文化自信有积极作用。

三、平移保护措施

（一）总体方案

该建筑因基础埋深较浅，新址及过渡段室外地坪比原址低，为最大限度保护上部结构及减少平移路线上地基处理费用，采取托换结构设置在基础底，然后二次开挖下部土方进行下轨道梁施工；中间旋转平台及新址位置采用筏板基础，其余下轨道梁采用倒 T 形；新址处需要降落，新址筏板降低标高，然后上部通过设置混凝土立柱与钢结构下轨道梁的形式，确保平移轨道梁的标高在同一标高上。平移采用国内最先进的步履式行走器设备，在可编程逻辑控制器（PLC）同步液压控制系统控制下能够实现建筑物的精确平移控制，保证结构安全。到达新址后，同步降落至设计标高，然后对建筑结构进行基础连接，最后浇筑室内地面，并对结构进行二次修缮，恢复建筑物的使用功能。施工工序流程图如图 13-4 所示。

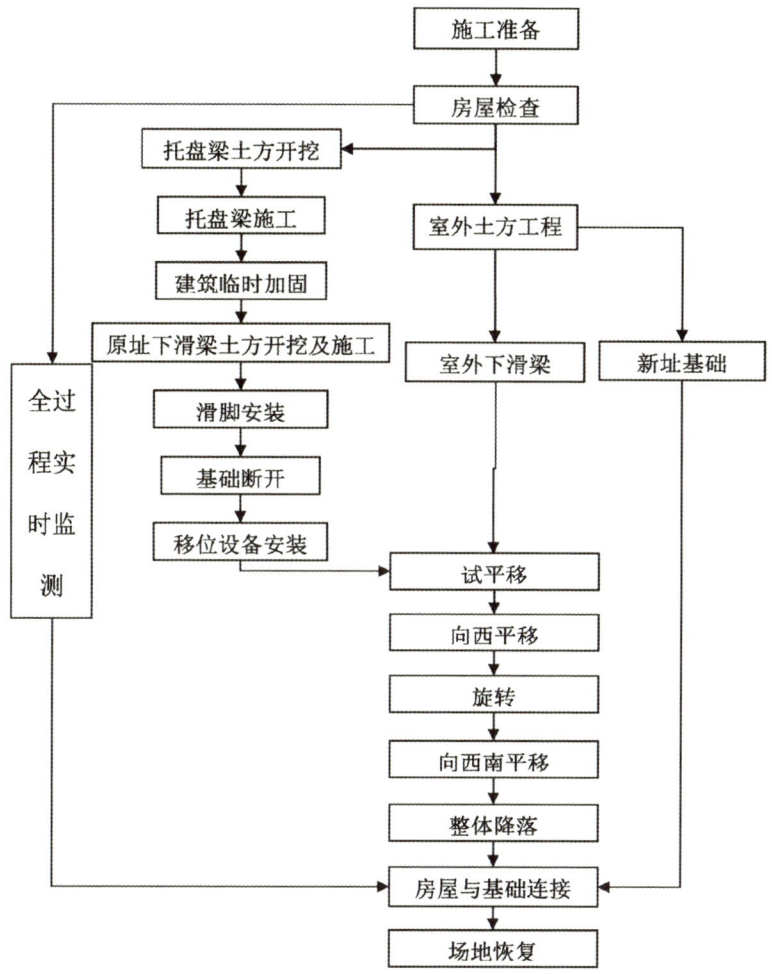

图 13-4　施工工序流程图

（二）王清祥宅保护部位及措施

1. 保护部位确认

根据《中华人民共和国文物保护法》第二十一条和《文物保护工程管理办法》第三条的规定及现场勘察结果，保护原则为不改变文物原状，不改变建筑外立面、基本平面布局和有特色的内部装饰。

房屋重点保护部位现状如图 13-5 所示。

（a）北立面　　　　　　　　　　（b）东立面　　　　　　　　　　（c）屋面

（d）南立面　　　　　　　　　　（e）西立面　　　　　　　　　　（f）中庭北立面

（g）中庭西立面　　　（h）中庭东立面　　　（i）门头特色壁画　　　（j）特色屋檐及屋顶栏杆

图 13-5　房屋重点保护部位

2. 原结构保护

（1）室内地砖保护性拆除。

拆卸前，安排项目管理人员，专门对所要拆卸的构件进行检查、登记、拍照留影，并做好详细记录，拆卸时安排专业人员对所拆卸构件按拆卸顺序编号，对本工程恢复修缮过程中再利用的构件等材料进行保护，拆卸后运至指定地点按规格堆放。

（2）室内构件及器具保护。

①室内家具等临时保护搬迁或交业主于指定位置保护，待建筑修缮完成后再按原样摆放。

②室内木屏风、壁画等，平移前用塑料膜贴附，再用木模板遮挡，防止施工误损，同时在木梁及壁画边框位置用脚手架撑紧，脚手架与室内房屋整体加固形成整体，防止平移过程中木构架单独晃动。

③屋面及楼面部分浮雕、壁画处利用加固脚手架进行固定，钢管与浮雕接触部位用毛毯或泡沫塑料软接触，后面用脚手架钢管抵死，且左、右共同对撑，防止平移过程产生的加速度造成破坏性影响。

④室内檩条可临时用脚手架立杆卸荷，将上部荷载通过新增的加固脚手架进行荷载转移，待平移到位后拆除脚手架，荷载恢复到原结构上。

⑤门窗封堵加固。

⑥门窗洞口是建筑的薄弱环节，为了保证结构安全，对四面墙体门窗洞口进行临时封堵，先在门窗洞口包裹一层塑料保护膜，再用砖临时砌筑，待平移到位后拆除修复（图13-6）。

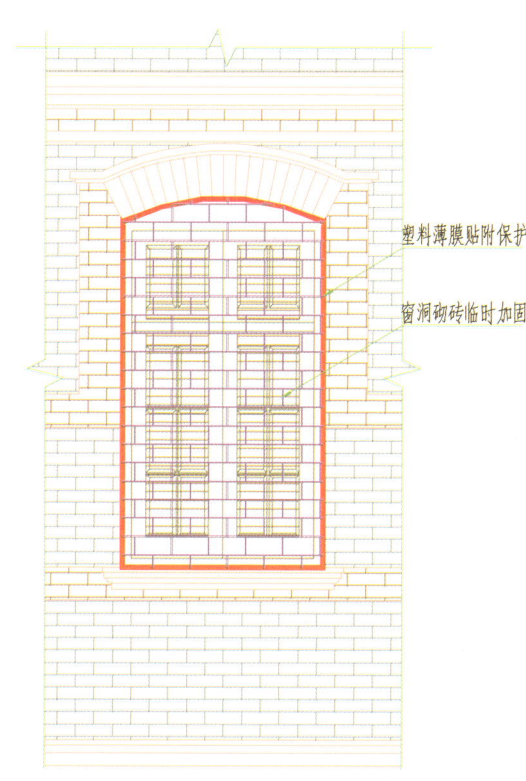  

图 13-6　门窗洞加固

（3）结构脚手架整体加固及保护。

在房屋内部搭设满堂脚手架，于房屋四周搭设双排脚手架来支撑保护（图13-7～图13-9）。

①脚手架外部搭设高度需超过房屋最高高度，脚手架内部支撑到上部木屋架。

②水平杆采用靠墙、穿墙和穿洞相结合的形式。在需加固的墙体部位，墙两侧平行于墙体的水平杆均采用靠墙的方式（加木板垫块），以保护墙体不倾倒；墙两侧垂直于墙体的水平杆在现有窗洞和门洞部位贯通连接，以增强脚手架的整体稳定性。为减少对原结构的破坏，加固满堂脚手架内外贯通通过原有门窗洞口。

③设置剪刀撑和横向斜撑，在外侧立面的两端设置，并应由底部至顶端连续设置。

④在房屋托换结构施工完毕以后，脚手架底部固定在托换结构和一层的

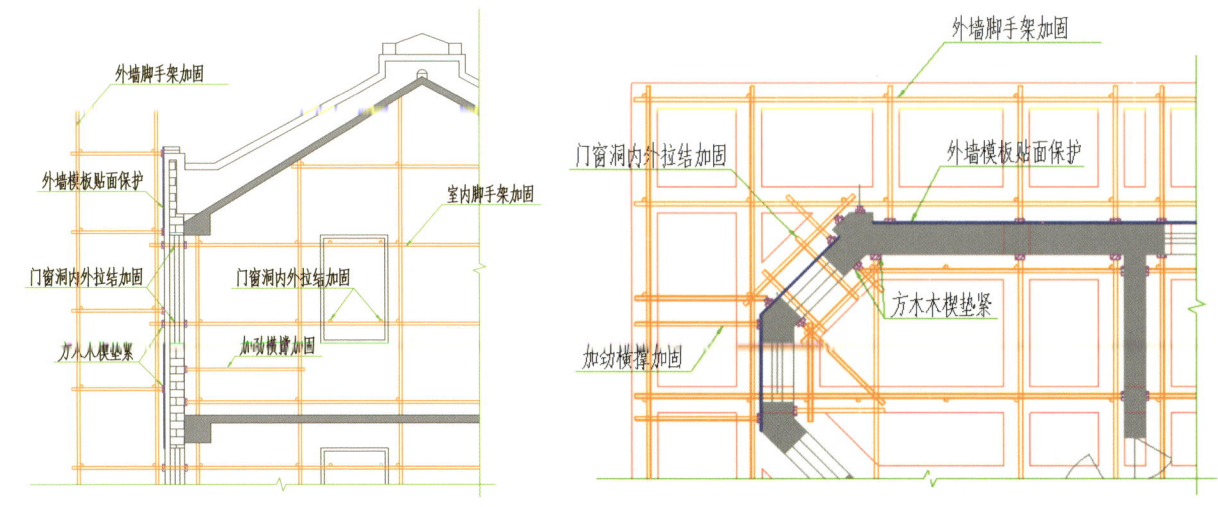

图13-7 脚手架加固布置图

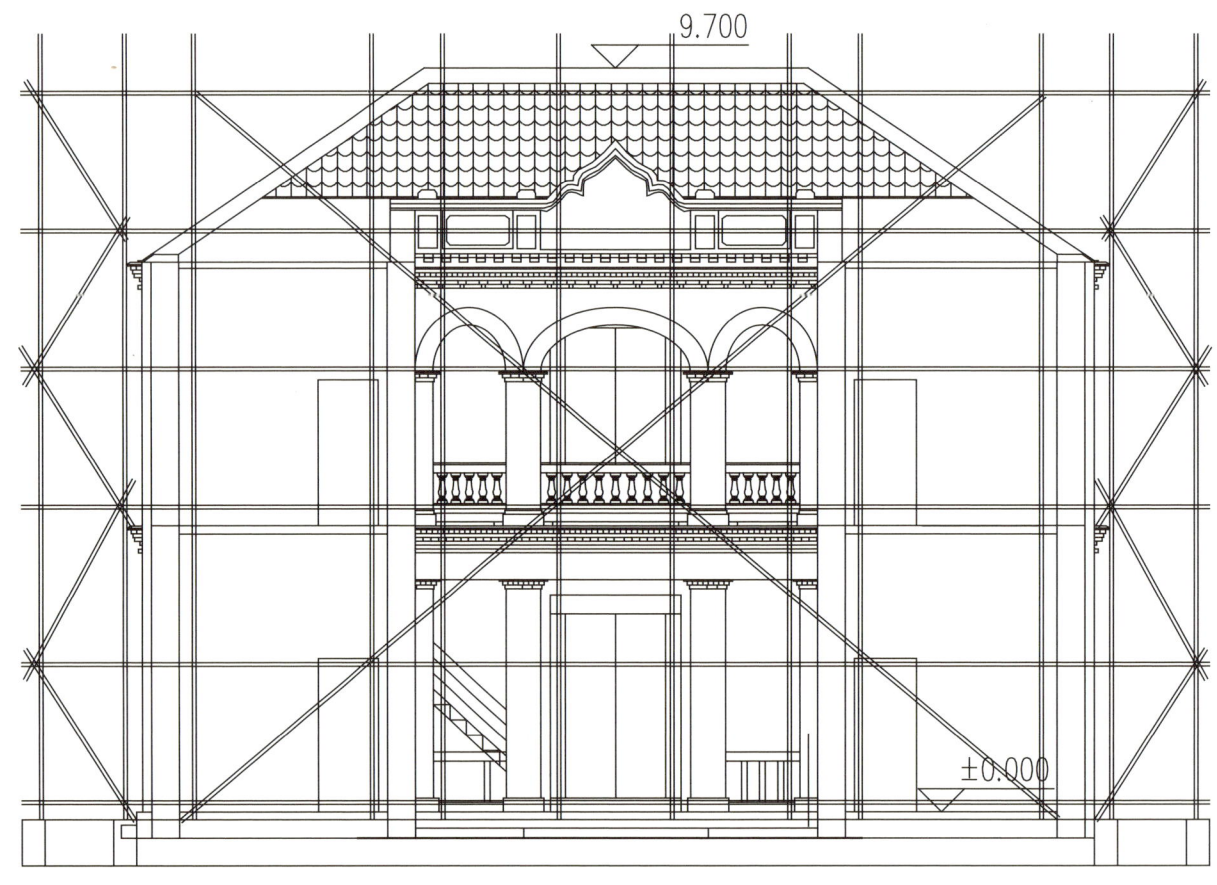

图13-8 临时加固脚手架立面布置图

图 13-9　临时加固脚手架现场

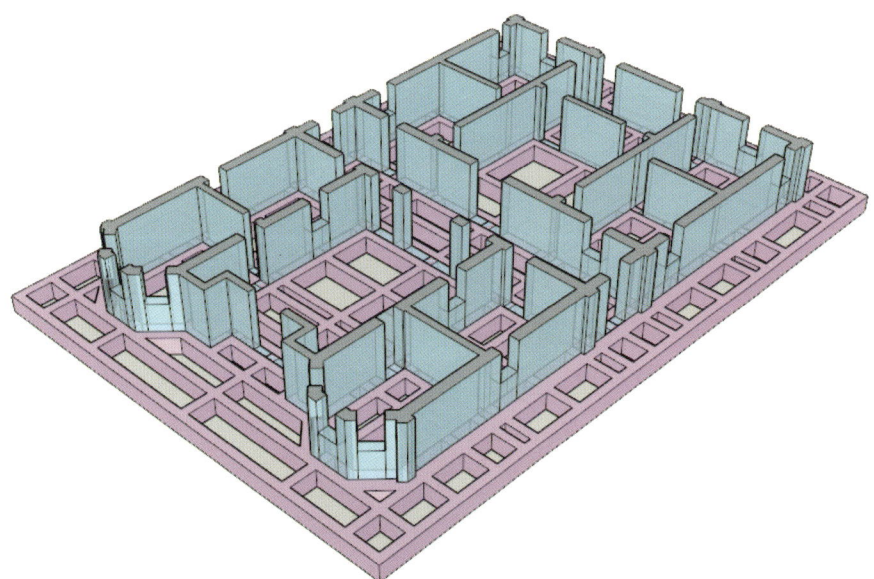

图 13-10　托盘梁布置示意图

图 13-11　托盘梁施工现场

梁体结构上，随房屋一起平移。

⑤所有脚手架内外拉结成整体，在需要加固的结构部位，可任意添加支撑保护杆件。主要保护位置有墙体、砖雕线脚、木屋架、走廊等。

对于房屋的薄弱部位，如局部薄弱墙体、过道顶篷、女儿墙以及脆弱的楼板等将采取专项加固措施进行保护。

（三）托盘梁施工

托换结构需要结合原建筑物的基础埋深以及上部结构情况设置，为了减少平移施工对上部结构的影响，最大限度地保留原有结构的完整性，托换结构需设置在室内地坪以下。根据现场探测反馈的建筑基础埋深情况，室外地坪最低处为 −0.680m，所以托换结构上皮标高设置为 −0.100m，托换结构高 600mm，混凝土强度为 C30，最大限度地保留建筑室外地坪以上结构。托换结构采用常规的双夹墙梁形式，根据房屋的墙间距以及平移需要，中间设置系梁以增强建筑的整体性（图 13-10、图 13-11）。

（四）平移下轨道梁及旋转筏板

下轨道梁是整个建筑物移位的基础，用来承受滑动面以上的全部动、静荷载。下轨道梁作为房屋行走的轨道，按位置可分为原址下轨道梁、过渡段下轨道梁及新址下轨道梁（图 13-12）。

由于基础埋深较浅及施工需求，原址下轨道梁在原有基础底以下，为了尽量缩短等待托盘梁混凝土初凝时间，下轨道梁尽量设置在房间中部位置，当托盘梁施工完毕达到一定强度后，间隔进行下轨道梁土方

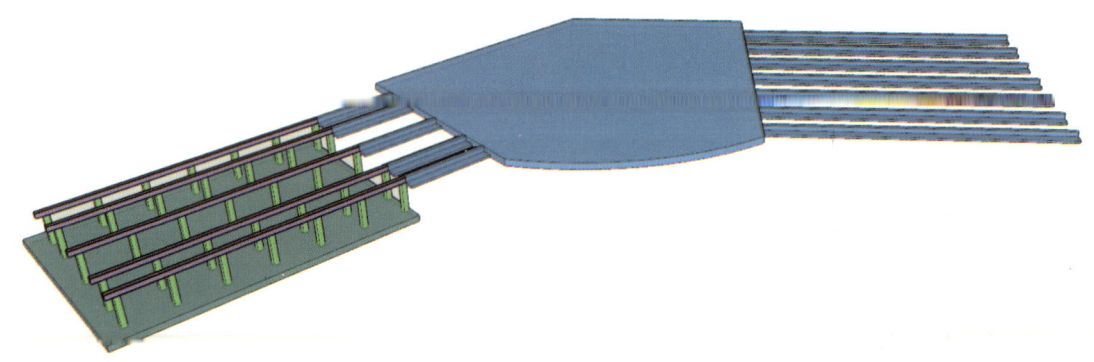

图 13-12　下轨道梁及旋转筏板布置图

开挖施工，过渡段下轨道梁同原址段下轨道梁；旋转平台设置成筏板基础；新址下轨道梁结合新基础筏板基础以及降落施工需要，先按降落标高需要进行筏板基础施工，然后在筏板基础上部进行混凝土立柱以及钢结构下轨道梁施工，混凝土立柱作为钢结构下轨道梁的竖向支撑体系，且降落到位可以作为基础柱子与上部托盘梁连接。

下轨道梁顶面设计标高为 −1.200m，梁底标高为 −1.700m，旋转平移及新址筏板基础厚均为 400mm，混凝土强度为 C30。下轨道梁的平整是移位行走的关键，滑动面标高和平整度要严格控制，在混凝土浇筑、砂浆找平、钢板铺设阶段均需严格控制标高和平整度，钢板分段连接，接头不得错牙并打磨平整光滑。滑道相对水平误差不得大于 3mm（图 13-13）。

（五）平移旋转降落

步履行走器设备首先使用在 2018 年厦门后溪长途汽车站旋转平移工程，其集悬浮系统、平移系统、滑移设施于一体，有效减少现场的施工人员数量。步履行走器会跟随建筑物一起行走，不再需要组织人员对底部轨道和滑移块进行搬运，降低对底部行走轨道的要求，底部不再需要钢结构轨道，有效减少了轨道的投入，避免卡轨现象的出现，该设备的顶推方式采用的是自行走方式，底部不存在卡轨的现象（图 13-14～图 13-18）。

该设备可以控制设置一个虚拟旋转轴，然后按照弧形轨道布置步履走行器，通过调整步履走行器的角度最后调整各条轨道上的步履走行器的行走速度达到旋转的目的，该设备分步骤在建筑不同部位进行顶推，使得建筑受力分散，相较于原有老设备不容易产生集中受力及压缩变形，对建筑尤其是老建筑能更有效地进行相对静态的平移，

图 13-13　下轨道梁及旋转筏板施工现场

近现代建筑

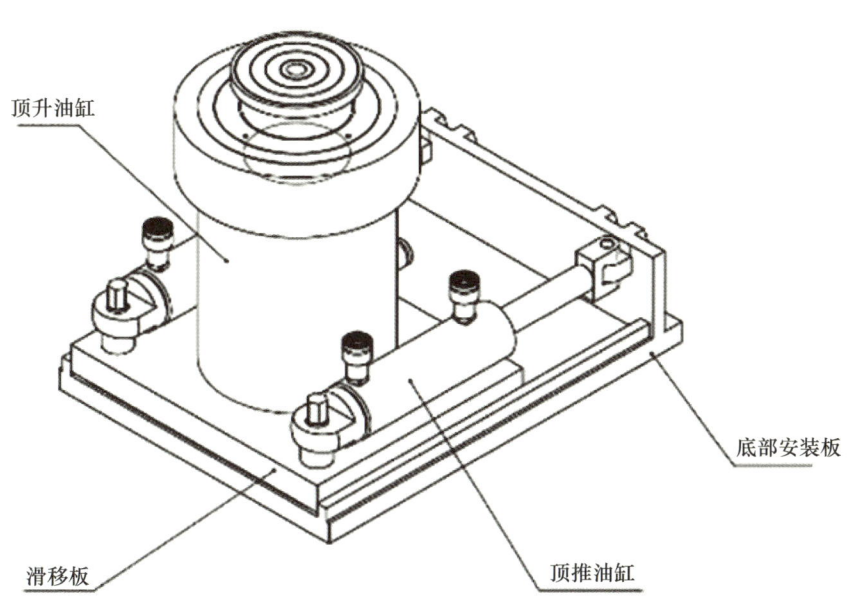

图 13-15 步履行走器现场安装

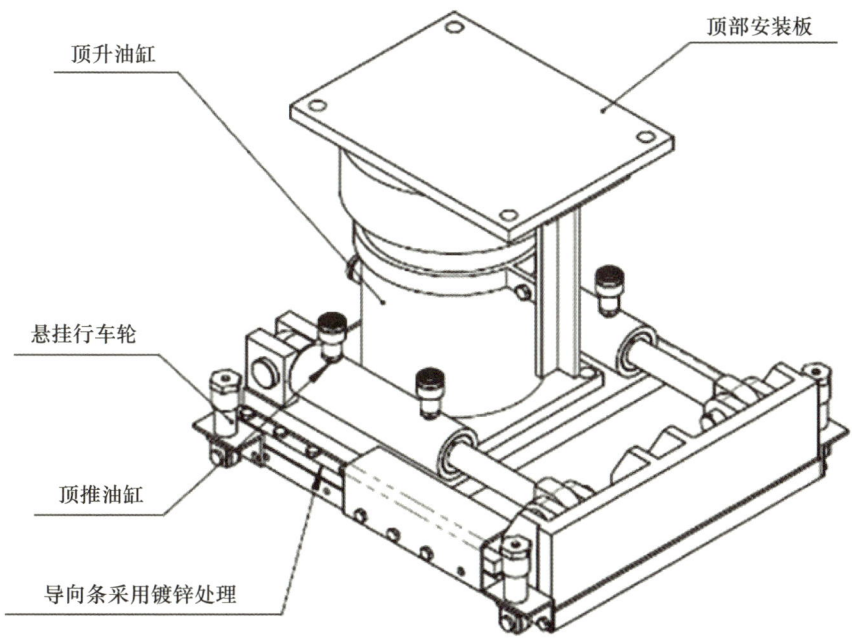

图 13-14 步履行走器装置

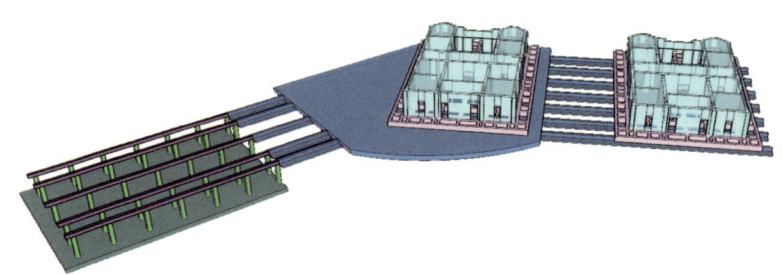

（a）第一步：平移

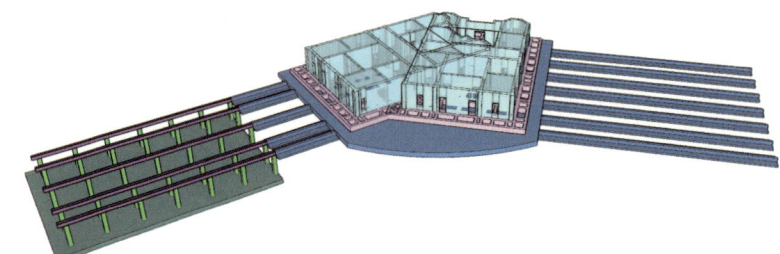

（b）第二步：旋转

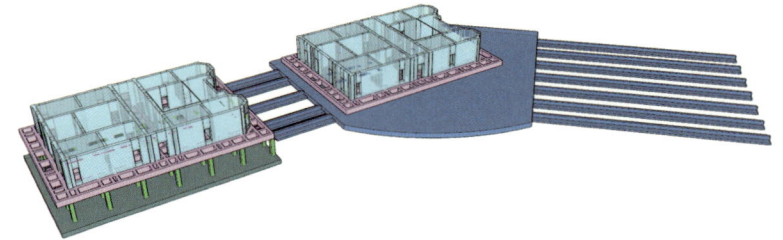

（c）第三步：纵移

图 13-16 平移、旋转、纵移示意图

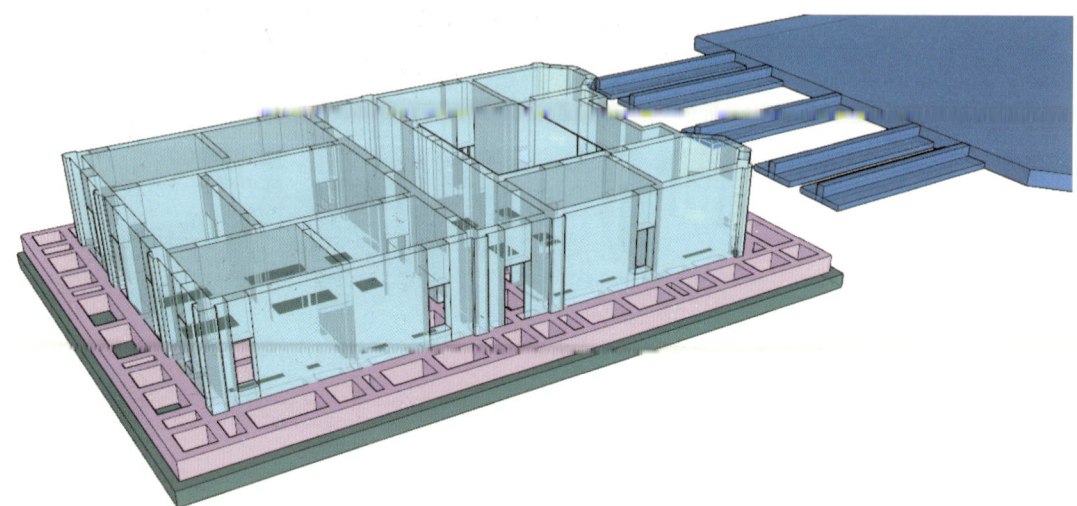

图 20-17 降落示意图

保证上部结构安全,同时整个旋转平移控制系统的平移速度也相对传统平移更加快速便捷。

(六)就位连接

砖墙和新基础连接直接浇筑 C30 微膨胀细石混凝土,为了浇筑密实,可采用漏斗形侧模板,模板高出托架底标高 30～50mm。先在一侧振捣浇筑,当另一侧混凝土溢出时,从另一侧反向振捣一次即可。同时,原地下轨道梁下部设置的混凝土立柱可以按降落后标高截取保留作为基础立柱体系对建筑进行支撑。由于托盘梁在室内地坪以下,所以基础连接完后可以不用凿除托盘梁,托盘梁可作为基础结构的一部分加强整个结构的安全与稳定(图 13-19)。

图 20-18 降落施工现场

图 13-19 就位连接施工现场

四、活化利用

在厦门岛内新一轮城市空间的整治提升中,政府将联合相关部门与村集体,对旧村落进行规划、改造。湖里东部旧村改造是"岛内大提升"首批、全市体量最大的城市更新项目,其改造将从根本上改变城市面貌、改善人居环境、增大发展空间、增加居民收入,为特区发祥地实现高质量发展提供充足的空间保障。这对散落在各村落里的文物保护工作无疑也是大喜讯,借此机会如何还片区里的文物一个更好的保护空间便提上了日程。

根据建设规划并结合不可移动文物的现状,王清祥宅新址设于民俗文化公园里的西南角建筑"坂美九十九间"东南侧。民俗文化公园现有就地保护的"坂美九十九间"和石大春宅,均为清代建筑,"坂美九十九间"是一座规模宏大、气势磅礴的闽南传统建筑群,这些古建筑是清代劳动人民智慧的结晶,充分地展示了当地清代建筑历史,文化底蕴深厚,宅内装饰较为精美,具有较高的艺术价值及史料价值,加上平移过来的王清祥宅,错落有致地布设,形成一个极具代表性的古民居建筑群民俗文化公园。对文物建筑实行集中保护、统一管理,为今后的保护工作奠定了良好的基础,使古建筑得以延年益寿。

根据《中华人民共和国文物保护法》第二十一条和《文物保护工程管理办法》第三条的规定及现场勘察结果,保护原则为不改变文物原状,不改变建筑外立面、基本平面布局和有特色的内部装饰。为更好地对王清祥宅进行保护并与片区规划互利互惠,本着实现文物集中保护、传承、利用的有机统一原则,将王清祥宅整体平移至新规划民俗文化公园内(槟城道东侧及规划横一路南侧用地)。公园地块原规划为教育科研用地,根据《东部旧改片区06-08编制单元(槟城道与环岛干道交叉口东南侧地块)控制性详细规划修改》,该地块调整为文化设施用地。

王清祥宅平移保护完成后,与周边共10栋建筑共同组成保护建筑群,并建成厦门湖里区坂美民俗文化公园作为城市基础配套设施,供市民娱乐休闲,成为传承民俗文化,欣赏建筑营建技艺,了解番仔楼历史文化价值的重要场所,让传统保护建筑再次发挥了利用价值。文物最好的保护方式是合理地利用。做博物馆是一种利用方式,做办公场所、做居住场所也是一种利用方式,只要有人使用就会进行修缮,房子长期空置不用反而是对建筑最大的破坏。因此,王清祥宅在移位完成后进行安全加固修缮,满足建筑本身抗震及安全使用需求,修缮后合理利用古建筑蕴藏的潜在开发价值,民俗文化公园可以定位为民俗文化展示场所或旅游景点,为弘扬传统文化做出重要贡献,这种基于利用而客观上达到保护的做法,能取得一举两得的成效。修缮后的王清祥宅能够将其自身留存的历史信息真实、完整地延续下去,将这份珍贵的历史遗产完好地呈现给社会,保留给下一代,便是今天文物保护的真正意义。另外,将文物集中保护,通过民俗文化公园的方式呈现,可以实现保护、传承、利用的有机统一,同时周边社区居民通过了解文物独有的历史与文化积淀,可以进一步提升文化素质,满足城市发展的要求,促进了社会和谐和经济发展,同时是加强城市开发建设中文物保护、实现文物保护和城市发展互惠共赢的需要,因此项目是十分必要的。

建设单位: 厦门市湖里区文化和旅游局
代建单位: 厦门悦坤工程管理有限公司　沈劲明、傅仰安
设计单位: 同济大学建筑设计研究院(集团)有限公司
　　　　　　刘长青
施工单位: 中建四局建设发展有限公司　钟海彬
　　　　　　上海天演建筑物移位工程股份有限公司　束学智、
　　　　　　陈运锋、胡幸
监理单位: 福建互华土木工程管理有限公司　徐乃峰
编写人员: 毛一兵、束学智、胡幸

十四　海沧区芦塘举人第（棣鄂楼）维修工程

一、建筑介绍

（一）项目简介

芦塘举人第（棣鄂楼）位于厦门市海沧区芦塘村，现为未定级不可移动文物。由近代时期本地著名爱国人士和实业家陈炳煌建造。陈炳煌为清末举人，是近代时期福建漳厦铁路的重要投资人之一。

（二）历史沿革

芦塘棣鄂楼始建于1919年，因房主陈炳煌考中举人，故又称"举人第"。其坐西北朝东南，方向145°，平面呈回字形，中间为天井，总进深36.7m，宽25m（图14-1）。棣鄂楼年久失修、缺乏维护，并于2000年左右开始空置，现由于屋面坍塌、钢结构锈蚀严重等情况，大部分住户均已搬出。

芦塘举人第（棣鄂楼）具有重要的文物价值和保留价值，在现场调研过程中，本设计团队结合对始建者后代访谈、历史文献调查、专家现场调研等方法对其历史沿革进行了考据研究。

芦塘举人第（棣鄂楼）正门两侧有对联："兄弟睦家之肥，子孙贤族乃大"，为清代末年名臣、溥仪皇帝的老师陈宝琛所题写，时间为"丙申年春"。结合陈宝琛所处年代推测，该丙申年为1896年。

为进一步确认芦塘举人第（棣鄂楼）的始建年代，笔者团

图14-1　芦塘举人第（棣鄂楼）航拍图（图片来源：杨赐达　摄）

队对陈炳煌的玄外孙庄智发（第五代）进行了采访。庄智发自幼与外祖母居住在一起，经常听外祖母讲述在芦塘举人第（棣鄂楼）中的生活经历。据其外祖母称，芦塘举人第（棣鄂楼）建设过程历时5年，竣工之后的第二年，陈炳煌逝世。根据史料记载，陈炳煌逝世于1925年，由此可知，芦塘举人第（棣鄂楼）始建于1919年，竣工于1924年。

海沧区芦塘举人第（棣鄂楼）作为漳厦铁路建设主要参与者陈炳煌的故居，具有重要的历史价值。

（三）价值评估

建筑结构形式独具一格，一层采用石柱、工字钢做梁，砖砌三联拱楼板，闽南传统砖石墙体的混合型结构；二层则

采用闽南传统民居的砖木结构；如此独特的结构形式，是研究近代时期近代材料技术与闽南传统材料和建筑营造技艺结合的"活化石"，具有重要的科学价值。

外部装饰和整体造型设计合理，选材具有地域特色。整体建筑形式采用类似闽南土楼的围合形式，整座建筑中西合璧，正门、中庭及外廊等部分建筑装饰为传统闽南民居风格，灰塑、石雕、木雕等做工精美；东西北三侧立面构图采用西洋风格。正门两侧题字为溥仪的老师陈宝琛于1896年（丙申年）所题写，具有很高的艺术造诣（图14-2～图14-5）。

其由于重要的历史价值、艺术价值、科学价值，是近代时期国外技术、材料与闽南当地传统建筑艺术有机融合产生的文化瑰宝，经过妥善修缮和合理开发，对当地的社会经济会有一定的促进作用。

（四）建筑形制

芦塘举人第（棣鄂楼）主立面采用中西合璧的装饰风格，其余三面装饰较少，仅在窗套处采用欧洲样式并结合中式匾额元素。平面呈矩形围合式，一层采用砖墙、石柱、钢梁和砖拱楼板的混合式结构；二层外廊采用传统木梁架结构。

建筑一层结构使用砖拱楼板和钢梁做梁等的近代结构体系，二层采用闽南传统砖木结构；建筑的立面和屋顶采用西式比例及构图，细部的装饰采用闽南传统材料和装饰题材。芦塘举人第（棣鄂楼）融合了近代结构体系和闽南传统建筑形式，创造出了极具闽南特色的近代民族主义建筑。

芦塘举人第（棣鄂楼）坐西北朝东南，方向145°，整体平面呈回字形；建筑分前、后、左、右四楼，前、后楼面阔七间，正中为厅，两侧为房间；左、右楼面阔

图14-2 正立面入口

图14-3 正立面凹寿

图14-4 二层外廊梁架

图14-5 花窗脊样式

四间（含楼梯间），四楼通过回字形走廊连接，中为天井；建筑分上、下两层，靠近天井的为外廊，外廊采用花岗岩柱与木梁架结合使用，二层格局与一层相同。

二、设计内容介绍

（一）平面布局

1. 平面布局

芦塘举人第（棣鄂楼）平面格局基本保存完整，建筑形制同闽南土楼，四楼围合，中为天井，前、后楼面阔七间，左、右楼面阔四间（含楼梯间）。

2. 后期平面布局

拆除后期临时支顶的砖柱，修缮后楼歪闪、坍塌的楼梯。修缮前如图14-6、图14-7所示。

3. 平面铺地排水

建筑内天井汇聚雨水，由天井四周排水沟引流至暗沟排出，天井疏浚排水沟，外侧清理散水杂草及淤泥。修缮前如图14-8所示。

（二）立面墙面

建筑墙体采用花岗岩与红砖混砌，正立面做两遍斩凿花岗岩墙裙与胭脂砖镜面墙堵

图14-6　后期临时支顶砖柱

图14-7　后楼楼梯歪闪、坍塌

图14-8　天井杂草生长，排水沟淤塞

混合砌筑；其余三面为斩凿花岗岩墙裙，上为红砖勾缝做法。

（1）正立面恢复灰塑及水车堵泥塑，定位校正墙裙，墙体局部拆砌，置换砂浆。

（2）侧立面校正花岗岩墙裙，局部拆砌墙体，置换砂浆。

（3）背立面校正花岗岩墙裙，歪闪墙体采用借力扶正措施，置换砂浆。

修缮前如图14-9、图14-10所示。

近现代建筑

图14-9 鳌砖堵外翻

图14-10 背立面墙体外倾

（三）屋面

屋面为双坡板瓦仰合屋面，四楼屋面围合，檩条上铺设椽板，椽板上铺设望砖（210mm×180mm×10mm），望砖上为仰覆瓦（250mm×230mm×10mm），叠七留三做法。

（1）前楼屋面检修，更换、补配破损缺失瓦件、望砖，更换糟朽椽板，修补破损规带、正脊，清除后期滋生植被。

（2）左楼屋面检修，更换破损瓦件（图14-11）、望砖，更换糟朽椽板（图14-12），修补破损规带、正脊。

（3）右楼屋面检修，更换破损瓦件、望砖，更换糟朽椽板，修补破损规带、正脊，清除后期滋生植被。

（4）后楼屋面检修，更换、补配破损缺失瓦件、望砖，更换糟朽椽板，修补破损规带、正脊，清除后期滋生植被。

（四）大木及承重构造

（1）屋面年久失修，揭瓦后更换糟朽大木构架、椽板等。

（2）更换后期糟朽劈裂木柱。

（3）外廊钢梁梁架除锈，检查结构安全后，根据结构加固方案，对钢梁梁架采取加焊或抽换措施。

图14-11 屋面瓦件

图14-12 屋面椽板

（4）更换夹层糟朽虫蛀楼楞。

（5）新木构件采取浸泡药水做法进行防虫防腐，旧木料采用喷洒做法，均需做三遍。

（五）结构加固方案概述

1. 楼板概况

芦塘举人第（棣鄂楼）不可移动文物集中保护修缮项目中结构楼板较为特殊，为工字钢与拱形砖墙的组合楼板，如图14-13、图14-14所示。

图 14-13 外廊钢梁梁架（一）

图 14-14 外廊钢梁梁架（二）

2. 修缮主要依据

原结构于 1924 年竣工，年代久远，工字钢已锈蚀严重，承载力减弱，已无法满足承载要求，现需进行修缮加固处理，结构修缮按照《中华人民共和国文物保护法》《中国文物古迹保护准则》《文物保护工程管理办法》的有关规定进行。修缮时应遵守不改变文物原状的原则，贯彻"保护为主，抢救第一，合理利用，加强管理"的文物保护方针，保护建筑实物遗存及其人文、历史环境，真实、全面地保存并延续其历史信息及全部价值。遵循本次厦门历史文化遗产集中保护修缮项目"不倒、不漏、不塌"的原则。

3. 钢梁结构加固修缮

现场钢梁锈蚀相当严重已无法使用的，需更换。

现场原支撑拱形楼板的龙骨钢梁锈蚀不严重可使用的，在原龙骨钢梁底部设置新的钢梁。

原主钢梁锈蚀不严重可使用的，在主钢梁侧面设置槽钢补强，安装后原主钢梁内部灌浆密实做防锈处理。

三、施工内容介绍

檐口叠涩与水车堵修缮施工如图 14-15～图 14-17 所示。

窗楣灰塑与灰缝修缮施工如图 14-18～图 14-20 所示。

木斗栱与石柱头更换施工如图 14-21～图 14-23 所示。

图 14-15 重做水车堵及檐口运路（一）

图 14-16 重做水车堵及檐口运路（二）

图 14-17 新做檐口叠涩及抹灰

近现代建筑

图 14-18　新做窗楣灰塑

图 14-19　窗楣抹灰

图 14-20　墙面仿古抹灰

图 14-21　回廊木柱斗栱等构件更换

图 14-22　破损石柱头拆除

图 14-23　石柱头安装

四、特殊工法介绍

（一）结构加固

（1）施工前做好满堂支撑架。

（2）原钢梁除锈后，做防锈处理，并根据现存厚度，判断修缮方式。

（3）原钢梁若无法满足要求，则进行抽换。缓慢抽出，并对钢梁放置墙体进行清扫，处理定制钢梁，重新安放时，应缓慢置入。

（4）若原钢梁仍可使用，在做除锈处理后，原钢梁两侧需做新钢梁进行结构补强，新钢梁预留孔位，采用锚栓安装连接。

（5）砖墙内钢梁安装完毕后，做密实处理。

（6）钢梁加固修缮完毕后，钢梁顶部与楼板、钢梁与石斗的缝隙均需做密实处理。

结构加固施工如图 14-24～图 14-29 所示。

（二）正脊扶正

（1）左楼正脊采取分段扶正措施，箍头两侧向外延伸

700mm 保留，其余保护性拆除。

（2）收集原正脊龟背海棠格砌筑砖，清理后统一存放，待扶止后按原样砌回，缺漏部位按原样补配。

（3）正脊分段拆除前需拍照留底；拆除后需使用加厚双层气泡膜对构件进行包裹，每处包裹不少于两层。

（4）铁板前后夹紧保留段，并使用螺栓箍紧两块铁板，为保护箍头灰塑，螺栓应从龟背漏窗穿过。

（5）人工扶正，两名工人在后面用木棍顶正，两名工人在前面用绳索拉正。

（6）待扶正后，压力注浆修补，待浆料将正脊固定后，拆除加固铁板、保护气泡膜。

（7）正脊固定后，依原样恢复正脊。

正脊扶正施工如图14-30～图14-32所示。

（三）墙体歪闪扶正

（1）对歪闪墙体采用木板纵横贴合墙体支顶。

（2）再利用后挡墙借力，根据墙体高度，采取分段回顶措施。

（3）扶正墙体采取砂浆置换进行结构补强。

墙体歪闪扶正施工如图14-33～图14-35所示。

图14-24 柱头石断裂和钢梁锈蚀现状

图14-25 柱头石和钢梁拆除

图14-26 加固补强钢梁材料

图14-27 钢梁加固及补强（一）

图14-28 钢梁加固及补强（二）

图14-29 断裂柱头石和锈蚀严重钢梁更换

图 14-30　正脊保护性拆除

图 14-31　正脊两侧保护加固

图 14-32　正脊扶正

图 14-33　后檐墙现状倾斜歪闪

图 14-34　倾斜歪闪墙体扶正

图 14-35　倾斜歪闪墙体扶正

建设单位： 厦门市海沧区人民政府海沧街道办事处　林志敏

代建单位： 厦门海沧土地开发有限公司　张燕斌

设计单位： 厦门惠和园林古建设计有限公司　邵西川、杨赐达
　　　　　　厦门合立道工程设计集团股份有限公司　李强

施工单位： 厦门宏光达古房屋维修有限公司　刘懿釜、陈丁华、彭伟平

监理单位： 漳州国亚工程建设监理有限公司　庄耀明

编写人员： 邵西川、杨赐达

十五　集美农林学校旧址保护修缮工程

一、案例概况

（一）保护对象基本情况概要

1. 简介

集美农林学校旧址位于福建省厦门市集美区侨英街道天马山东北麓，1925年由著名爱国华侨陈嘉庚创办，是当时福建唯一的农林专业学校。其南洋式建筑风格与陈嘉庚在厦门办学期间投资并亲自主持建设的集美学村、厦门大学等校园建筑一致，是早期南洋风格嘉庚建筑的重要组成部分。集美农林学校旧址是反映陈嘉庚早年办学兴国的实例，在2007—2011年第三次全国文物普查中被登录为新发现的文物点，2013年被集美区人民政府公布为一般不可移动文物。集美农林学校旧址保护修缮工程于2020年12月启动，至2022年9月施工完成，修缮完成后的集美农林学校旧址保留了原有的嘉庚建筑形制，并通过活化利用赋予了文物建筑新的生命力（图15-1）。

2. 核心价值

（1）历史价值。

集美农林学校筹备之初以"振兴闽南农业，培养实业人才"为目标。陈嘉庚认为，集美学校扩充为大学时应遵循的前提是不雷同于厦门大学现有的学科设置，先办厦门大学所不能就地兴办的学科，"他日应再添别科，亦意中事"，才能"助吾闽各科学之完备也"。集美农林学校是陈嘉庚热心家乡教育事业"当竭力兴学，以尽国民天职"的爱国主义，注重各学科完备的教育思想以及体恤家乡民生困苦、改良家乡农业水利的民族精神的历史见证。集美农林学校亦是全校师生在盗匪纷乱、战事频发、毒蚊侵扰的环境中艰苦奋斗为发展农林事业、改变农村的落后面貌贡献力量的历史见证，具有重要的历史价值。

（2）艺术价值。

集美农林学校建成于1926年，是嘉庚建筑地域化探索早期（1919—1927年）南洋外廊式风格建筑中的重要作品。集美农林学校主教学楼务本楼与集美大学三立楼类似，在一字形南洋外廊式布局的基础上强化中部主入口并将两端放大形成大

图 15-1　集美农林学校修缮后鸟瞰图（图片来源：史志文　摄）

空间满足使用，与此同时形成下实上虚具有韵律的五段式立面。建筑整体风貌与厦门大学、集美学村南洋外廊式建筑一致，但又更显质朴大气：西式廊柱、山花、拱券窗结合，屋顶覆以嘉庚瓦，中部入口处结合闽南传统画假砖做法。后部礼堂等建筑底层以石材砌筑，上部为烟炙砖柱与白粉墙相结合，整体风格与务本楼一致。集美农林学校将南洋外廊式建筑与地域做法相结合，符合嘉庚建筑早期典型风格，具备独特的艺术价值。

（3）科学价值。

集美农林学校整体采用与厦门大学和集美学村一样的嘉庚瓦，嘉庚瓦由陈嘉庚亲自引进，以闽南红壤为原料，由融合中国传统特点与西方水泥瓦工艺优点而发明的一种民间制瓦工艺制成。嘉庚瓦色彩橙红鲜亮、坚固耐用，可以搭线连接于挂瓦条，既满足嘉庚建筑西式大屋顶的施工需要，也适应厦门多台风的气候特点，具有较高的科学价值。

（4）社会价值。

集美农林学校办学二十余年，先后招生 25 组，毕业生 357 人，为闽南培养了一批农林专业人才。学校师生注重试验改良品种、指导农村合作事业、推广优良品种及农作方法以及与各县农场或苗圃密切合作，通过大量深入实际的调查研究，发现问题，解决问题，为发展农林事业、改变农村的落后面貌贡献力量。此外，集美农林学校迁至大田期间，在校长庄纾的带领下，集美农林学校优秀毕业生创办小学回馈当地人民。学校停办后，集美农林学校旧址先后作为农场和种猪场使用，直至 2010 年废弃。集美农林学校在知识的记录和传播、文化精神的传承方面均有较大的贡献，具有很高的社会价值。

（5）文化价值。

集美农林学校是嘉庚教育思想形成、发展的历史见证和物质载体。集美农林学校的营建在材料、营造技艺、建筑风格等方面都受到闽南地域建筑文化的影响，是陈嘉庚对外来建筑文化与地域性民族建筑文化相结合进行探索的历史见证，是近代外来建筑思潮影响下，民族建筑文化的重要体现。集美农林学校成立后，学校重视理论与实践相结合，开辟大量试验田，从国外引进许多优良树种，如美国薄壳核桃、缅甸合欢、白玉兰、相思树，非洲凤凰木等，对集美农林学校周边景观环境具有较大影响，赋予其独特的文化内涵。

3. 历史沿革

陈嘉庚在创办集美大学时就有"不雷同于厦大现有的学科设置"的设想，他计划先办厦门大学所不能就地兴办的学科，"他日应再添别科，亦意中事"，才能"助吾闽各科学之完备也"。厦门大学由于用地的局限，不能就地兴办农林科或者农科，对于面积广阔的集美来说，"若我大陆之集美，平田虽乏，若作试验场，就同安辖内，要千百亩之地，无难立置"，故"则秋季宜先办甲种农业为基础，至于实行发表改为大学者，拟于何年由先生自定之"。可见陈嘉庚很早就有兴办农林学校的想法。

陈嘉庚认为"欲振兴闽南农业，则农林学校之设立尤亟亟""本省虽临海，农业实占一大部分，尚乏农林学校，以资研究改良，余对农科尤为注意"。1923 年便写信给时任集美学校校长的叶渊，"在天马山或美人山麓择地开办，土质虽欠佳，可以肥料补助"，以"培养富有农林新学识之人才，以为将来改革闽省农村之需要。"1925 年 5 月 26 日，校主陈敬贤、校长叶渊、建筑部主任王卓生三人前往天马山购买农场田地，筹建农林部务本楼等校舍并开辟农林试验场。次年 3 月务本楼竣工，是农林部建设完成的第一座校舍，办公、教学、住宿合用。3 月 11 日正式开学。相继建设完成的还有事务课和农林建筑办事处两座建筑，以及务本楼后部的饭厅、厨房、工人住所等，同时学校还开辟了畜牧牧场、农林试验场作为学生的实习基地，为当时的厦门培养了大量的农林技术人才。

在此后的1927—1937年间，集美农林学校不断扩建，曾在务本楼西侧规划建设"敦业楼"，但动工后不久因陈嘉庚在海外的商业变故，经费不能支撑，于1931年将敦业楼拆除，所余材料运回集美建其他校舍。抗日战争期间，集美农林学校受到日军飞机轰炸，抗战胜利前夕开始修理被破坏的务本楼，至1945年5月10日，务本楼作为战后集美农林学校最先修复的校舍修葺竣工。1947年，集美农林学校因生源不足等原因停办，专营农场。1954年福建省农业厅商请以原集美农林学校校舍及农场改作种猪场，陈嘉庚欣然同意并将土地及所属务本楼捐献国家。20世纪70年代，建筑年久失修、结构受损，为维持使用，内设砖柱、过梁等结构。20世纪80年代，种猪场东南侧开设机械厂，种猪场办公楼新建后建筑前部改建为猪舍，对建筑及周边环境造成较大影响。2020年12月启动集美农林学校旧址保护修缮工程（图15-2）。

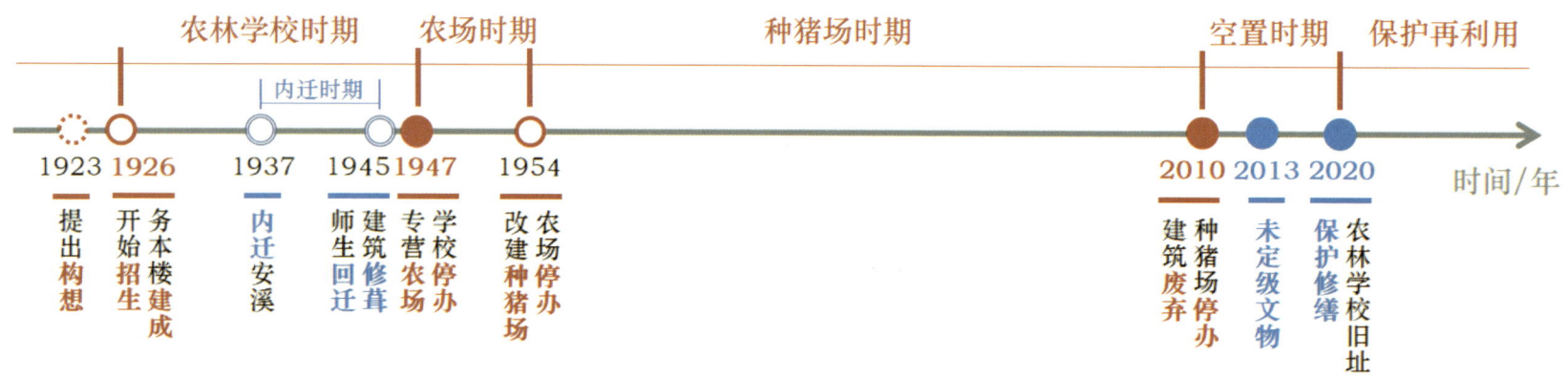

图15-2 集美农林学校历史沿革（资料来源：关晓曦 绘）

（二）现状勘察

集美农林学校旧址现仅存务本楼、礼堂和西南侧教学楼，其中礼堂屋面局部坍塌，东北侧厨房上部坍塌，史料中关于集美农林学校建筑基本信息的记载中提及的如钟楼、工人住所、畜厩等附属建筑已无留存。现存务本楼建筑群为工字形平面布局，前、后以连廊连接，建筑顺应山势建造，后排礼堂和教学楼依山势抬起，两侧教学楼因左、右地势不同并非完全对称。现有建筑的平面布局与1933年集美全图中所绘制的集美农林学校平面基本吻合。集美农林学校周边环境改变较大，原有试验田已开发为种植园、停车场等，仅建筑群周边保存完整。

现存集美农林学校建筑保留了建筑建设之初的整体风格和形制，但保存现状并不乐观。务本楼修缮前地面斗底砖污损严重，部分房间后期更换为现代瓷砖；外墙抹灰大面积破损脱落，植物丛生，中段墙身受植物根系破坏严重，二层外廊罗马柱与宝瓶栏杆亦多有破损；室内墙面因门窗渗水多处发霉、空鼓、脱落；木构架因屋面漏水多处发霉糟朽，部分檩条开裂严重；屋面嘉庚瓦约有50%破损移位需更换；门窗多处破损，门窗扇缺失，需重新制作安装。礼堂与厨房坍塌严重，内部木构架损坏严重，屋面瓦片大面积破损滑落；连廊处后期封堵设置卫生间；墙面抹灰大面积发霉污损、空鼓脱落，地面更换为现代瓷砖。

二、案例亮点

（一）以嘉庚建筑群体研究为基础的文物价值阐释

1. 选址规划

集美农林学校是嘉庚教育建筑遗产的重要组成部分，其校园群体规划、平面布局与建筑风格沿袭自陈嘉庚在厦门大学和集美学村建设时的设计实践，又因其农林学科的专业属性，在校园选址规划中多有调整（图 15-3）。对嘉庚建筑的深入研究是对集美农林学校进行价值阐释、保护修缮设计和施工的重要基础。

传统风水观念以及对自然景观的美学追求体现在陈嘉庚对校园的选址规划中，集美农林学校的选址与集美学村和厦门大学一样遵循"背山面水，负阴抱阳"的传统风水理念：背靠天马、美人、大帽三山，面向大海，地势逐层升高，建筑依地势布局。与厦门大学和集美学村不同的是，集美农林学校因其农校的职能需要大量的农田或荒地作为试验田，因此对场地有着特殊的需求，不能同学校其他部一样建设于集美学村，最终选址于天马山、美人山山麓。集美农林学校的建筑面积仅占农田面积的 7%，除务本楼组团外，其余建筑分布相对松散，试验田内分散设置枪楼。集美农林学校试验田依水系分布于天马山、美人山山脚下，通过天马场路与同集公路与外界联系。集美农林学校的选址规划是陈嘉庚尊重传统风水观念与自然景观并不断进行适应性调整的校园规划理念的重要体现。

2. 群体布局

集美农林学校旧址现仅保留由纵向连廊连接的务本楼与后侧礼堂及辅助用房，整体呈工字形布局，通过与历史地图和文字史料的对比发现，务本楼与未建成的敦业楼的整体布局沿袭了厦门大学和集美大学常见的一字形横向布局，且形成了"务本楼—礼堂—煦照楼"纵向轴线，相对特殊的是，通过连廊将务本楼与礼堂直接连接，在建筑前、后排布置适应山地高差的同时强化了建筑间的联系，在 20 世纪 20 至 30 年代的嘉庚建筑中较为少见。集美农林学校的整体布局方式与陈嘉庚在厦门大学、集美学村的设计相似，又根据实际地形进行调整，主体建筑依据山势一字形排开，辅助用房多排排列并进行纵向联系。

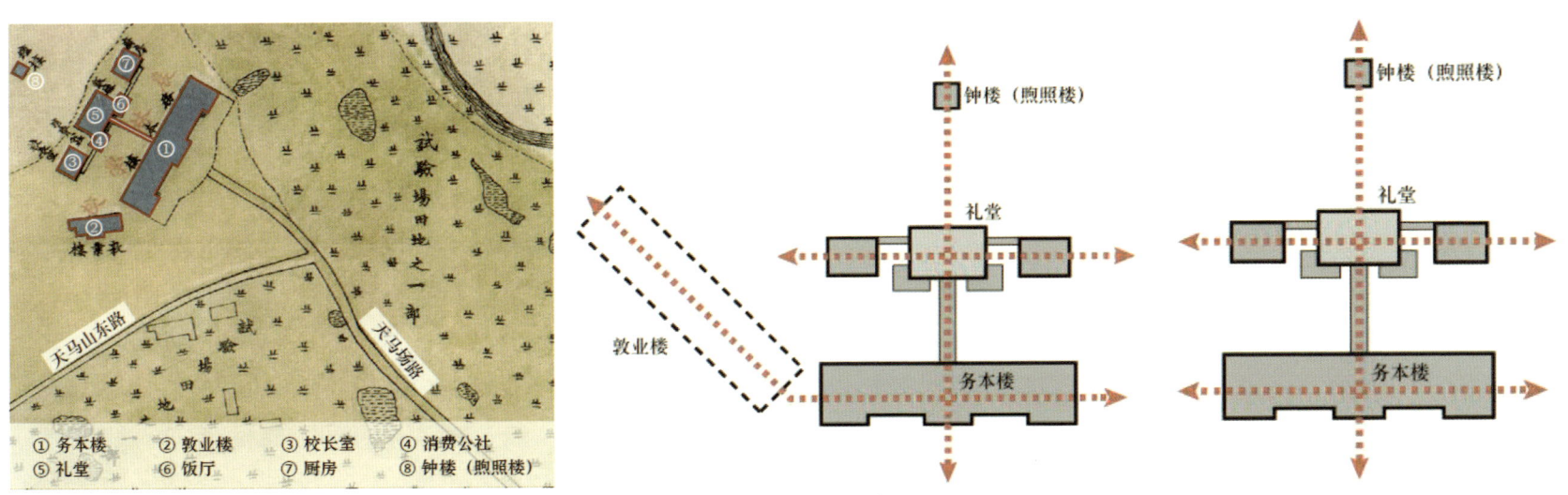

图 15-3　福建私立集美学校全图——农林学校（资料来源：关晓曦依据 1933 年集美学校全图绘）

3. 建筑风貌

陈嘉庚在回国创建集美学校的初期，国内还没有新式建筑绘图、施工的相关人才，只能由陈嘉庚在新加坡请当地的建筑师绘制图纸，带回国后依此建设新校舍，所以早期集美学校的人工岛组团居仁楼、尚勇楼和立功楼、立德楼、立言楼等都采用在新加坡当地流行的南洋外廊式平面布局，建设时间稍晚的务本楼也采用南洋外廊式布局。务本楼为 E 字形平面与五段式立面构图结合，这种立面处理方式利用大面积实墙突出上部通透、轻盈的连续梁柱式外廊，与早期嘉庚建筑多层连续券柱式外廊相比，更显出建筑的厚重感。务本楼是嘉庚建筑建设中期南洋外廊式风格的建筑中 E 字形平面布局与五段式立面布局相结合以原有样式保存至今的实例（图 15-4 ～图 15-8）。

图 15-4　集美农林学校区位图（图片来源：关晓曦　绘）

图 15-5　集美农林学校选址布局（图片来源：关晓曦　绘）

图 15-6　1933 年务本楼立面（图片来源：庄景辉、贺春旎《集美学校嘉庚建筑》）

图 15-7　务本楼立面现状（图片来源：张家浩　摄）

图 15-8　务本楼修缮后立面（图片来源：张家浩　摄）

（二）基于嘉庚建筑价值认知的修缮设计

2022年集美农林学校修缮时西北侧原厨房和礼堂局部已坍塌，清理现场植被和杂物后发现，原厨房的部分墙体和烟灸砖柱仍有留存。集美农林学校工字形平面布局和"务本楼—礼堂—煦照楼"主轴线具有嘉庚建筑群体布局的共同特征，同时也具有农林学校办学的特质，具有重要的历史价值（图15-9、图15-10）。本次修缮时将坍塌部分复原，复原严格遵守现有物质遗存，底层依据山势仅外廊部分以原有石材砌筑，二层墙体部分经对比与西南侧校长室做法一样，采用胭脂砖柱白粉墙，已经坍塌的屋顶部分参照校长室木屋架的做法，覆嘉庚瓦。

修缮工程坚持以原材料、原工艺进行修复，集美农林学校屋面采用嘉庚瓦，嘉庚瓦承载重要历史信息并对建筑整体风貌有较大影响。此次保护修缮中，依据现场勘查，屋面瓦残损缺失量较大，盖瓦约600m²，脊瓦约120m²，瓦片需更换量达10200块。施工单位在当地走访采购与集美农林学校屋面瓦片一致的旧嘉庚瓦，但能采购到的旧瓦有限，市场上与集美农林学校嘉庚瓦完全一样的新瓦没有售卖，最终施工单位与厂商联系以集美农林学校原有保存良好的嘉庚瓦为样品单独开模定制烧造。修缮施工时将旧瓦搜集用于连廊、消费公社和饭厅屋面，其余部分铺新瓦。此外出于安全考虑、防止台风影响，对檐口处嘉庚瓦进行加固和防水处理（图15-11～图15-13）。

图15-9　修缮前集美农林学校航拍总平图（图片来源：张家浩　摄）

图15-10　修缮后集美农林学校航拍总平图（图片来源：史志文　摄）

图15-11　原有旧嘉庚瓦（图片来源：关晓曦　摄）

图15-12　定制新嘉庚瓦（图片来源：关晓曦　摄）

图 15-13 定制嘉庚瓦模具（图片来源：江西九丰古建筑工程集团有限公司）

图 15-14 福建私立集美农林学校高等乙组毕业生全体摄影

（三）通过史料研究进行建筑历史环境空间复原

集美农林学校在改作种猪场后多有改造，如务本楼前侧搭建水泥平台、礼堂两侧连廊封堵用作卫生间等，本次修缮时将现场勘察情况与农林学校留存史料进行对比，对建筑空间形制和建筑功能进行复原。依据1931年"福建私立集美农林学校高等乙组毕业生全体摄影"的历史照片拆除种猪场后期搭建，复原务本楼前广场大台阶，恢复建筑历史环境（图15-14、图15-15）。

修缮前现场勘察时发现，务本楼正立面的主入口外墙与两侧外墙一致，都以白灰抹面，主入口抹灰脱落处隐约可见内层红色墙体，施工开始后清除已破损开裂的抹灰，发现内层前面采用闽南传统的画假砖的做法，通过对历史照片的研究可以发现，入口里面材质与其他部分白灰抹面不同，是红砖的质感。通过基于史料研究和现场勘察的综合分析，此次修缮还原入口中部立面画假砖的做法（图15-16）。

（四）重要历史信息载体的保留与维护

集美农林学校位于天马山、美人山山麓，建筑依山势而建，建筑和场地的排水尤为重要。经现场勘察发现，建筑周围多处设置排水沟和落水管，这些排水设施不仅具有重要的实际作用，也是承载重要

图 15-15 集美农林学校修缮后入口台阶（图片来源：陈玥杉 摄）

历史信息的载体。本次修缮在梳理原有排水设施的基础上，结合场地设计完善排水系统，在保护建筑真实性、完整性的基础上，增加了对安全性的考量。此外，虽然集美农林学校的试验田未纳入保护范围，但是基地内留存的古树、条石围墙等具有重要历史意义的物质载体都结合场地设计进行保护（图15-17、图15-18）。

（a）历史照片（图片来源：庄景辉、贺春旎《集美学校嘉庚建筑》）　（b）修缮前（图片来源：张家浩　摄）　（c）修缮后（图片来源：史志文　摄）

图 15-16　务本楼中部画假砖

图 15-17　场地古树保留

图 15-18　场地内原有条石围墙保留（图片来源：关晓曦　摄）

（五）文物建筑的活化利用

集美农林学校修缮完成后，结合其原有作为学校教学楼、宿舍、礼堂等的功能属性和其作为嘉庚建筑的文化内涵，现作为集美嘉庚乡村振兴学堂使用。原有务本楼中的教学空间现作为集美农林学校历史和乡村振兴主题展览的展示空间。20世纪70年代对务本楼进行结构加固时加建的片墙，现无法拆除，再利用时可做展墙使用。保留礼堂大空间，以做学术报告厅，原有校长室、消费公社、厨房等空间或做历史场景还原展示，或做会议室使用。正如《威尼斯宪章》第五条中提到："为社会公用之目的使用古迹永远有利于古迹的保护"，维持对文物建筑的持续使用有利于对建筑的日常维护和可持续保护（图15-19、图15-20）。

此次集美农林学校旧址保护修缮工程仍有多项未尽事宜：依据历史地图和历史照片可知，务本楼建筑群中有一瞭望塔建筑——煦照楼，是务本楼建筑群中轴线上的重要节点，是集美农林学校旧址的重要组成部分，但目前煦照楼的遗址并未找到，未纳入本次保护修缮范围；20世纪70年代集美农林学校修缮时对务本楼整体进行结构加固，在入口门厅处增加两根混凝土柱，一、二层外廊增加短墙，对建筑内部空间有较大影响，本次修缮时出于对建筑安全性的考虑和最小干预原则，在确保结构安全的情况下，未干预结构加固部分。

图15-19 集美农林学校修缮前
（图片来源：陈玥杉 摄）

图15-20 集美农林学校修缮后
（图片来源：关晓曦 摄）

建设单位：厦门市集美区人民政府侨英街道办事处
代建单位：厦门市集美建设发展有限公司
设计单位：华侨大学建筑设计院（泉州）有限责任公司
施工单位：江西九丰古建筑工程集团有限公司
监理单位：厦门惠和园林古建设计有限公司
编写人员：陈志宏、关晓曦、张家浩

十六　后垵红楼建筑保护修缮工程

一、建筑概况

（一）简介

后垵红楼位于福建省厦门市集美区侨英街道东安社区后垵二里139号，建于1933年，由旅菲华侨张水曲投资兴建，是集美区不可移动文物。建筑在村中部偏南，楼体较高，极为显眼；院前是水泥村路，其西侧是乡村公路的主干道，西北侧不远是村菜市场，北侧是东安后垵二里28号传统古民居，南侧和东侧亦是古民居（图16-1）。

建筑坐东朝西，主体建筑为三层红砖洋楼，整体为中西合璧的建筑风格，平面布局呈长方形，建筑总面宽12m，通进深17m，占地面积约720m²。楼前为砖埕庭院，正中院门，院埕东、西两侧有后期加盖的小平房，庭院连建筑总面宽17m，通进深32m。主体建筑面阔3间，进深3间，由中厅及两侧各3间房间组成，正面前部为宽廊，中厅前部为"出规式"外廊，中部为红蓝白彩色水洗砂圆柱，两侧为方形砖柱；厅内设寿屏，屏后有水泥楼梯。首层和二层的布局基本相同，以闽南传统的"四房看厅"格局为原型衍化而来的"六房看厅"格局，二层在外廊处略有不同，左右两侧房间延伸至外廊处。三层略有变化，为"四房看厅"加前后廊的形式。屋顶有木构阁楼，阁楼屋面铺嘉庚瓦，屋顶平台四周环以西式栏杆，正面三角形花式山尖有灰塑装饰（图16-2、图16-3）。

后垵红楼以红色烟炙砖为主要材料，采用全顺砌法，主立面为彩色水洗砂圆柱外廊，绿色宝瓶栏杆。建筑外立面装饰重点在檐口下部的灰塑浮雕，整个建筑在艺术方面既展现了闽南传统工艺又融合了西方艺术手法，整体效果简洁大方。建筑为三层半砖木混合结构，竖向由砖墙和砖石柱承重，各层楼板和平屋面采用钢筋混凝土楼板，阁楼坡屋顶采用木梁架形式。

图16-1　后垵红楼区位图

图16-2　后垵红楼鸟瞰图

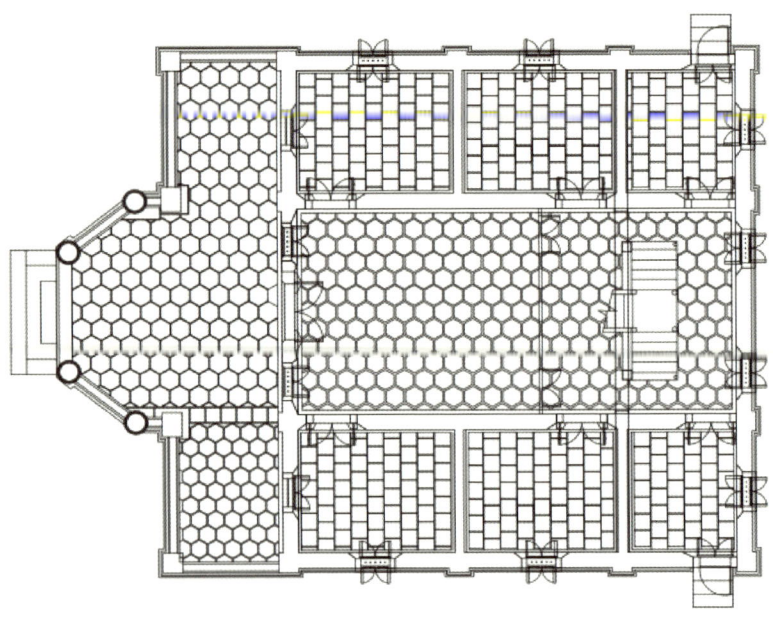

图 16-3　后坡红楼一层平面格局示意图

后坡红楼是典型的闽南近代红砖洋楼，是中西建筑文化融合的重要载体，与后坡村其他同时期洋楼建筑和传统民居共同反映了近代集美侨乡的建筑风貌。

（二）文物价值

1. 历史价值

后坡红楼具有较深厚的历史底蕴，其始建年代为1933年，为菲律宾华侨张水群及其后人居住地，至今已有近百年历史，见证了华侨的奋斗精神和家族变迁史，整体保护良好，样式为殖民地外廊风格。建筑平面布局以及门窗构件的样式做法等都体现了闽南近代华侨特有的居住方式和生活习惯，具有一定的历史价值。

2. 艺术价值

后坡红楼坐东朝西，主体建筑为红砖三层洋楼，平面布局呈长方形，南侧有一列附属用房，洋楼前有小庭院，西北角开院门，整体建筑由砖墙和砖柱承重，钢筋混凝土楼板。建筑外墙面主要采用清水烟炙砖。烟炙砖表面平滑细腻、不易风化、经久耐用。这种砖在土法堆码装窑烧制时，砖面未叠压的部分会因烟熏形成黑色斜纹，色彩变化自然且含蓄，是闽南传统建筑工艺的代表。建筑墙基采用花岗岩条石砌筑，工艺考究。混凝土立柱均为西式，檐口雕刻精美。整个建筑在艺术方面既展现了闽南传统工艺又融合了西方艺术手法，整体效果简洁大方。

3. 科学价值

后坡红楼自20世纪30年代建成至今已有近百年的历史，承载和见证了建筑本身近百年发展变迁的历史。建筑的完好保存展现了集美区侨英街道的风土人情。其木作、石雕、烟炙砖工艺都具有一定的典型性和代表性，可以为建筑史、传统营造技艺等多个领域研究提供案例。

二、建筑现状

后坡红楼是位于福建省厦门市集美区的一座具有独特历史和文化价值的建筑。这座建筑以其独特的红砖外墙和精美的西式建筑风格而闻名，成为了集美区乃至整个厦门市的标志性景点之一。

这座建筑不仅代表了当时华侨对家乡的投资和贡献，也展示了中西文化的交流与融合。红楼建筑风格独特，结合了中西方的建筑元素，既有中国传统的红砖外墙、雕刻精美的木门窗和独特的中式灰塑装饰，又有巴洛克式的山花、罗马柱和尖顶等建筑特色。

总体来说，后坡红楼作为集美区的历史文化遗产，不仅得到了充分的保护和利用，还为当地的文化发展和旅游产业做出了重要贡献。它不仅是集美区的一张文化名片，也是厦门市乃至福建省的一份宝贵文化遗产（图16-4、图16-5）。

近现代建筑

图 16-4　后坡红楼入口铭牌

图 16-5　社区活动

图 16-6　门楼正面

三、建筑艺术

（一）建筑门楼

院门采用一字形门牌式门楼的样式，主要由门头、立柱、门三部分组成。门头三角形山花正、背两面雕饰有卷曲西洋花卉，中心嵌入中式"福""禄"二字，门头上部立有西式宝瓶和石雕；门楼立柱采用复合柱样式，即外墙端柱与内侧柱共用柱基构件，造型的整体性较强，墙端柱体量较大，内侧柱体量较小，二者主从关系明显（图 16-6）。

（二）建筑柱式

建筑正立面外廊出规部分由立柱西式水洗砂柱圆柱支撑，柱身平整的细白砂粒和贝壳展现出质朴、素雅的外观特质。其中一、二层外廊出规前部水洗砂柱柱身有石刻楹联，体现了中西混搭的典雅趣味（图 16-7）。

图 16-7　一层水洗砂圆柱

（三）建筑灰塑

建筑采用大量灰塑装饰。

建筑的外立面装饰着西式风格的壁柱，柱头的样式独特，灰塑的题材丰富多样。柱身选用闽南地区常见的烟炙砖作为主要的建筑材料，在砌筑方式上，采用了全顺砌的做法。这种设计巧妙地融合了中西建筑风格的元素（图 16-8）。

屋顶山花形女儿墙饰有灰塑的狮子、翔鹰、兽首及卷曲花卉和"1933"字样，其中 1933 寓意建筑建造年份（图 16-9）。

檐口下横梁装饰着大量中、西式的人物、动物、花鸟等五彩灰塑图案，内容丰富多样，既有群仙骑瑞兽和各种奇花异兽的形象，也有横挎武装带、绑腿、腰插匣子枪的全副武装的军人形象等，灰塑装饰栩栩如生，主题鲜明且丰富多彩（图 16-10）。

建筑的大花灯座以精致的灰塑艺术作为装饰核心，巧妙融入西式的装饰风格，其设计以简约而优雅的几何形状为框架，再点缀以卷曲的花草图案，两者相辅相成，共同构成了绚丽多姿的装饰效果，不仅提升了整体空间的艺术氛围，也彰显出独特的美学韵味（图 16-11）。

（四）建筑门窗

该建筑的一、二、三层外廊大门，其装饰风格独特地融合了中西元素。大门采用西式的拱形门框，展现出一种典雅与庄

图 16-8　建筑柱头装饰

图 16-9　女儿墙式山花图示

图 16-10　装饰梁图示

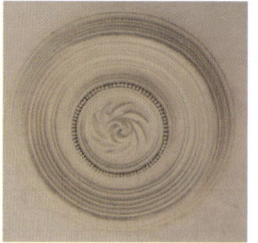

图 16-11　天花图示

重；同时，又配以中式的匾额。牌匾嵌入了"清河"二字，暗示着房主的姓氏；"儒林"则寓意着这里是儒家学者的聚集地，充满了学术气息；"诒谋燕翼"则寄托着对子孙后代的深厚期望。这样的装饰风格，既体现了中西文化的交流与融合，又蕴含了深厚的文化内涵和家族情感（图16-12）。

建筑的立面窗扇装饰蓝色的百叶窗，巧妙地融入了中式建筑的特色。室内窗扇装饰着大量的镂空花纹，不仅增添了空间的层次感，还使得光线透过窗户时形成美丽的光影效果。部分窗棂更是以铁作枝蔓状的卷曲花样，既起到了防盗的作用，又兼顾了美观性（图16-13）。

四、案例亮点

（一）周边历史环境修复

本次对于周边环境的修复主要包括庭院、围墙、门楼等。经过现场勘察发现，建筑周边环境存在不同程度损坏，如庭院植被众多，杂草丛生，地面铺装受损严重；庭院存在后期加建钢棚、砖房，严重破坏庭院历史完整性；门楼混凝土柱础有污损、墙面抹灰层破损、檐口渗水发霉、金属镂花大门锈蚀等问题。

修复设计方法即清除杂草，整顿院落绿化，重新设计地面铺装；清理门楼砼柱础污渍和墙面破损抹灰层，原式样重新粉刷；清理檐口生物繁衍；清理金属镂花大门锈蚀，原式样重新粉刷（图16-14）。

图 16-12　后坡红楼各层大门图示

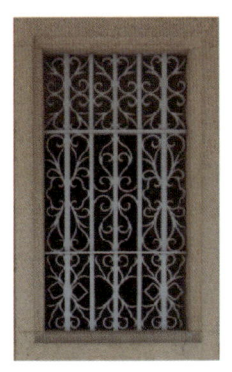

图 16-13　窗构件图示

图 16-14　周边环境修复前后对比

(二) 文物建筑本体修缮

本次修缮以相关史料、实物、照片所证实的精确外观为副本，作为修缮设计的基础，最大限度地保存原有的历史材料，不破坏建筑物原有的易于识别的特征。尽可能修复而不是替换已损坏的建筑外观构件，替换构件在材料、样式、色彩须与原有一致。

1. 门窗修缮

经过对建筑的门窗现状进行勘察，建筑的门窗普遍存在脱漆和破损的情况，五金配件，如门锁、合页等，也受到了不同程度的腐蚀；三层后廊与屋顶阁楼门已被替换为铁门；三层后廊的部分门窗存在外窗扇缺失问题。对于以上现状问题，建筑门窗修缮依据原有的保存完好的门窗，原样式、原材料更换或修复门窗构件（图16-15）。

2. 楼地面及天花修缮

本次修缮对于现状出现抹灰脱落、钢筋裸露、渗水发霉等现象的天花进行清理，清理渗水发霉的天花抹灰层；并对因长期使用而出现磨损的木地板进行养护修理。修缮采用传统工艺，材质、规格、色彩同原建筑（图16-16、图16-17）。

3. 墙面修缮

本次修缮对砖墙墙面修复时采用原有工艺，砖的规格、颜色的选用和比例同原建筑，采用水泥砂浆或混合砂浆勾缝，砂浆颜色、缝宽、凹凸同原建筑。墙面抹灰剥落或霉变部位，先清理再重新粉刷，尽量减少对原有墙体破坏，铲除原墙体抹灰层，抹灰颜色、质感同原建筑。根据对建筑相关历史信息的对比分析，核实建筑原有平面格局；拆除后期加建墙体和现代地砖等；修复破损、玷污墙面；恢复外廊原有铺砖样

图16-15 窗棂修缮前后对比

图16-16 天花灯座修缮前后图示　图16-17 天花灯座修缮过程

图 16-18　墙面抹灰修复过程（一）　　图 16-19　墙面抹灰修复过程（二）

式。对墙柱体进行检测及加固，原有样式、材料替换及修复构件（图 16-18、图 16-19）。

4. 灰塑修缮

通过对建筑现状勘察，该建筑在平梁、柱、檐口等部位采用闽南传统建筑中的灰塑装饰做法。灰塑装饰空鼓脱落，表面有大量污渍。对其修缮方法为：以人工清理方法为主，辅以物理、化学手法；微生物清洗局部可采用除癣灵和克霉刚等低毒环保药剂处理。生物清洗使用活性酶，化学清洗采用中性或弱碱性清洗剂清洗，物理法采用毛刷清洗，局部特殊部位可采用泥敷法。

在破损处采集灰塑样本，确定水洗砂配比，根据原有配比调制水洗砂，并试做样品与现场原灰塑对比清理墙面基层；喷湿墙面；采用 12mm 厚 1∶3 水泥砂浆打底扫毛或刻出纹道；刷素水泥砂浆 1 道；依据历史原状复原灰塑面层；使用海绵擦洗，洗掉面层水泥砂浆露出砂砾（牡蛎壳等）；空鼓严重处需新作的，应首先利用铲除下的完整片状水洗壳饰面，将其回贴使用（图 16-20）。

5. 屋面修缮

本次对于屋面的修缮根据现场勘察，屋面具有栏杆灰塑破损缺失，瓦片污损、破损，部分红砖破损，部分红砖缺失，

图 16-20　工人清洗灰塑

缺失处涂抹混凝土等问题。对于破损、缺失的灰塑、红砖、瓦片进行替换；清理混凝土涂抹，依据原样式重新铺贴红砖（图16-21、图16-22）。

图 16-21　屋顶入口修缮对比

图 16-22　屋面修缮后

五、遗产数字化管理实践

闽南地区的建筑装饰方式主要包括木雕、石雕、泥塑、剪瓷雕和彩绘，这些装饰主要通过二维立面表达装饰的图案、颜色、装饰现状并以三维立体表达装饰样式。而 HBIM 技术中的图像链接和点云附着模型，能够精确地记录将以上历史建筑装饰的信息。这不仅能够直观地展现装饰构件的现状，还能有效防止装饰构件因自然环境和人为因素导致的变色、开裂、腐朽等病害，而导致建筑装饰构件艺术价值受到破坏。

通过研究遗产数字化管理在后垵红楼建筑的实践，对闽南侨乡近代建筑装饰构件的信息管理和装饰信息库的构建具有基础性价值。

首先对后垵红楼进行实地调研，统计建筑装饰样式、装饰类型等，并利用三维激光扫描仪、手持扫描仪和相机对建筑装饰样式进行信息采集，作为建立 HBIM 模型的基础（图16-23）。通过以上获取的数据信息，分别构建建筑结构族、建筑装饰族，继而构建后垵红楼 HBIM 模型。

基于类型学的装饰构件梳理，设计采用了"类别-族-装饰构件"的三级归类法，对后垵红楼的装饰构件进行了信息归类和整理。装饰构件信息管理将红楼的族库分为柱、梁、墙、天花板、门、窗、细节装饰族，共七类。

为了便于后期的装饰构件信息统计、装饰信息检索和装饰归档，应对红楼建筑中丰富的装饰构件样式进行编号。研究将构件的命名形式定为"汉文拼音首字母的缩写 + 装饰构件

图 16-23　后垵红楼点云模型

组件的流水编号 + 建筑层数的流水编号"的方式。以 Z1 为例，其名称为"柱 – 水洗砂圆柱 – 柱头 01+ 柱身 01+ 柱基 01-1"，对应的编码则"Z-SXY-ZT01+ZS01+ZJ01-1"（图 16-24）。

最后在 HBIM 模型中以类别为单位，通过链接形式进行装饰图像信息管理（图 16-25），并通过在模型中点云贴图记录装饰的三维信息、色彩信息等。

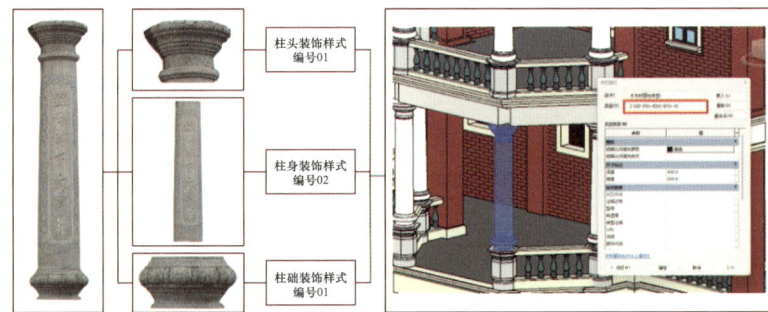

图 16-24　装饰构件样式编号程序

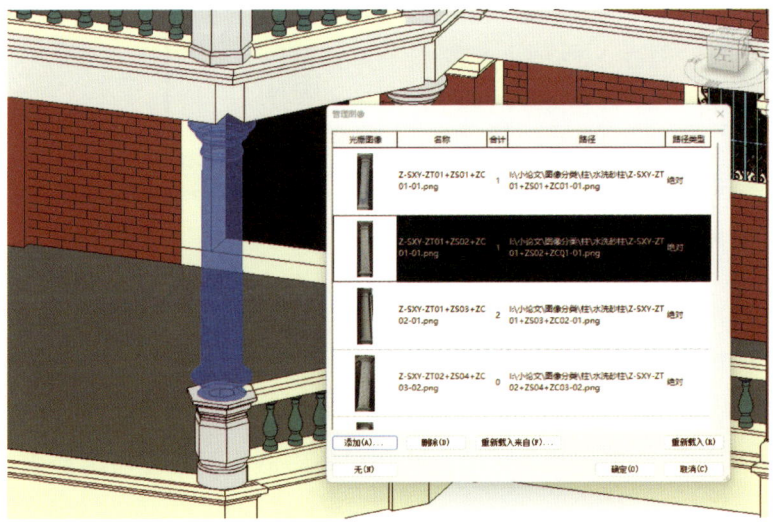

图 16-25　装饰图像链接

六、总结

后坡红楼具有重要的历史、文化和艺术价值。它是厦门市集美区侨英街道东安社区的重要文化遗产之一，也是厦门市乃至福建省的文化遗产之一。该建筑不仅见证了厦门市的历史变迁和文化发展，也反映了近代华侨的生活状况以及所建建筑的建筑风格。它是中西文化交融的代表作品之一，也是中国传统建筑与西方现代建筑艺术的融合之作。

我们应该加强对该地区的保护和活化工作，让这一重要的文化遗产得到更好的传承和发展。

建设单位：厦门市集美区人民政府侨英街道办事处
代建单位：厦门市集美建设发展有限公司
设计单位：华侨大学建筑设计院（泉州）有限责任公司
施工单位：厦门清亚丽建设工程有限公司
监理单位：厦门惠和园林古建设计有限公司
编写人员：张家浩、张炜鑫

十七　翔安区原金门县政府旧址之盐兵楼修缮工程

一、概述

（一）盐兵楼概况

1. 简介

盐兵楼位于福建省厦门市翔安区大嶝街道办事处田墘社区田墘村北里159号，2009年福建省人民政府公布其为第七批省级文物保护单位。该楼始建于民国初期（约1920年），距今已超过一百年。盐兵楼为中西合璧的两层外廊式建筑，坐北朝南。面阔三间10.6m，进深7.3m，占地面积260m²，建筑面积154.76m²，外廊式建筑，共两层（图17-1）。

2. 历史沿革

1937年10月，日本侵略军占领金门岛。1938年初，金门县政府迁移至大嶝岛，借用民居办公，直至抗战胜利后迁回金门岛。当时的金门县政府旧址包括金门县政府总部、文书房、保安队、会议室、盐兵楼、国民党县

图17-1　盐兵楼正立面（资料来源：厦门翰林文博建筑设计院有限公司）

党部、县党部书记处共7处12栋建筑，是两岸同胞共同抗日的重要史迹，盐兵楼作为金门县政府保安队办公场地使用。

盐兵楼始建于民国初期（约1920年），大嶝岛曾是翔安区乃至厦门市重要产盐地区，因盐的重要性，为保证安全防止骚乱，当时的国民政府派兵驻守在盐场旁边，该楼原为盐务人员使用。

1937年10月26日，日军占领金门岛，金门县县长邝汉率县府人员及岛上居民共计2000余人，渡海撤退至同安澳头。同年12月，福建省政府令金门县政府迁往大嶝岛办公，以就近协助国民党军75师和80师，共谋反攻金门事宜。于是，金门县政府选定田墘村为县政府办公地，并于当年年底全面迁驻田墘村。直至1945年10月，日本侵略军无条件投降后，金门县政府重新迁回金门岛办公。抗日战争期间，盐兵撤离，将该建筑让给县政府保安队使用。

抗战结束后，大嶝岛的盐兵回迁在此居住，直至 1949 年以后，该建筑逐渐无人居住、荒废，建筑残损严重。

2012 年 10 月 14 日，盐兵楼屋顶由于年久失修，第二层外廊屋面倒塌。

（二）文物价值

1. 历史价值

盐兵楼始建于民国初期（约 1920 年），建筑已历经百年风雨，历史悠久。

盐兵楼所处的大嶝岛，自古以来是厦门的大型盐场所在地，可追溯至唐代。当时同安（大嶝原属同安）田少海多，产盐成了沿海居民重要的生活来源。厦门的盐文化和金门有着深远的渊源。清代时，厦门曾设立盐大使，作为主管厦门、金门盐业的专职官员。民国初年，曾经在大嶝驻守盐兵，盐兵居住的建筑即盐兵楼。

金门县政府各机关迁到田墘村后，当地村民积极将自家空房无偿提供给政府各部门使用，盐兵楼移交县政府保安队使用。为修建防御工事，村民还纷纷给驻军捐献各种木石材料，有的甚至将自家木门也捐献出来。正是在人民群众的积极支持和帮助下，金门岛虽然沦陷了，但金门县政府仍得以存在并且继续有效行使行政职能，领导金门人民进行顽强抗战。在抗战的 14 年时间里，先后有 9 名金门县县长在大嶝岛上履职。

1938 年 3 月，日军在金门官澳、马山设置军营，安置巨炮，不分昼夜炮击大、小嶝岛。日军还多次派遣飞机狂轰滥炸，并以机枪扫射，无辜村民死伤无数，惨不忍睹。同年 5 月厦门岛沦陷，大嶝岛更为危急。6 月，金门县县长韩延爽建议将金门县政府及大、小嶝岛居民迁到南安、同安，福建省政府同意金门县政府内迁，但民众宁愿饿死、战死，也要与大嶝共存亡。

7 月 4 日，福建省政府任命南安县长颜德桂兼任金门县长，同时在田墘村设金门县政府办事处，任命梅鄂为办事处主任。9 月，金门县政府大嶝办事处为适应守卫国土、坚持抗日的需要，命令大嶝凡年满 18 岁以上、45 岁以下男子都要参加自卫组织。县政府还发动民众挖防御工事，以避日军的伤害。他们白天隐蔽，晚上耕作，誓死坚持抗战到底。

1939 年 4 月，活动于金门、泉州、厦门沿海地区的抗日青年在田墘村组织起"金门复土救乡团抗日敢死队"，团长和副团长分别由金门的青年许铁坚和陈天伦担任。4 月 20 日，敢死队一行 40 人夜袭金门，斩杀日寇 20 多人，缴获日军机枪 2 挺、步枪 16 支等，成为轰动一时的新闻。1940 年至 1944 年，敢死队又多次从大嶝岛渡海突袭金门沙美伪区公所、琼林伪派出所和金门西园盐场日籍技师等，使驻金日军惶惶不可终日。

盐兵楼建成历史悠久，见证了厦门盐业的发展，亦是两岸同胞团结一心、共同抗日的重要历史见证，具有重要历史价值。

2. 艺术价值

盐兵楼具有独特的中西结合建筑形式，栏杆、楼牌、山花、窗楣、叠涩线条等装饰细腻、丰富，体现了当时工匠的水平，亦代表了当时该地区高超的艺术水准，具有较高的艺术价值。

3. 科学价值

盐兵楼在秉承闽南传统建筑元素的同时，还融合了欧式建筑的元素，建筑结构坚固，布局合理，具备出色的防风、防水能力，是闽南近代建筑中西融合番仔楼的典型代表，其中的建筑结构营造体系、工艺和技术具有较高的科学价值。

4. 社会价值

盐兵楼作为福建省省级文物保护单位——原金门县政府旧址的其中一栋，作为两岸同胞团结一心、共同抗日的重要见证和抗战文化保存完整的建筑之一，蕴含着丰富的文化内涵。盐兵楼因其具有的抗战历史，是良好的爱国主义教育的实例参观场所，且在翔安区知名度较高，具有较好的旅游发展前景，具有较高的社会价值。

二、盐兵楼的建筑特色

（一）平面格局

盐兵楼为中西合璧的两层外廊式风格建筑，中轴对称，建筑由前埕、正厅、东厢房、西厢房和廊道组成，一、二层平面布局相同（图17-2、图17-3）。

（二）地面

前埕：地面采用花岗岩条石铺作，前埕排水由西北向东南方向，经前埕周边暗沟排出。

室内：一层地面为素土基层，明间为斗底砖（350mm×350mm×30mm）斜铺，左、右次间为斗底砖（350mm×350mm×30mm）十字缝铺砌；二层地面为木楼楞上铺木楼板基层，木楼板上铺3:7灰土，明间地面为斗底砖（350mm×350mm×30mm）斜铺，左、右次间为斗底砖（350mm×350mm×30mm）错缝铺砌。

廊道：一、二层地面为斗底砖（350mm×350mm×30mm）十字缝铺砌。

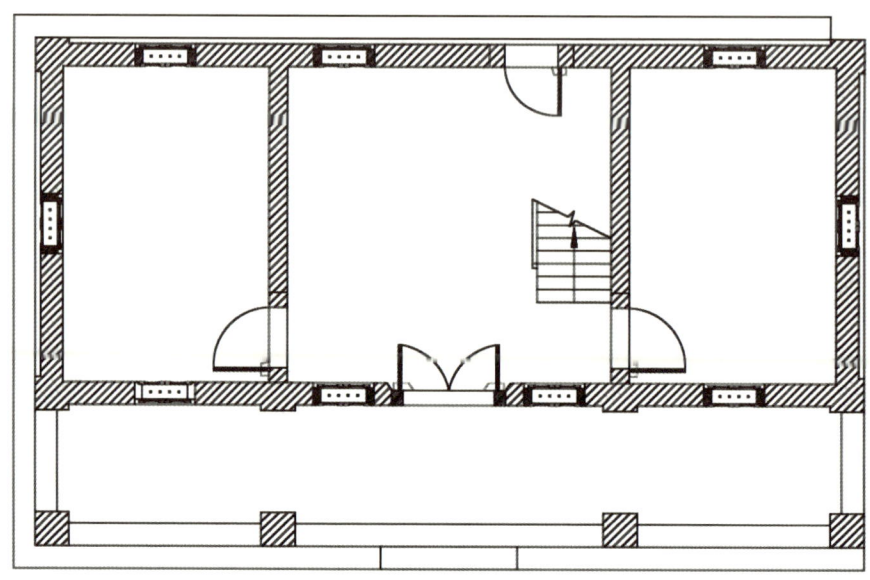

图17-2 盐兵楼一层平面图（资料来源：厦门翰林文博建筑设计院有限公司）

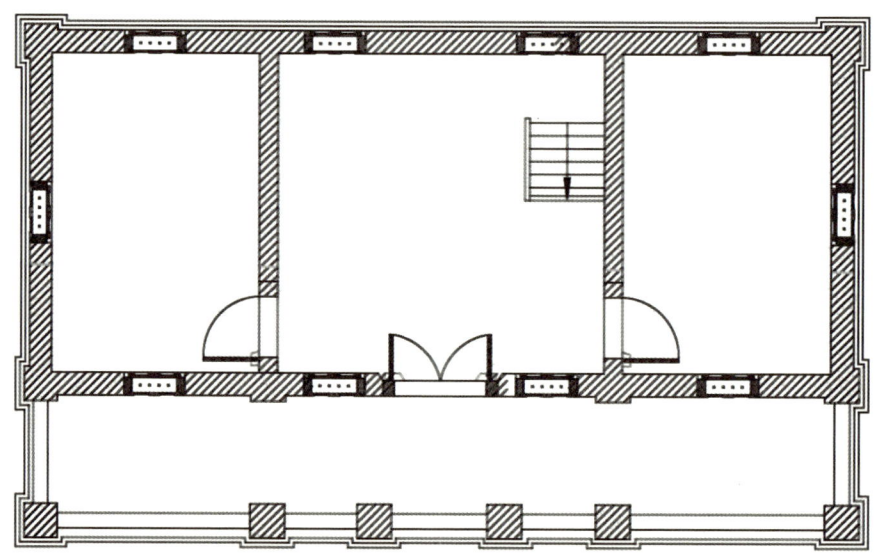

图17-3 盐兵楼二层平面图（资料来源：厦门翰林文博建筑设计院有限公司）

（三）墙体

红砖砌筑墙体，下部为花岗岩条石墙裙，墙裙上方为壳灰砂浆墙面装饰，外墙层间线条为砖砌叠涩线条，内墙一层底部有300mm高花岗岩踢脚线，其余为壳灰砂浆墙面装饰。

（四）大木构架

主体建筑屋顶构架为搁檩造，即檩条直接放置于墙上，无穿枋及梁架承重，其中脊檩直径最大为 200mm，其余檩条直径较小，为 150mm。

二层楼面为木楼楞承重，直径为 150mm，上部铺设木楼板、斗底砖（图 17-4）。

（五）屋面

明间及次间屋面为硬山顶屋面，板瓦仰合屋面，檩条上铺椽板，规格 100mm×25mm×200mm，椽板上铺望砖 235mm×150mm×10mm，望砖上施仰瓦及俯瓦 250mm×235mm×8mm，按搭七留三铺设。屋脊为闽南传统砖砌屋脊，上置压顶红砖。

走廊屋面为平屋面，平屋面构造为：木楼楞上铺设 30mm 厚杉木楼板，木楼板上坐浆铺斗底砖 350mm×350mm×30mm（图 17-5）。

（六）装饰装修

盐兵楼一层砖柱均为水刷石饰面，一、二层墙面间设有红砖叠涩线脚。二层外廊砖柱为清水烟炙砖砖柱，外廊设有多个拱券做装饰，砖柱间设有石质栏杆扶手和绿色宝瓶。

门：门扇均为板门，一层正门为双层门，外层为可通风半通透的"六离门"，内层为板门。

窗：窗扇均为双层，窗框材质为花岗岩石材，内外窗扇均为杉木板窗，背立面窗扇还设有窗楣线条，砖墙叠涩、壳灰砂浆面层。

山花：两侧山墙顶部均有山花灰塑，以花鸟为主题，如图 17-6 所示。

牌楼：正面平屋顶位置有一砖砌牌楼，壳灰砂浆面层，中部有灰塑材质的"仰之弥高"四字匾额，两侧为飞马主题（图 17-7）。

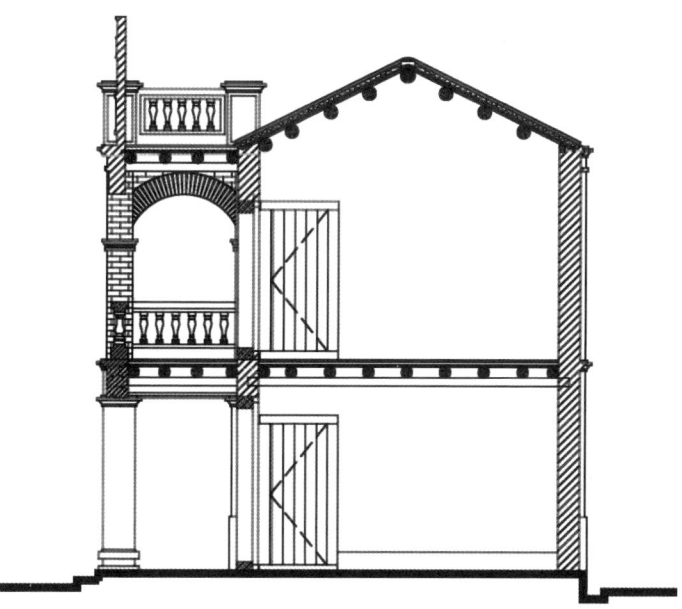

图 17-4 盐兵楼各层构造图（资料来源：厦门翰林文博建筑设计院有限公司）

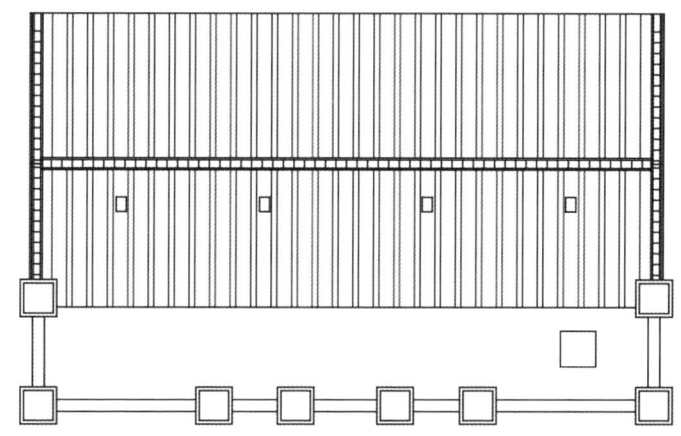

图 17-5 盐兵楼屋顶俯视图（资料来源：厦门翰林文博建筑设计院有限公司）

图 17-6 盐兵楼山墙山花灰塑（资料来源：厦门翰林文博建筑设计院有限公司）

图 17-7 牌楼（资料来源：厦门翰林文博建筑设计院有限公司）

图 17-8 盐兵楼设计进场时照片（图片来源：厦门翰林文博建筑设计院有限公司）

图 17-9 钢筋锈胀，楼楞糟朽，木楼板糟朽、缺失（图片来源：厦门翰林文博建筑设计院有限公司）

图 17-10 屋面漏雨，橡板、檩条糟朽，望砖酥碱（图片来源：厦门翰林文博建筑设计院有限公司）

三、盐兵楼修缮工程

（一）文物本体残损现状

因荒废空置多年，盐兵楼存在严重安全隐患，存在外廊坍塌、屋面破损、漏雨等问题（图17-8～图17-10），具体残损如下。

平面格局：二层外廊及屋顶平屋面处坍塌。

地面、楼面：前埕条石地面无存，杂草丛生，堆积大量杂物和垃圾；一、二层斗底砖地面破损、碎裂严重；屋顶平屋面坍塌，斗底砖地面无存。

墙体：二层正立面墙体外倾；一、二层墙体抹灰空鼓、开裂严重；二层外廊坍塌；部分门洞封堵；外廊水刷石面层开裂。

柱：二层外廊砖柱坍塌无存。

结构：大部分檩条因屋面漏雨而严重糟朽；大部分楼楞因漏雨而严重糟朽；屋顶平屋面坍塌；一层西侧外廊混凝土梁钢筋锈蚀严重，混凝土强度明显下降。

屋顶：外廊平屋面坍塌无存；坡屋面瓦件、望砖、橡板均糟朽严重；正脊、垂脊均有不同程度破损、缺失。

装饰装修：部分门扇缺失、糟朽；部分窗扇缺失、糟朽；平屋顶牌楼和栏杆坍塌、无存；层间红砖叠涩线脚部分破损；室内木楼梯糟朽严重，栏杆扶手糟朽；外廊灰塑造型排水口缺失；窗楣抹灰脱落。

（二）修缮方案设计阶段

2020年7月，厦门翰林文博建筑设计院有限公司承接"金门县政府旧址之盐兵楼修缮工程"的设计工作。在建设单位和盐兵楼的产权人的大力支持下，厦门翰林文博建筑设计院有限公司通过对现场的详细勘察，详尽地调取相关历史资料（图17-11～图17-13），与产权人及了解此建筑的相关单位和个人进行了详细的访谈，辅之盐兵楼结构安全性评估报告以及其他材料，明确盐兵楼修缮工程的范围为文物建筑本体及其周边环境，修缮内容包括墙体维修加固工程、正立面外廊复原工程、屋面揭瓦维修工程、木构架维修加固工程、地面工程、建筑周边排水疏导工程等，在设计方案中对本工程所采用的工艺、材料以及维修方法做出了详细要求。2021年6月，厦门翰林文博建筑设计院有限公司完成了"金门县政府旧址之盐兵楼修缮工程"的设计工作并顺利通过福建省文物局的相关审查。

图 17-12　2012年前盐兵楼

图 17-13　2012年9月盐兵楼

图 17-11　2009年外廊未坍塌时拍摄照片

（三）修缮工程施工阶段

在"金门县政府旧址之盐兵楼修缮工程"的设计方案顺利过审后，建设单位（厦门市翔安区人民政府大嶝街道办事处）先后明确了代建单位（厦门翔安新区发展有限公司）、施工单位（北京市文物古建工程公司）、监理单位（福建宏业建设监理有限公司）。

盐兵楼修缮工程于 2021 年 11 月 7 日开工，于 2021 年 12 月 31 日竣工，施工单位严格按照设计要求施工，修缮遵循从上至下、由内到外、先结构后装饰的原则，合理确定施工工序，贯彻落实不改变文物原状的方针。在各方的通力合作下，金门县政府旧址之盐兵楼修缮工程于 2023 年 12 月 20 日顺利通过福建省文物局的竣工验收（图 17-14、图 17-15）。

图 17-14　盐兵楼修缮前（图片来源：厦门翰林文博建筑设计院有限公司）

图 17-15　盐兵楼修缮后（图片来源：厦门翰林文博建筑设计院有限公司）

四、文物建筑的活化利用

盐兵楼作为金门县政府保安队的办公场所，是金门县政府旧址的重要组成部分，见证了金门岛沦陷后金门县政府在大嶝岛办公的历史，也见证了两岸同胞团结一心、共同抗日的历史进程，具有一定的历史价值和社会价值。

民国初年大嶝岛作为厦门盐场之一，盐兵楼为盐兵居住场所，见证了厦门盐业的发展，具有一定的历史价值。

综上所述，在各方的通力合作下，盐兵楼重新焕发了光彩，可以在未来的历史长河中继续书写新的传奇。据悉，在遵循最小干预原则的条件下，相关部门拟对盐兵楼进行活化利用，主要为展陈类，展陈内容为两岸同胞共同抗日主题、爱国主义主题教育主题、厦门盐业发展史等。

建设单位：厦门市翔安区人民政府大嶝街道办事处
代建单位：厦门翔安新区发展有限公司
设计单位：厦门翰林文博建筑设计院有限公司
施工单位：北京市文物古建工程公司
监理单位：福建宏业建设监理有限公司
编写人员：喻婷、王政

十八　鼓浪屿廖家别墅（漳州路44号）保护修缮工程

一、历史背景

（一）项目背景

廖家别墅（简称"廖宅"）位于厦门市思明区漳州路，包括漳州路44号、48号两座建筑单体及其院落，是目前鼓浪屿岛上保存较完整的一组19世纪末20世纪初华侨家族居住使用的洋楼建筑。漳州路44号、48号分别被列为鼓浪屿第一、第二批重点保护历史风貌建筑；2017年鼓浪屿成功列入世界文化遗产名录，漳州路44号也列入了遗产核心要素之一；2019年"廖家别墅（林语堂旧居）"整体公布为第八批全国重点文物保护单位，归并入第六批"鼓浪屿近代建筑群"。

漳州路44号建筑曾在1959年的台风中受损，导致屋顶毁坏严重且前落二层墙体坍塌，当时的主人对其进行了修复和改造，使建筑正立面变成了一个三角山花朝向正面的歇山双坡屋面形象。后因常年缺乏维护，再加近年闲置，已产生严重的结构安全隐患。结合遗产地保护管理规划要求，保护修缮工程对建筑本体进行了维修加固及原貌恢复。

（二）历史沿革

根据历史地图、照片、文字资料和廖家后人记述推测，廖氏家族在印度尼西亚发家致富后，二子廖悦发衣锦还乡，于19世纪和20世纪之交在鼓浪屿东山顶购地建宅，包括漳州路44号、46号、48号三栋建筑（46号建设时期稍晚）。漳州路44号是廖宅主楼，其后部中间为小花圃，两旁为与主楼相连的两层附楼。主楼前的花园正中有八角鱼池，院内有水井一口。因重视教育，家族三房子女人才辈出，漳州路44号因曾作为二房次女廖翠凤与文学大家林语堂在1919年结婚时的婚房而著名。

1934年至中华人民共和国成立前，廖家在印度尼西亚的产业生变，逐步变卖了主楼前的部分花园用地和46号。

1959年，漳州路44号楼前部屋顶在台风中受损；后期又被拆去二层。回廊也在后续使用中逐渐被封闭作为厨房，隔潮层内也变为房间，有多户居住。

2008年，廖宅（漳州路44号、48号）变卖易主。

二、建筑特征

廖宅漳州路44号坐东朝西，建筑形式采用了当时流行的外廊样式，纵深方向沿台地上升、采用砖木混合结构。主体为地上两层，隔潮层和首层为半圆拱券外廊，二层采用平拱、设编木板条窗。屋面做法结合了传统木结构建筑的勾连搭做法，形成前、后两落歇山顶。

（一）平面特征

廖宅漳州路44号建筑平面布局虽为当时开埠城市流行的外廊样式，但是在内部空间的营造上，进行了本地化改良，布局讲究中轴对称、在轴线上安排最重要的厅堂，这在洋人建造的外廊建筑上未曾有之。随着20世纪20至30年代鼓浪屿华人洋楼建设达到高峰，发展出注重现代装饰表现与民族性、地方性结合的独特外廊建筑风格，被称为厦门装饰风格（Amoy Deco）。很多闽南地方风格元素亦被不断融合其中（图18-1）。

（二）建筑艺术特征

1. 墙体

主立面整体由砖砌筑，以抹灰做出仿西式石材建筑的叠涩线脚，通过墙体凹凸变化，突出了柱廊和拱券的构图要素（图18-2）。墙面抹灰采用闽南传统蛎壳灰，该灰古称"蜃灰"，为蛎壳、蚌壳等烧制而成的白灰，明清时期便广为使用。

2. 装饰装修

建筑的装饰装修融合了近代西洋样式和闽南传统元素，中西结合且地方特色鲜明。

门窗整体为近代西洋风格，立面拱形构图延伸至室内，裙板以上玻璃部分划分为方格，细部使用西式线脚，靠室外侧还会设置防雨木百叶；部分门窗编木板条、门槛上覆以竹片拼接的图样，具有鲜明的地方特色，形式语言丰富多元（图18-3）。由于家族婚丧嫁娶、分房换房等活动频繁，现存门窗构件表面漆色不一，有蓝、绿、棕、白等色，通过局部打磨露出底色，发现多为棕色（外百叶门、入口大门等），也有少量绿色、蓝色底漆，偶见于室内房间门（图18-4）。

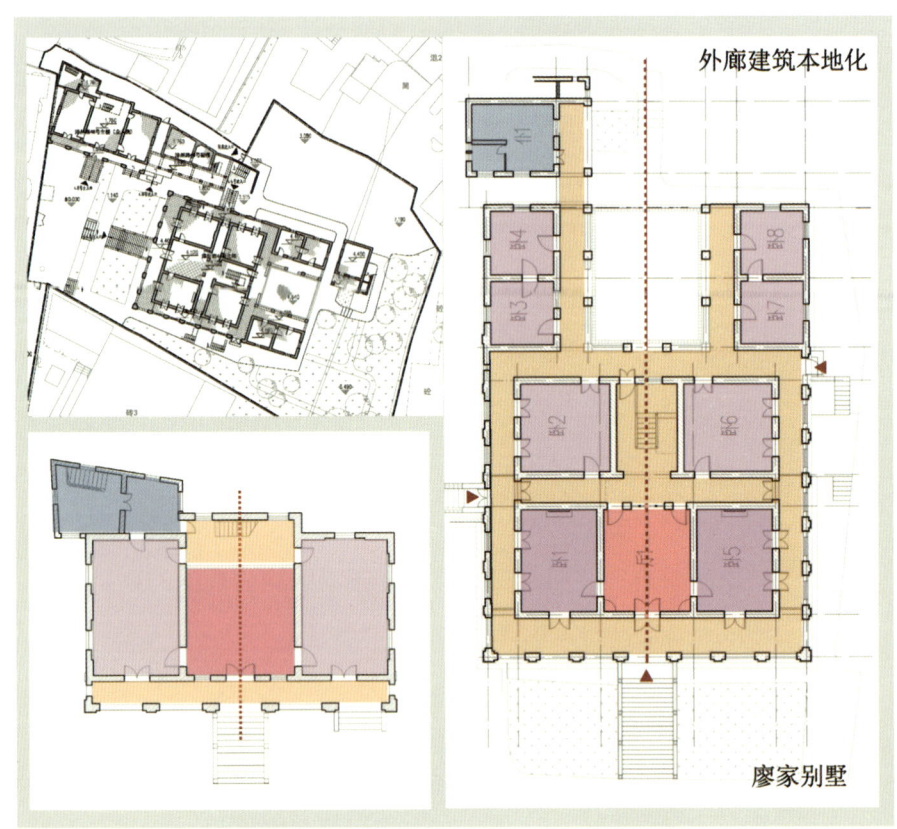

（a）廖宅平面布局

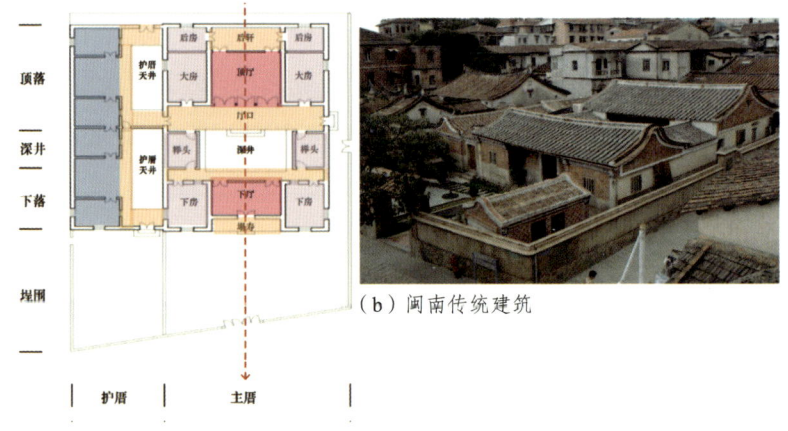

（b）闽南传统建筑

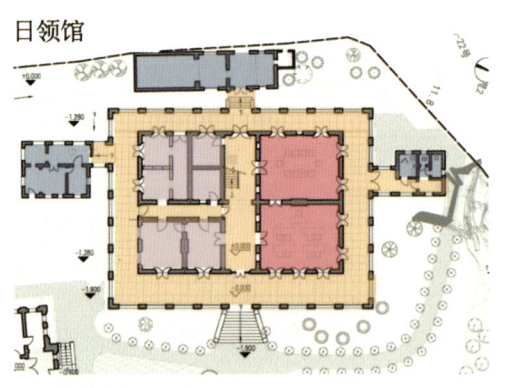

（c）典型外廊式建筑平面

图18-1 廖宅平面布局与闽南传统建筑和典型外廊式建筑的对比

近现代建筑

   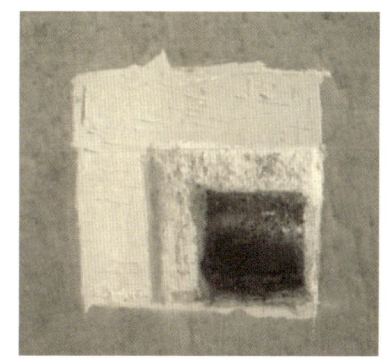

图 18-2　廖宅 44 号典型墙面

 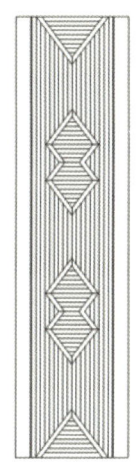  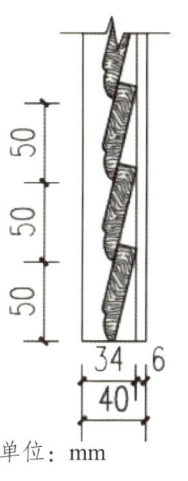 

（a）典型外门　　　　　　　（b）包竹门槛　　　　（c）典型外窗　　　　（d）窗扇百叶　　　　（e）木编条窗

图 18-3　廖宅漳州路 44 号典型门窗装修示意

   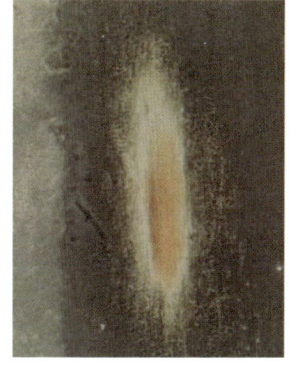 

（a）第一层西入口大门　　（b）第一层北侧外廊门　　（c）第一层南侧外廊门　　（d）第一层东侧出口门　　（e）第一层东侧外百叶

图 18-4　廖宅漳州路 44 号门窗漆层勘察情况

外廊局部保存有木板条斜编天花吊顶，分上、下两层，相互交错。一层室内木吊顶为板条压缝做法，板条宽约165mm，压缝条宽约40mm，四角设有400mm×400mm三角镂空花格通风孔；二层室内吊顶为板条抹灰样式。吊顶灯座为木雕莲花造型，下方有铁钩，应为挂油灯之用（图18-5）。

三、价值阐释

廖宅的建设年代正值驻岛华人参与建设高潮之初，是早期华侨外廊洋楼建筑的代表。地理位置上，廖宅坐落于华洋社区交界地带，是鼓浪屿形成、发展比较早的一个街区。19世纪后半叶，西方人在这里整备了道路，建起了协和礼拜堂、英国领事馆、日本领事馆和联合俱乐部等重要建筑。华侨富商进入这个街区投资地产，建造了黄荣远堂与海天堂构等大型华侨家族宅园。廖氏家族是第一批在鼓浪屿上参与建设的华人家族，家主廖悦发为福建龙溪人，海外经商的经历使其在秉承传统文化观念的同时又深受西方文化影响。

廖宅漳州路44号及其院落作为鼓浪屿重要的遗产核心要素（图18-6），是鼓浪屿华人居住空间从闽南传统民居向别墅洋楼转换过程中的重要实例，见证了在鼓浪屿近代发展中具有重要地位

（a）木编条吊顶

（b）镂花通风孔

（c）莲花灯座

图18-5　廖宅漳州路44号吊顶装修构件

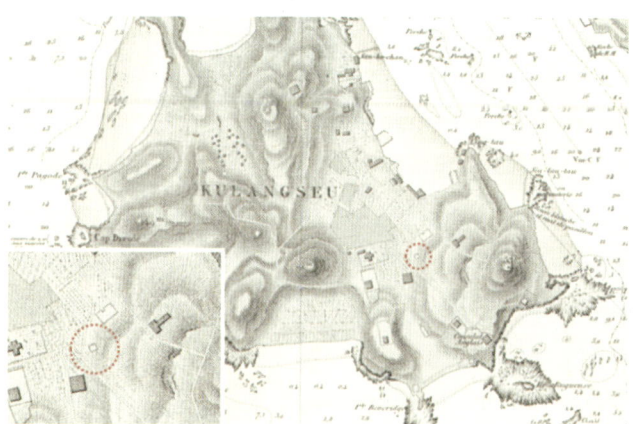

（a）1863年历史地图

（b）19世纪80年代爱德华兹拍摄的鼓浪屿全景（局部）

（c）拍摄时间不详（1903—1919年）

图18-6　廖宅漳州路44号在鼓浪屿岛上的方位

的廖氏家族生活发展的历程和当时社区的社会人文面貌，是体现鼓浪屿历史国际社区多元文化时期华侨家族兼容东西方文化特色的重要载体，也在时间和空间上标示了鼓浪屿洋、华发展建设历程的重要节点，对突出普遍价值标准Ⅱ有重要的支撑作用[1]。

四、修缮设计

（一）修缮目标及策略

1. 修缮目标

廖宅漳州路 44 号建筑现有屋面及屋架皆为后期更换，像是灾害受损后仓促搭建，前落现存体量与原两层造型完全不同，后落内部木结构支撑构件也非常混乱、不成体系。中部原应处于室内的前、后落间墙体长期暴露在外，漏雨且未得到有效防护，破损严重。根据遗产地保护管理规划要求，恢复原有外廊立面和门窗，即恢复缺失的二层，完善建筑原有防护体系以确保建筑安全，势在必行。

本次工程拟通过对廖宅漳州路 44 号建筑的恢复和修缮，排除安全隐患，保证建筑的安全、坚固与耐久。同时，尽可能全面准确地反映廖家这一典型华侨家族居住生活空间的历史原貌，体现外廊式建筑空间与华人家族生活方式最初的相互适应方式，通过其建筑形式、空间格局、细部做法等解读其文化内涵，即传统的中国家族接受西方的教育和文化后对中西文化的融合，又经过几代人的发展和演变，体现在生活场所上的生活方式、审美趣味等（图 18-7）。

2. 修缮策略

（1）对原貌的恢复。

①建筑主体形态和空间格局的恢复（包括建筑和院落）。

根据上位规划要求和综合价值判断，恢复倒塌的二层和屋面形态，建筑外观原貌特征判断主要依据老照片比对、家族成员回忆、岛上同时期同类型建筑遗存的材料工艺佐证、现场痕迹调查和电脑建模模拟（图 18-8）。

目前对于廖宅最为确切的外观资料是 1903 年拍摄的历史

图 18-7　廖宅漳州路 44 号历史照片和修缮前照片对比

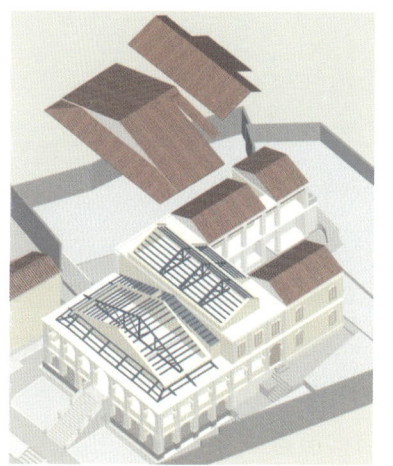
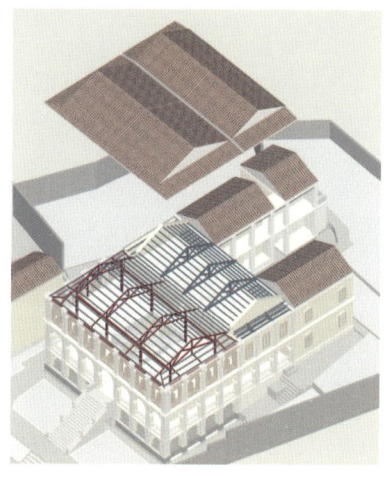

图 18-8　内部屋架修缮前、后模型对比示意图

照片，经过反复对比和讨论，设计方案拟结合结构加固措施，以钢筋混凝土和钢结构混合体系恢复前落建筑主体及屋架，并对后落木屋架进行整理，重做屋面，以尽可能接近始建时期的风貌。

②外观样式、风格细节的修复。

对现有遗存的窗户、百叶、门扇、门槛、楼梯、板条墙等，要求施工中严格遵循老构件的工艺修复或补配，新补配的构件，与老构件有一定可识别性，但不必追求强烈对比。一层厅堂三个拱形门洞原有木隔扇，现只一侧小门洞留存了仅剩裙板的门扇，根据廖氏后人提供的照片修复两侧拱形门扇并补配装饰花板，但中央已无残件的券洞装饰木板暂不做恢复。原二层正立面的柱头装饰细节，以一层现状留存的柱头为蓝本进行恢复；外廊的编木窗依据岛上同时期建筑留存的编木窗样式（主要参考安海路34号）以及东侧外廊现存残留构件的材质、尺寸进行恢复。

③对和生活方式有关的一系列建筑室内外细节做法的修复。

根据历史照片中屋顶烟囱和现状平面情况，分析判断原有壁炉分布位置，对于现已不存者，在地面铺装上用不同材质或铺装暗示原有的壁炉位置。根据历史文献，院落内曾遍植树木花卉。现根据廖氏家族后人口述以及岛上常见植物种类，尽量恢复院落葱郁的原貌。对院落内近期拆毁的多边形鱼池，也根据廖氏家族后人回忆、老照片以及现场勘察痕迹恢复（图18-9）。

（a）历史照片

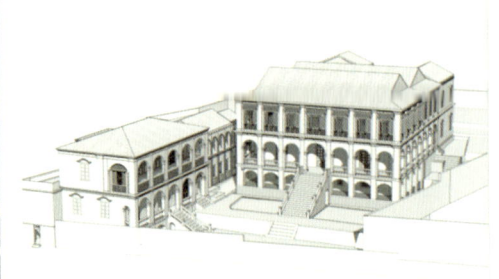
（b）形态模型（一）

（c）形态模型（二）　　（d）整理修缮改造意向

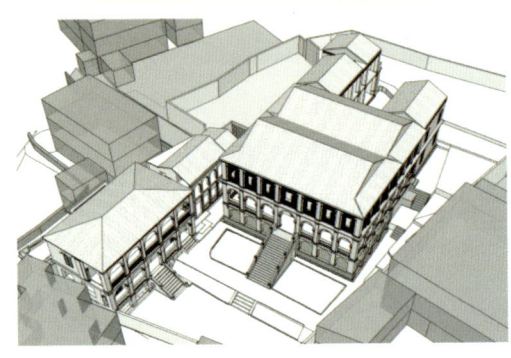

图18-9　参照历史照片的形态模拟和修缮改造前、后对比

（2）保证建筑本体的安全性。

在确保结构加固不破坏历史建筑外观的前提下，结合复原二层的建筑恢复或适当提高结构的承载能力，增强结构的延性以适当提高抗震性能，修复老化和损伤的结构，提高结构的耐久性，延长结构的使用期限。

（3）和后续利用计划的结合。

修缮工程现以原有家族居住生活空间的历史原貌恢复为先，同时考虑尽可能满足将来灵活使用的需求。如在复原的二层并未分隔外廊和室内空间，而是合并为完整的大空间，容纳可能发生的公共属性活动。原有外廊、厅堂和卧室的空间格局则通过梁柱屋架体系的位置布局来进行暗示。

（二）主要修缮措施

1. 主要部位做法及修缮措施

主要部位现状勘察与修缮措施见表18-1。典型部位现状如图18-10所示。

表 18-1　主要部位现状勘察与修缮措施

部位	勘察概况	修缮措施
主楼屋面	主楼坡屋面为木桁架结构，上铺木檩、木椽、望板、红色陶瓦。现主楼南北向坡屋面为三层缺失后改建，屋架形式与历史原状不符；东西向坡屋面的三角桁架不完整且局部屋面被垫高，不符合常规结构受力形式，推测为后期改造。屋面陶瓦多有碎裂、缺失，屋顶多处漏雨严重	依历史面貌恢复主楼连坡屋面，新做结构上满铺望板，覆防水卷材，后干挂瓦面；现附楼坡屋面，全部揭瓦后，整修保留现状望砖，增加防水卷材，按原式样重新铺瓦；平屋面揭除面层后整修保留现状望砖，增加防水卷材，重做面层
主楼地面	室内隔潮层为红砖地面，一层以上楼板结构层全部为木梁木楼板，一层为红砖地面，主楼二层地面为木地板；外廊部分同为红砖地面。现面层基本完好，红砖及木地板地面均存在不同程度磨损	现状现代瓷砖地面全部铲除，按外廊现存样式铺设传统红砖。铺砌传统红砖的地面要求进行整体清理，局部更换碎裂地砖；室内木地板地面需现状整修，更换、补配木板条。恢复①~④轴线间标高4.120m处地面，钢筋混凝土楼面，上铺木质地板
墙体墙面	建筑外立面为红砖墙外罩抹灰。室内墙为红砖砌筑的承重墙，基本为四白落地做法。现外廊部分多有改造，外廊拱券被加装窗户或封堵，廊道本身也被分隔成各个住家使用，多加建厨房或卫生间，对墙面污损严重。或因漏雨潮湿，墙面抹灰多有脱落	清理外墙面依附的植物及其根系，影响结构安全的部位需局部拆砌；恢复二层外廊，拆除现状中对外廊拱券的后期封堵。对于墙面抹灰脱落、霉变严重的，均应拆除清理后重做墙面抹灰；墙面上原用水泥砂浆简易修复处，应小心剔除水泥砂浆面层，再整体重做白灰抹面
木门窗	多为西式木门窗，现存外门部分为双层双扇木门，外开实心木门，内开玻璃木门；部分为单层双扇木门；内门为单层单扇木门。现存窗部分为双层双扇木窗，内开玻璃木窗，外开百叶木窗；部分为单层双扇玻璃木窗。局部门窗为传统木编条做法。多松动变形，构件缺失	恢复①~④轴线间二层外廊门窗，外侧为编木板条，内侧为木包铝窗；补配缺失木门窗；在现场仍能找到原物的，应现状整修，更换糟朽木框，添配五金件，重新油饰
木楼梯	楼内留存木质楼梯一座，楼梯踏步已变形，楼梯扶手栏杆缺失严重，柱头雕花被人为盗取	清理灰尘，现状整修楼梯踏步，更换磨损严重的踏步板，依原状补配缺失的栏杆扶手及柱头雕花

（a）主楼屋架

（b）隔潮层楼板

（c）外廊券洞

（d）室内房间

（e）典型室内门扇

（f）室内木楼梯

图 18-10　典型部位现状

2. 结构加固设计

建筑整体为砌体结构，平面布置规则，竖向墙体连续。但是横向构件均为木结构柔性体系，整体约束性不强。同时结构墙体砂浆强度较低，缺少构造柱等抗震构件，使得整体的抗震性能不高，复建的前落二层与现存主体建筑之间也存在如何形成有效拉结和整体性的问题需要解决。故在不破坏历史建筑外观的前提下，采取多种加固措施，以期达到修复老化和损伤的结构，并恢复或适当提升结构的承载能力，增强结构的延性、整体性以适当提高抗震性能。包括对有条件的砖墙体采用砂浆替换法加固，部分内墙体采用混凝土板墙加固；在损毁了二层墙体的一层原有砌体墙顶部设置交圈的水平混凝土梁，内外圈梁之间设间隔连接；复建层楼面采用混凝土现浇板；屋面钢桁架间上方设置斜撑，立柱与钢梁进行固结设计，通过砌体墙墙顶通长混凝土梁的均布锚筋传递复建层的水平荷载（图18-11）。

3. 材料精细要求

对于五金配件，在修缮补配的过程中，要求合页统一制作，再安装复位到所需门窗上。要求制作工艺、外观、材质与原有合金件保持一致。

对于木构件，通过精细化勘察，对建筑不同部位木构件进行取样检测，经检测大部分是福建杉木（图18-12），在修缮时尽量使用相应原材料或近似材性的材料补配。所有后期添配的木材应达到当地平衡含水率，且须进行防腐防虫处理。

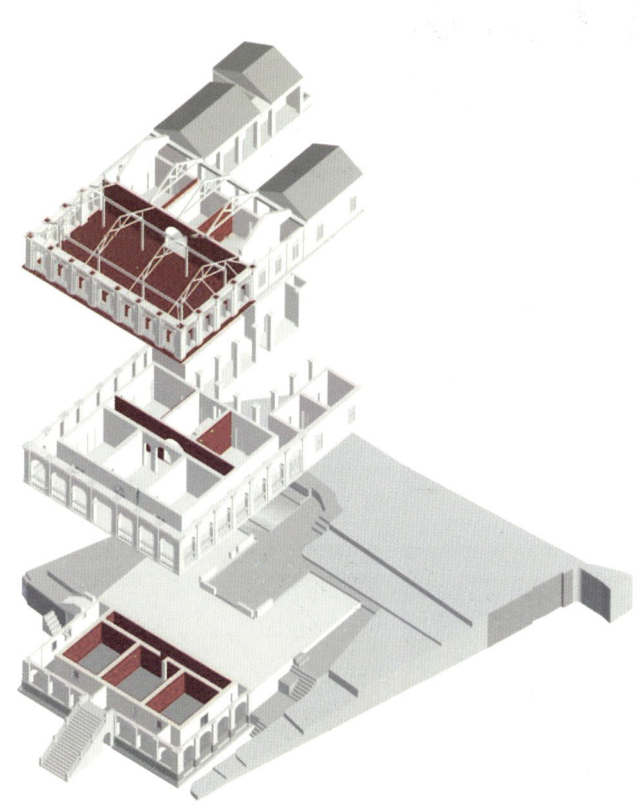

图18-11 加固墙体与新增楼板范围示意图（红色部位）

（a）隔潮层梁

（b）一层木板吊顶

（c）二层百叶门

（d）二层木地板

图18-12 典型部位木材取样

（三）持续性研究

勘察设计和研究工作贯穿工程始终，在后续施工中也不断保持对文物本体信息的挖掘、探索与记录，如后期追加了对门窗漆层、壁炉抹灰的取样和微观显微分析，力图对文物保护对象有更深入的了解与认知。

廖宅漳州路 44 号门窗表观色彩丰富，不仅不同部位的门窗构件漆色不同，同一门窗在进行漆层打磨分层时，也出现了底部漆色多变的特点。故在后续施工复勘过程中，设计团队对典型门扇进行了漆层取样，并通过实验室微观分析的方式探究其漆色成分。根据现场门窗颜色规律特点，取样时选取了两处外廊典型门的门套作为研究对象，其漆色为灰蓝色，是现场漳州路 44 号建筑门窗现状所见最为普遍的色彩，同时也是最后一代居住在廖宅的廖家后人记忆中的典型门窗色彩。根据微观显微结果可知，现场看到的漆层，即样品切片最上层，与木基层之间还有一层由白色涂料和极少的蓝色颜料颗粒构成的涂层，白色涂料成分可能为锌钡白、铅白，蓝色颗粒可能为人造群青。这一观察亦可与第二期进行的漳州路 48 号修缮互为参照（图 18-13）。

在勘察设计过程中，院落内半截八角鱼池的准确位置与原始轮廓也是设计团队迟迟未有定论的谜团之一。该鱼池仅在历史文献中有只言片语的记载，并无历史照片，早期勘察时现场虽存鱼池部分残迹，但其尺寸与标准几何轮廓存在较大矛盾，始终难以按现场轮廓补全完整式样。而随着现场情况的变化，勘察时的残迹在施工进场时已无存。施工过程中，经现场对局部地面挖探后寻得了鱼池的基础痕迹，鱼池之谜才得以揭晓。设计团队立即根据现场最新情况调整此前的鱼池设计，确保真实历史信息的准确传达（图 18-14）。

（a）八角鱼池前期勘察照片

（b）八角鱼池施工开挖复勘照片

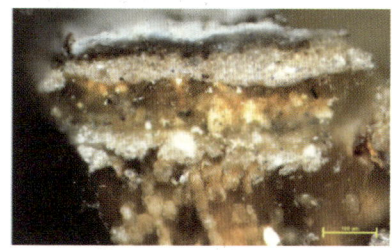
（a）可见光，200 倍（一）

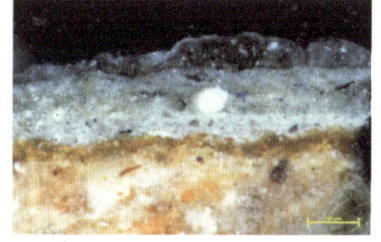
（b）可见光，200 倍（二）

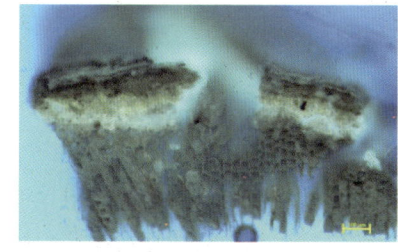
（c）紫外光，200 倍（一）

（d）紫外光，200 倍（二）

图 18-13　廖宅漳州路 44 号典型蓝色木门漆层样本剖面显微照片

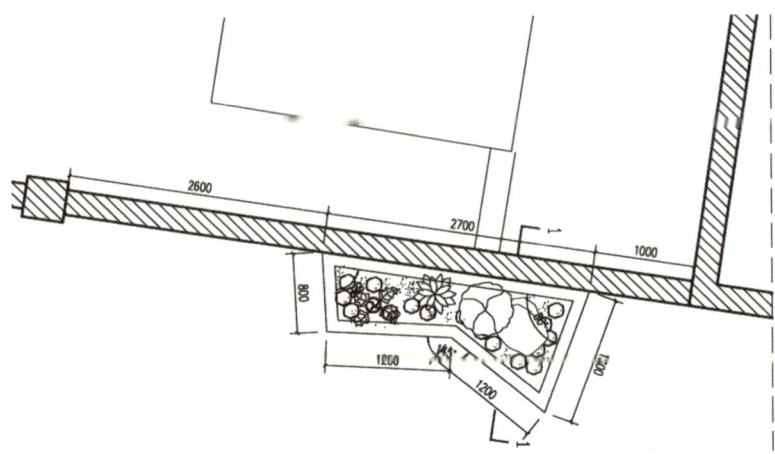

（c）八角鱼池原修缮设计图

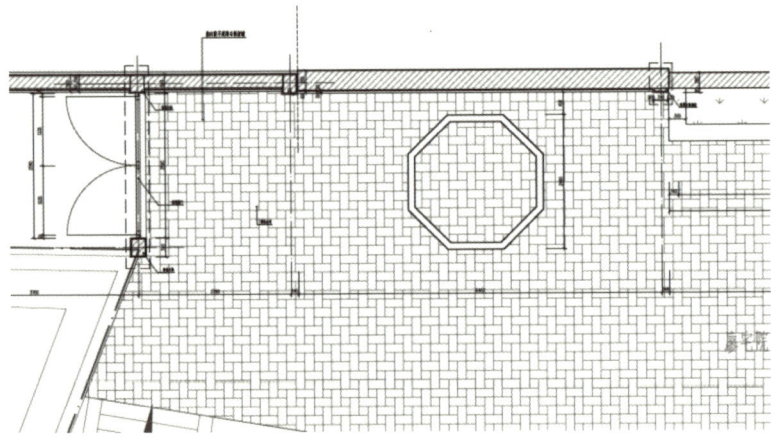

（d）八角鱼池调整后修缮设计图（铺装暗示）

图 18-14　八角鱼池复勘前、后情况对比

五、实施效果

在综合评估建筑的保存情况、遗产价值、特征要素及结构的整体性与安全性，并参考了历史照片和外立面装饰柱、门窗细节等本建筑相关遗存及同区域相似案例做法后，修缮工程恢复了损毁的原二层外墙柱列和编木板条窗。对廖宅漳州路44号缺失的重要外廊形象及其物质载体的修复，保证了历史信息的准确传达。

施工过程中，与施工单位、监理单位和建设单位在工序组织、工艺细节、选材用料等方面频繁互动，保持高频率的现场服务和及时讨论。密切的配合保证了设计意图的传达和根据实际情况灵活调整的尺度把控（图 18-15～图 18-22）。

项目竣工后，取得了良好的效果，达到了建筑的保护、历史信息的留存与延续以及兼顾未来使用之间的平衡。

图 18-15　廖宅漳州路 44 号正立面修缮前、后对比

（a）施工前　　　　　　　　　　　　（b）施工中　　　　　　　　　　　　（c）施工后

图 18-16　廖宅漳州路 44 号屋面施工概况（图片来源：泉州市刺桐古建筑工程有限公司）

（a）施工前　　　　　　　　　　　　（b）施工中　　　　　　　　　　　　（c）施工后

图 18-17　廖宅漳州路 44 号屋架结构施工概况（图片来源：泉州市刺桐古建筑工程有限公司）

（a）施工前　　　　　　　　　　　　（b）施工中　　　　　　　　　　　　（c）施工后

图 18-18　廖宅漳州路 44 号主楼木地板施工概况（图片来源：泉州市刺桐古建筑工程有限公司）

（a）施工前

（b）施工中

（c）施工后

图 18-19　廖宅漳州路 44 号墙体墙面施工概况（图片来源：泉州市刺桐古建筑工程有限公司）

（a）施工前

（a）施工前（一）

（c）施工前（二）

（b）施工后

（b）施工后（一）

（d）施工后（二）

图 18-20　廖宅漳州路 44 号墙面抹灰施工概况（图片来源：泉州市刺桐古建筑工程有限公司）

图 18-21　廖宅漳州路 44 号装修——木编窗施工概况（图片来源：泉州市刺桐古建筑工程有限公司）

（a）施工前　　　　　　　　　　　　　　（b）施工中　　　　　　　　　　　　　　（c）施工后

图 18-22　廖宅漳州路 44 号装修——木楼梯施工概况（图片来源：泉州市刺桐古建筑工程有限公司）

（注：除特别标注外，文中图表均为北京国文琰文化遗产保护中心有限公司提供）

参考文献

[1] 国际古迹遗址理事会中国国家委员会. 中国文物古迹保护准则 [S]. 北京：文物出版社，2015：25.

建设单位：厦门市鼓浪屿—万石山风景名胜区管理委员会
代建单位：厦门市鼓浪屿风景区建设开发有限公司
设计单位：北京国文琰文化遗产保护中心有限公司
监理单位：太原市文物保护工程监理有限公司
施工单位：泉州市刺桐古建筑工程有限公司
编写人员：张光玮、凌璐（北京国文琰文化遗产保护中心有限公司）

十九　鼓浪屿中华路 77 号修缮工程

一、案例概况

（一）保护对象基本情况

1. 简介

鼓浪屿中华路 77 号杨招治宅（图 19-1、图 19-2）位于厦门市思明区鼓浪屿街道内厝社区，地处厦门鼓浪屿世界遗产历史国际社区。杨招治宅始建于 1920 年，为厦门装饰风格洋楼。2013 年由厦门市思明区人民政府公布为一般不可移动文物，类型为近现代重要史迹及代表性建筑。

图 19-2　鼓浪屿中华路 77 号鸟瞰图

20 世纪 20 至 30 年代，众多福建华侨在海外事业有成之后，选择回归祖籍，并将鼓浪屿视为理想定居地。他们投资兴建了众多洋楼别墅，除了外国人及华侨的建筑外，本地名人和富人也纷纷在此建造宅邸。这些住宅洋楼规模宏大，装修华丽，做工精细，往往聘请外国设计师设计图纸，或模仿周边建筑风格。从鼓浪屿 20 世纪 20 至 30 年代的历史照片中，可看到鼓浪屿中华路 77 号、鼓浪屿中华路 79 号。根据对住户访谈，两者为历史时期共同建造，同属于杨家（图 19-3）。

鼓浪屿中华路 77 号现状整体维护较好，修缮之前，一、二层作为民宿供旅客居住，三层则是私人居住使用。

2. 文物价值

鼓浪屿中华路 77 号建筑整体坐西北朝东南，立面为厦门

图 19-1　鼓浪屿中华路 77 号

近现代建筑

图 19-3　鼓浪屿 20 世纪 20 至 30 年代全景放大图，箭头为中华路 77 号（图片来源：厦门市鼓浪屿 - 万石山风景名胜区管理委员会）

装饰风格建筑。建筑占地 199.04m²，总建筑面积为 457.32m²，地上三层。整体建筑采用砌体结构形式，砖墙承重，屋顶楼板均为木结构，属于砖木结构（图 19-4～图 19-6）。

（1）平面空间

鼓浪屿中华路 77 号建筑沿街正面（东南向）设有外廊，西南一角房间平面向外凸出，呈多边形。一层层高较低，历史时期的使用功能为佣人居住、储藏兼防潮。正立面作为建筑的主要入口，立面底层设置直跑楼梯直通二层，二层外廊设置通往三层的木楼梯。二、三层作为建筑主要客厅、起居等功能房间，分层平面布局基本一致，主要为一厅四房演变形式、南侧设置外廊，北侧设置后房（图 19-7）。据居住在此 50 多年的老租户介绍，室内大厅也称"舞厅"，为当时鼓浪屿富人名流聚会场所。建筑内部二层大厅铺设水泥花砖，外廊铺八角形红砖，其余室内房间红砖工字铺，多边形房间内部设有装饰壁炉（图 19-8）。建筑室内吊顶采用鼓浪屿洋楼常见的板条抹灰木吊顶，外廊吊顶为木格栅吊顶（图 19-9）。

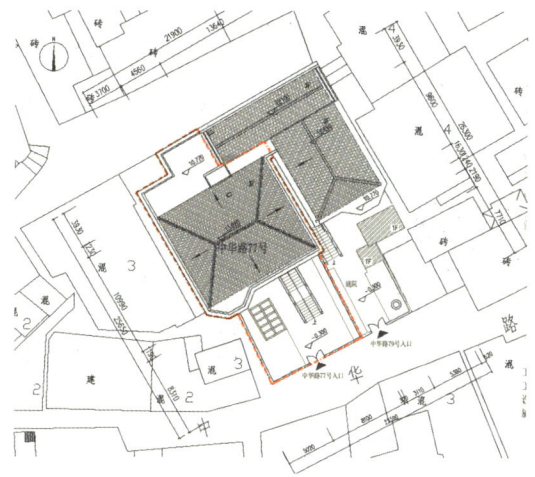

图 19-4　总平面图

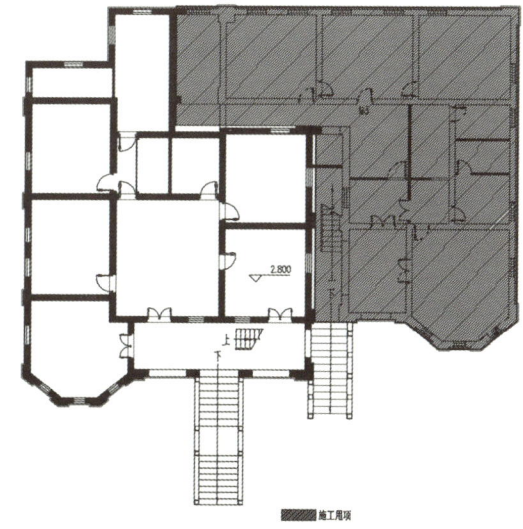

图 19-5　建筑平面图

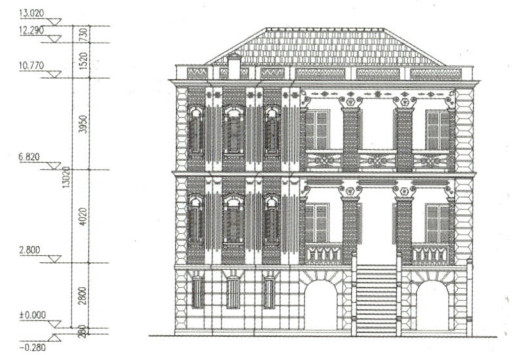

图 19-6　建筑立面图

图19-7 直跑楼梯

图19-8 多边形房间室内现状

图19-9 外廊木格栅吊顶

（2）立面特征

建筑屋顶为四坡瓦屋面，局部斗底砖平屋面。坡屋面瓦采用水泥机平瓦，原物应为红色（水泥瓦上施红色颜料），现屋顶瓦片表层已经被风化，暴露内部骨料并呈灰黑色。屋顶女儿墙、外廊栏杆为水泥预制栏杆，花岗岩条石扶手，其形式契合同时期鼓浪屿洋楼常见细部特征。

建筑一层采用水洗砂墙面（米石粒径2～3mm），二、三层墙体采用闽南传统烟炙红砖砌筑（红砖规格230mm×110mm×52mm，大部分全顺砌筑，每隔10～12皮设一皮全丁白灰勾缝，缝宽约12mm），其柱式采用红砖砌筑水洗砂饰面，柱头为古希腊柱式变体，窗户为英式窗变体、内木百叶门窗，极具异域风情。正立面外廊设置三开间拱廊，其上抹灰装饰纹样，采用壳灰砂浆工艺描边。二、三层护栏栏杆样式各异，皆富有特色。整体以闽南传统烟炙红砖、灰色水洗砂墙面与细部墙角柱式、窗套、栏杆、分层檐部线脚形成强烈的色彩和质感对比，建筑立面细节丰富，呈现厦门装饰风格的特点，具备较高的艺术价值（图19-10～图19-12）。

整体而言，鼓浪屿中华路77号展现出厦门装饰风格的精髓与中西合璧的建筑特征。作为鼓浪屿近代建筑历史的见证者，中华路77号有助于研究鼓浪屿近代建筑的类型、平面布

图19-10 正立面拱廊

图19-11 立面柱式及木百叶窗

图19-12 红砖墙面

局、建造技术和装饰艺术，具有一定的历史、艺术和科学价值。为了更好地保护这一珍贵的文物建筑，应当重点保护其多个价值部位：建筑的外立面、屋顶、檐部线条、柱式、水洗砂门窗套、木百叶门窗、平面格局以及室内特色装修（如木格栅吊顶、板条抹灰吊顶、地面铺装）等。应精心呵护这些有价值的部位，让文物建筑价值继续绽放其璀璨的光辉。

3. 保护历程

2010 年，鼓浪屿中华路 77 号列入厦门市鼓浪屿一般保护历史风貌建筑（E3-03）。

2013 年，被厦门市思明区人民政府公布为一般不可移动文物，类型为近现代重要史迹及代表性建筑。

2020 年，厦门市鼓浪屿-万石山风景名胜区管理委员会开展文物及建筑保护修缮设计工程，重点化解历史文化遗产难题积案、排除重大安全隐患，中华路 77 号列入文物建筑急需保护修缮名单。

2020 年 9 月，厦门合立道工程设计集团股份有限公司开展并完成鼓浪屿中华路 77 号修缮设计工程设计方案的编制工作。同年 10 月，厦门市思明区文化和旅游局审核批复通过设计方案。

2022 年 12 月，开展鼓浪屿中华路 77 号修缮工程。2023 年 7 月，工程顺利竣工并通过了文物部门验收。

（二）项目背景

鼓浪屿中华路 77 号主要功能为住宅居住，使用至今百年，文物风貌保存较好，基本维持原有建筑风貌。经设计单位现场勘察分析发现，因自然老化、人为使用不当、文物保护理念较差等，文物建筑整体主要出现如下问题。

（1）建筑屋顶：建筑采用水泥机平瓦四坡屋顶及局部斗底砖平屋面。由于自然老化、年久失修及雨水冲刷等原因，屋顶局部杂草丛生，屋瓦和平底砖部分破损，导致雨水渗漏。这种情况进一步引发屋顶内部漏雨，使得内部屋架木梁糟朽虫蛀，破坏了文物的完整性。

（2）建筑楼板：建筑采用传统木楼板，其上铺设双层红色斗底砖。局部房间行走时出现微颤，内部楼板木梁存在糟朽、老化、变形，承载力不足，从而影响整体建筑结构安全。

（3）建筑墙体：外墙为红砖粗缝砌筑白灰勾缝和水洗砂饰面檐部柱式线条细部。外廊转角区域柱身转角裂缝，立面水洗砂面层局部空鼓，局部清水红砖风化和灰缝砂浆缺失，加之自然雨水侵蚀，易影响建筑墙体安全。内墙面为白灰墙面饰面，住户居住使用整体维护较好，但局部白灰饰面空鼓、潮变。

（4）建筑门窗：受自然老化、雨水冲刷等因素影响，外门窗构件局部糟朽、脱漆、五金配件缺失，可能导致室内漏雨。

（5）庭院景观：整体维护状况良好，但水洗砂饰面围墙面层局部老化，内部砂浆酥化，影响围墙结构安全。

（6）建筑结构：外廊东南转角区域柱身砖墙出现裂缝，外墙面水洗砂面层有空鼓、裂缝，内部各层楼板及屋架等木梁存在糟朽、损坏现象，这些状况均对建筑结构安全产生影响。同时，依据本栋建筑民用安全性鉴定结论，建筑安全性等级为 C 级，需对建筑屋面、楼板、墙体等部位进行处理或加固。

（三）工程目标

工程性质：修缮工程。

工程对象：鼓浪屿中华路 77 号。

设计内容：主要对建筑屋顶、墙体、楼板木梁、门窗构件、庭院围墙等部位进行修缮或加固。

设计目标：重点对建筑影响结构安全的隐患处进行处理，

并对建筑漏雨、渗水部位进行修缮，尽可能对建筑具有保护价值的部位进行保护修缮，使文物建筑延年益寿。

（四）实施过程

在 2020 年 7 月至 8 月的时间段内，设计团队对文物建筑进行了详尽的现场勘察，旨在尽早启动其保护修缮工作。通过深入挖掘建筑本体的文物价值，详细记录了其现存损伤状况，同时广泛收集并研究了历史照片与史料文档。在充分理解其独特价值的基础上，设计团队明确了修缮的重点，如屋顶、分层楼板木梁、外立面墙体以及庭院围墙等。在编制修缮方案时，严格遵循文物保护法律法规及技术标准规范。经过反复论证与完善，最终确定了设计方案，为后续的修缮工作提供了明确指导。

2022 年 12 月，鼓浪屿中华路 77 号的修缮工程由福建省泉州市古建筑有限公司施工，新疆卓越工程项目管理有限公司则负责全程监理。在为期 150 天的工期里，施工团队始终秉持文物保护原则，将每处细节做到极致。经过建设单位、代建单位、设计单位、监理单位和施工单位的共同努力，工程于 2023 年 7 月顺利竣工，并通过了文物部门的严格验收。

（五）实施效果

在历经近三年的不懈努力后，鼓浪屿中华路 77 号修缮项目自方案编制至批复通过，最终得以顺利启动并圆满完成。经过对文物建筑立面、屋顶、楼板木梁、墙体等方面的修缮加固，鼓浪屿中华路 77 号消除了建筑结构安全隐患，解决了漏雨渗水问题，从而提升了文物建筑的安全性和耐久性。同时，修缮工程保留了其居住使用功能，使文物建筑的风貌得到最大限度的恢复，从而彰显了其文物价值并实现了传承（图 19-13、图 19-14）。

图 19-13　修缮前立面

图 19-14　修缮后立面（图片来源：福建省泉州市古建筑有限公司）

二、案例修缮要点

工程主要针对建筑结构存在安全隐患的部位进行修补和补强处理，同时对存在防雨、渗水和漏雨问题的部位进行修缮。在遵循我国文物保护相关法律法规的基础上，严格遵循

《中国文物古迹保护准则》相关保护原则：不改变文物原状、真实性原则、完整性原则、最小干预原则、可逆性原则以及可识别性原则。在修缮施工过程中，重视文物建筑原有的空间格局、结构、外观、材料和工艺等特征，力求将对文物建筑的设计干预降至最低，确保其建筑形制、结构、材料和工艺保持不变，以下是关于修缮设计重点的论述。

（一）屋顶揭瓦、木梁检修加固替换

鉴于当前状况，屋顶瓦件破损严重，导致屋顶漏雨，进而使屋顶木梁腐朽，从而影响建筑结构的安全性。为解决屋顶漏雨问题，决定采用全面揭瓦的修缮措施。在屋面拆除前，需对建筑屋顶形制、瓦（砖）件铺设方式、破损状况等进行二次勘察，并留存相关图文资料，以供修缮施工参考。建筑屋顶形式包括水泥机平瓦（350mm×210mm）坡屋面和斗底砖（280mm×280mm）平屋面。施工过程中，应妥善做好室内支撑屋顶、吊顶保护措施，按顺序揭瓦归置，完好瓦件应予以利用。

屋瓦揭取后，对现有挂瓦条、吊顶拉杆木龙骨等木基层进行复验。对于腐朽严重的部分，应予以更换；轻微腐朽的，可剔除修补后继续在原位置使用。屋顶木梁需统一编号列表统计，二次勘察糟朽情况。对于大面积糟朽的木梁，按原规格、原材种进行更换；糟朽、开裂较轻的，则进行修补，并采用钢箍进行加固处理。木梁加固替换施工完成后，将原有完好瓦件回铺，替换损坏瓦件，重新铺设屋顶（图19-15～图19-17）。

（二）楼地面揭除，楼板木梁检修替换加固

现状室内地面铺装及吊顶顶篷整体保存状况良好。在小心谨慎揭除局部地面铺装或吊顶顶篷后，查勘木梁损伤情况，并同步记录相关楼地面及吊顶顶篷构件形式，做好图文资料及归档工作。揭除后，进行二次勘察以了解内部楼板木梁的糟朽情况，施工操作流程与屋顶木梁施工相同。对于糟朽严重、承载力较小的木梁，予以替换；对于局部承载力满足要求的木梁，采取煊缝、钢箍加固的处理方式，以消除楼板木梁因糟朽、虫蛀产生的结构隐患。木梁替换加固后，利用旧有材料重新恢复地面铺装或吊顶顶篷（图19-18～图19-20）。

图19-15　屋面修缮前（图片来源：福建省泉州市古建筑有限公司）

图19-16　屋顶屋瓦揭取后（图片来源：福建省泉州市古建筑有限公司）

图19-17　屋顶瓦件回铺（图片来源：福建省泉州市古建筑有限公司）

图 19-18 修缮前室内斗底砖楼地面（图片来源：福建省泉州市古建筑有限公司）

图 19-19 木梁更换（图片来源：福建省泉州市古建筑有限公司）

图 19-20 室内斗底砖回铺（图片来源：福建省泉州市古建筑有限公司）

（三）水洗砂墙面恢复，清水砖墙砂浆勾缝

现存外墙面主要为水洗砂饰面、红砖墙粗缝砌筑工艺，属于文物建筑保护具有价值的特色部位。因自然老化、不当修缮等，立面局部饰面老化空鼓、红砖砖缝砂浆缺失，影响墙体结构安全，易造成墙体渗水。外墙重点对局部水洗砂饰面空鼓区域进行修缮，根据文物不改变原状、真实性、最小干预原则，应避免大面积外墙饰面的敲除重做，仅对局部空鼓饰面进行处理。施工时以现存完好的水洗砂饰面作为基准材料样本，制作水洗砂饰面样品，多次反复尝试，在小面积墙体基层施工试验，待新做饰面保证与原有完好的水洗砂饰面观感、色彩、质感协调一致后，再进行正式的墙体饰面恢复施工工序。局部砖墙砖缝砂浆酥化缺失处，采用原有外砖墙白灰砂浆勾缝工艺，重新进行勾缝、填缝（图 19-21～图 19-23）。

图 19-21 水刷石样板制作确认（图片来源：福建省泉州市古建筑有限公司）

图 19-22 立面水刷石凿除施工（图片来源：福建省泉州市古建筑有限公司）

图 19-23 清水红砖砖缝砂浆勾缝（图片来源：福建省泉州市古建筑有限公司）

(四)考证门窗样式,按原样式恢复

鉴于木百叶门窗现状,由于自然老化导致局部糟朽、脱漆、渗水漏雨等问题,施工过程中统一进行二次现场勘察,并采用图文列表方式记录其残存状况。在施工过程中,采用脱漆工艺以确认原木门窗的基础油漆色彩与工艺,进而判定其为立面灰蓝色木百叶门窗,室内灰绿色门。

在施工过程中,充分利用现有旧门窗的旧木料,对新木材的树种、材质、色泽要求与原构件保持一致。根据现存完好的外门窗样式、做法、色调,对破损、缺失的门窗扇、百叶、玻璃构件及门窗五金配件等进行重新制作、安装或补配。

(五)结构最小干预,结构补强为主

根据结构检测报告的分析结果,东南侧外廊砖墙柱饰面出现裂缝,但周边地面并未出现塌陷或下沉现象,这说明裂缝并非由基础沉降引起。设计团队初步制定两种方案:直接拆除外廊砖墙柱重砌和外墙砖廊柱采取结构补强措施。根据文物最小干预、可逆性、可识别性原则,结合专家意见及现场情况,确定采用结构补强方案。具体方案为:分层通高添加砖柱,通过新添加砖柱与原转角砖墙设计拉筋提升墙体承载能力,同时对转角区域砖墙裂缝处进行注浆,且砖墙柱砖缝采用壳灰砂浆置换加固法,从而提升外廊砖墙柱结构稳定性及承载能力,并建议文物建筑管理单位未来持续一段时间观察基础沉降情况(图19-24)。

三、结语

审视鼓浪屿发展的独特历史背景,其丰富的自然人文景观和复杂多样的历史趣味,促使鼓浪屿的建筑呈现出中西文化交融、碰撞的独特风貌,因而赢得了"万国建筑博览会"的美称。鼓浪屿的遗产文物建筑作为厦门鼓浪屿国家级风景名胜区和厦门城市独特的历史人文资源,是鼓浪屿世界文化遗产的核心组成部分和重要载体。对鼓浪屿文物建筑遗产的保护、修缮和利用等工作,体现了对鼓浪屿文化遗产的重视。对鼓浪屿中华路77号建筑修缮工程,住户使用反馈良好。通过修缮,文

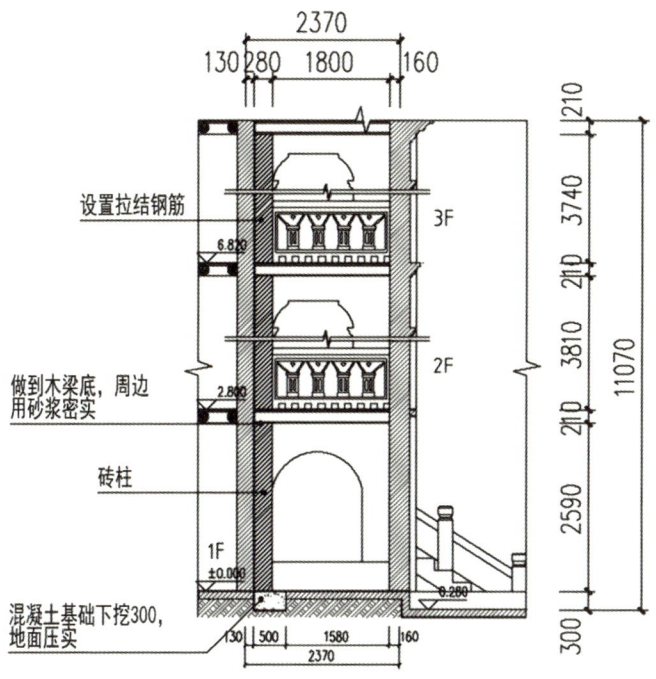

图19-24 外廊砖墙柱加固示意图(单位:mm)

物建筑的风貌得到恢复,建筑结构的安全隐患得以消除,从而实现了对鼓浪屿文物建筑价值的保护和传承,有助于持续保护鼓浪屿文化遗产。

建设单位: 厦门市鼓浪屿-万石山风景名胜区管理委员会

代建单位: 厦门市思明城市资源经营管理有限公司
黄春伟、刘文垚、杨镇南

设计单位: 厦门合立道工程设计集团股份有限公司
黄琰、黄炳飞、李强

施工单位: 福建省泉州市古建筑有限公司 李荣奎、苗彪

监理单位: 新疆卓越工程项目管理有限公司
袁志亮、方岩

编写人员: 黄琰、黄炳飞

二十　鼓浪屿鹿礁李氏宅（鹿礁路 99 号）保护修缮工程

一、案例概况

（一）简介

鹿礁路 99 号位于厦门鼓浪屿东部滨海地带，占地面积 206m^2，建筑面积 382m^2，三层砖混结构，是鼓浪屿唯一一栋模仿半木结构的英式乡村别墅风格建筑，2013 年被思明区人民政府公布列入思明区第三次全国文物普查不可移动文物点名录（未定级不可移动文物点）。鹿礁路 99 号地处世界文化遗产——鼓浪屿：历史国际社区的遗产区域内，邻近遗产核心要素、全国重点文物保护单位日本博爱医院旧址，周边分布着大量近代华侨别墅宅园（图 20-1～图 20-3）。

（二）历史沿革

鹿礁路 99 号建于 20 世纪 30 年代，原为菲律宾华侨李汝晋别墅。建筑建成后不久，李汝晋又在其北侧建造附楼一栋。李汝晋，泉州市晋江县内坑镇人，是当地较为富裕的华侨。在内坑、安海、官桥一带较有名气，一生乐善好

图 20-1　鹿礁路 99 号模拟复原图

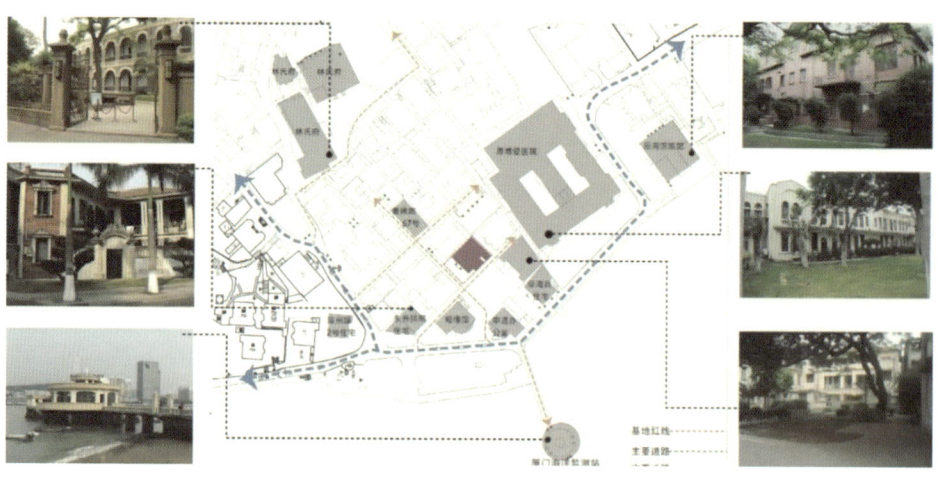

图 20-2　鹿礁路 99 号周边环境

近现代建筑

中被拆除。

鹿礁路 99 号历经 80 余年的历史变迁，至修缮前一层只有陈先生夫妇俩留守，陈先生的儿女均相继迁往厦门岛内，每周末回鼓探望父母，二层自解放军搬离后断断续续对外出租，修缮前住户为一对老年夫妇，三层则处于长期空置的状态，庭院也无人管理。

（三）建筑特征

1. 总平面布局

鹿礁路 99 号别墅位于鼓浪屿东部靠海位置，日本博爱医院旧址附近。与鹿礁路 101 号共同构成李汝晋别墅的主楼和附楼，西南面正入口前有一庭院（图 20-4、图 20-5）。建筑以西为一座四层混凝土现代风格办公楼，两者间距仅 1m 左右，十分狭窄。建筑东面为一块绿地，南面为一座两层坡屋顶住宅，外部空间尺度宜人。

图 20-3　历史环境中的鹿礁路 99 号（修缮后）（图片来源：吴晓雯　摄）

施做了很多善举。李汝晋信奉佛教，作为居士，对闽南地区和菲律宾的慈善、佛教事业做出了特有的贡献。1934 年捐资重建鼓浪屿日光岩寺庙圆通殿及延伸的拜亭。1935 年，泉州平民救济院在东较场垦荒，李汝晋捐资建造平民救济院东较场"千福堂"院舍。同年，弘一大师（李叔同）为李汝晋手写《大悲咒》。1943 年李汝晋将自己在家乡新建的房屋借给当时新创办的内坑卫生所作为所址。1956 年，李汝晋向性愿法师[①]捐助一万菲律宾比索，用于建造菲律宾华藏寺山门。

修缮前，鹿礁路 99 号的第一层居住着李汝晋友人的外甥陈先生，陈先生自 1945 年出生后就一直居住在鹿礁路 99 号的一层，据陈先生回忆，抗战时期李汝晋离开鼓浪屿将鹿礁路 99 号交给友人（陈先生的舅父）代管后就再没有回来。中华人民共和国成立初期，解放军入驻鼓岛时房屋的二层曾被借给解放军使用，庭院中的大铁门在 1958 年的全民大炼钢铁运动

图 20-4　鹿礁路 99 号航拍照

---

① 性愿法师（1889—1962），俗名洪水云，法名古志，字性愿，晚字乘愿，号栖莲，晚年号安般，福建南安石井古山人，十二岁出家，曾云游江南诸大禅林，求法参禅，精通佛理。1937 年 9 月，他应菲律宾佛教徒之邀请赴菲弘法，为沟通中菲两国文化交流，增进两国人民的友谊做出一定贡献，被华侨称为"菲律宾佛教开山祖师"。

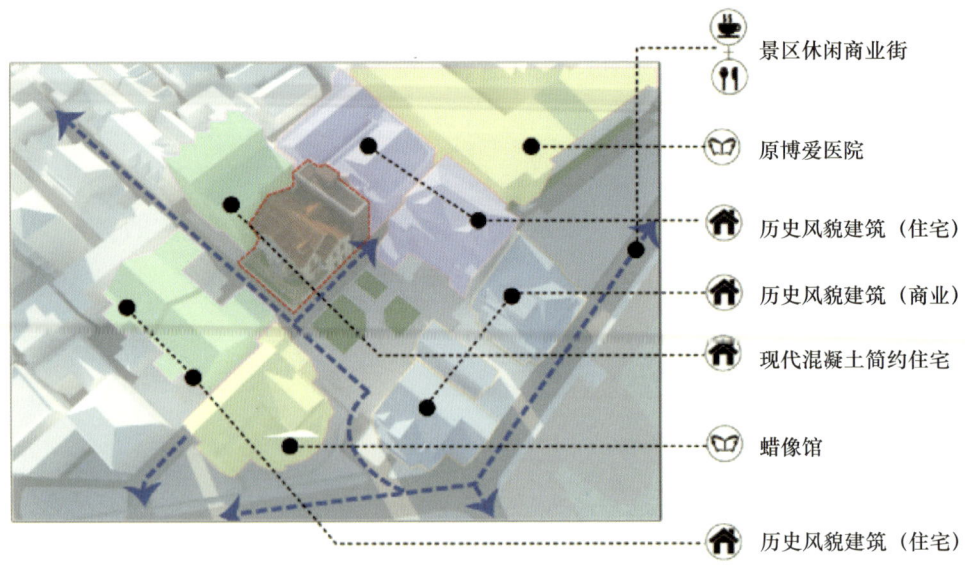

图 20-5　鹿礁路 99 号总平面布局

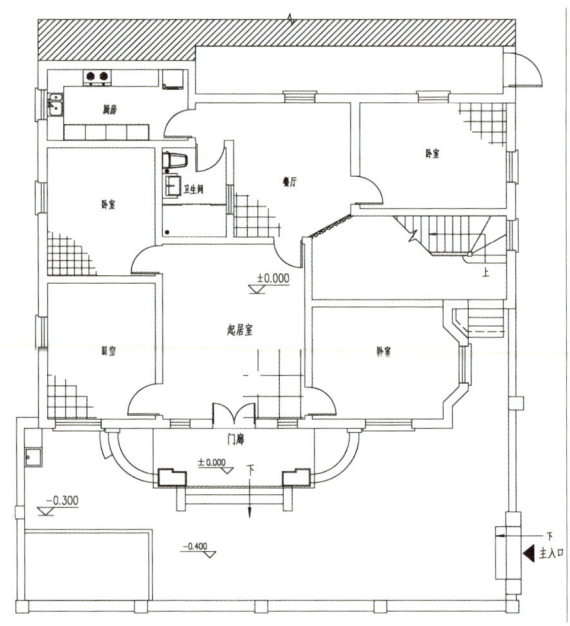

图 20-6　鹿礁路 99 号一层平面图

2. 平面与剖面

拆除杂乱的搭建后，可以发现鹿礁路 99 号住宅原始平面布局是由鼓浪屿传统的"四房看厅"形式演变而来的，保留了正中厅堂两侧房间的主要空间序列，只在部分功能处做了轻微的替换和调整。如在一层平面中，为了二层出入方便，将一层楼梯由后厅位置移到了东侧中间部位；另外在后厅的一侧增设了卫生间。除此之外，为了适应特定的建筑风格，平面做了轻微的墙体位置异变，最终打破了中轴对称的传统布局，稍显灵活（图 20-6～图 20-8）。

3. 外立面处理

外立面分为三层，整体建筑装饰性较强（图 20-9～图 20-11）。墙面主要采用水泥拉毛处理方式，辅以清水红砖混合，主体色调呈淡黄色。较为陡峭的屋顶下，山墙仿木屋架半木露明结构形式做红色装饰性线条，体现了英伦乡村风格，半木形式不与屋顶的结构骨架对应，作为装饰性构件略凸出于建筑山墙面上，框架内使用与大面积墙体相同的水泥拉毛饰面。门廊拱顶装饰借鉴了伊斯兰尖拱的形式强调入口，并在门廊顶部形成二层阳台，入口门廊的拱券顶部以及立面所有门窗的上、下位置处均以清水红砖包边，并在第一层外部墙体以红砖做嵌板装饰带，与鼓浪屿上众多门窗以复杂线脚修饰的现象赫然不同。建筑

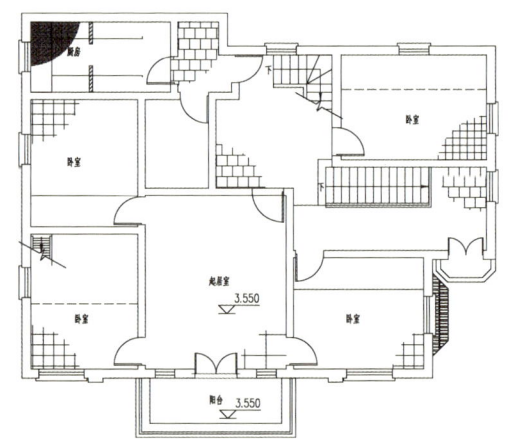

图 20-7　鹿礁路 99 号二层平面图

门窗为双层木门窗形式，内扇为玻璃木门窗扇，外扇为百叶窗或实木窗扇，在强日照季节可有效遮阳，在兼顾美观的同时兼具日常实用功能。

近现代建筑

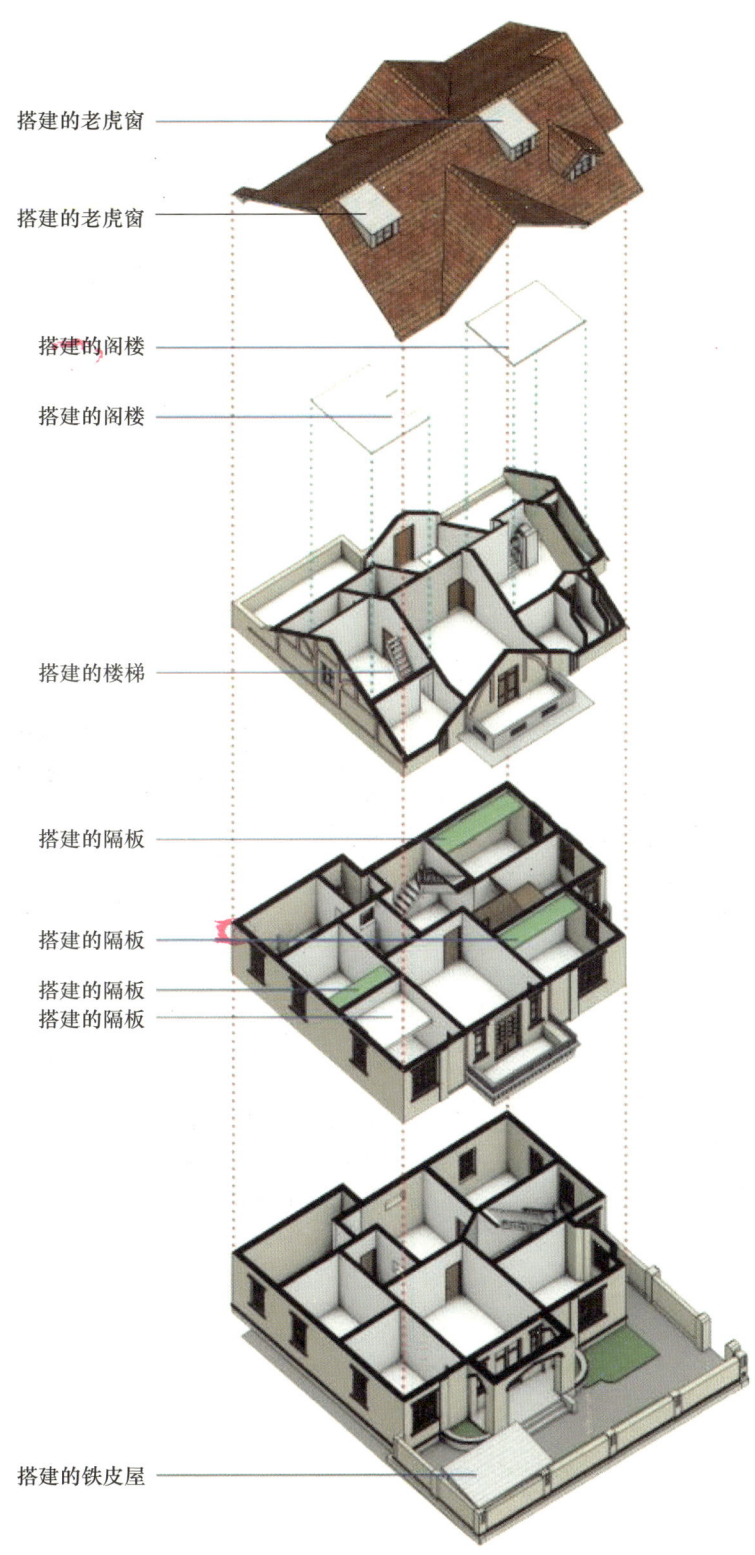

图 20-8　鹿礁路 99 号各层轴侧图

图 20-9　修缮前鹿礁路 99 号沿街立面

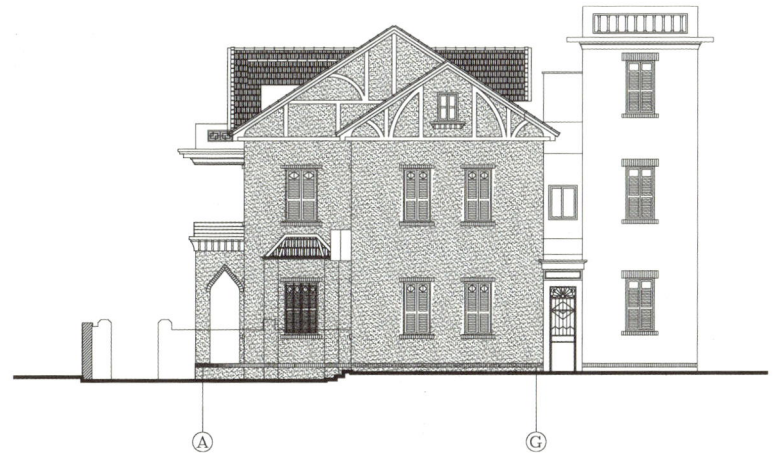

图 20-10　鹿礁路 99 号沿街立面修缮后立面图

191

图 20-11　鹿礁路 99 号正立面修缮后效果图

4. 装饰装修

建筑整体室内装饰较为简洁，各层的楼地面原铺设闽南红色斗底砖及水泥花砖，部分已被住户更换为现代瓷砖地面，顶篷保留周边线脚装饰及中心圆形线条灯盘。最具特色的是建筑防盗窗、楼梯栏杆中铁艺的应用，防盗窗的铁艺曲线流畅飘逸如飞鸟展翅，楼梯栏杆采用半圆状造型，木扶手转角呈旋涡形凸起（图 20-12 ~ 图 20-16）。

图 20-12　室内顶棚

图 20-13　房间水泥花砖铺地

图 20-14　防盗窗（一）

图 20-15　防盗窗（二）

图 20-16　楼梯栏杆

（四）建筑风格分析

鹿礁路 99 号不同于鼓浪屿其他建筑带有明显的南洋风情或当地的装饰艺术元素，而表现出较为明显的英式乡村别墅特征。这种建筑样式并无太多本地的文化根源，而更多地反映出业主对西方生活方式的崇尚和猎奇，成为鼓浪屿城市空间中彰显身份和展现生活品位的物化元素。

虽然鹿礁路 99 号住宅的建筑师不可考，但这栋建筑所呈现的样式特征在鼓浪屿独具特色，也反映出业主李汝晋简朴而高雅的艺术品位。建筑平面基本采用矩形布局，外形基本呈对称布局，周边形体自由。双坡屋面，出檐较深，屋顶坡度较陡；凸出于斜面屋顶的老虎窗使得屋顶形态丰富；山墙仿木屋架做红色装饰性线条，成为其外观的重要特色。

建筑外墙饰面采用淡黄色拉毛处理，在色彩上与浓烈的红瓦屋顶形成对比；窗台、窗楣、入口门廊处的尖拱均用红砖加以修饰，装饰手法独树一帜；红砖装饰也与拉毛处理的墙面在色彩、质感上形成对比。建筑保留的部分木制的百叶窗做工考究，透露出古朴的气息；部分窗镶嵌了做工精美的铁艺构件，形态优美。建筑入口处设有一处门廊，丰富了室内外过渡层次；门廊上部檐口线脚丰富，其底层拱券体现了伊斯兰式样的影响。

（五）文物价值

1. 历史价值

李汝晋是一位在闽南有一定声誉的华侨，其在闽南多地的善行至今仍留有影响，该建筑作为李汝晋在厦曾经的居所，是今人了解华人华侨爱乡爱国历史的纪念物，也是近代华人华侨参与建设鼓浪屿的历史见证。此外，建筑形式体现了鼓浪屿丰富多样的居住形态和生活观念，其整体外观基本保持了建造之初的效果，外墙拉毛粉刷黄色，外墙上对应仿半木屋架装饰有红色的凸出线。其立面装饰手法在鼓浪屿独一无二，对于研究鼓浪屿建筑文化以及近代西方建筑形式在我国的传播历史具有独特的价值。

2. 艺术价值

从建筑学角度分析，该建筑表现出较为明显的英式乡村别墅特征，采用较为陡峻的坡屋顶，以及外墙装饰性的半露明屋架，而整体风格则表现为灵活而又简朴的效果。此风格在殖民外廊式建筑和厦门装饰风格建筑居多的鼓岛上实为一股清流，体现了业主与众不同的艺术品位。其在细节艺术上又体现了"工艺美术运动""新文化运动""装饰艺术风格"等近代西方美学运动的痕迹，在平面布局上仍不忘传统，以"四房看厅"的形式展示了闽南传统建筑文化精神，最终在现存风貌上呈现出了多种艺术流深的折衷。

3. 科学价值

鹿礁路 99 号建造于 20 世纪 30 年代，采用了当时较先进的钢筋混凝土材料和技术，以及水泥拉毛处理墙面的装饰工艺，对研究鼓浪屿近代建筑技术及工艺具有一定的科学技术史料价值。

4. 对世界文化遗产价值的支撑

2017 年 7 月 8 日，在世界遗产委员会第 41 届大会上，"鼓浪屿：历史国际社区"被列入《世界遗产》名录，成为中国第 52 项世界遗产。根据《鼓浪屿文化遗产地保护管理规划》，鼓浪屿遗产构成要素按重要性可分为四个层次。鹿礁路 99 号作为一般不可移动文物，属于鼓浪屿世界文化遗产构成要素中的第二层次，对鼓浪屿世界文化遗产突出普遍价值的支撑作用仅次于 53 处遗产核心要素。作为遗产整体中的一个建筑单体，鹿礁路 99 号真实展示了近代华侨在鼓浪屿东西方建筑和文化的交流碰撞中个体的选择，是鼓浪屿新的建筑风格产生过程中不同风格的呈现，是遗产价值真实性和完整性的重要支撑。

二、设计与施工

（一）项目背景

经历近百年风雨和居住活动的变化，鹿礁路 99 号建筑出现不同程度的老化和残损问题。阳台的大部分混凝土开裂严重，各层混凝土板开裂、钢筋锈蚀，严重影响住户正常使用和过往行人的安全。屋顶破损漏水、局部区域瓦片脱落、破损，屋面木基层糟朽。立面区域存在沾污、有机物衍生、外墙粉刷装饰面层老化破损、裂缝、脱落，门窗破损，植物生长遮蔽建筑，以及张拉临时管线设备、不当修缮等问题（图 20-17 ～图 20-19）。因为厨卫等居住需要的变化，部分室内被住户用轻质隔墙进行了分割，违章搭建的老虎窗严重影响建筑立面效果。此外，由于建筑现作为居住用途，历经多年使用，年久失修，设备现状较差，室外电线管线、电表箱、空调外机、水管水表等都在外墙随意敷设，影响建筑安全和外观。

（二）修缮目标

以文物价值保护为核心，依据《中国文物古迹保护准则》，坚持不改变文物原状和最小干预原则。按原形制恢复原有平面和空间格局；综合结构安全与文物保护要求，在保证安全的前提下尽量少干预以及最大限度保留文物建筑历史信息，对原结构进行加固，保障文物建筑安全；研究建筑风格流派及原有工艺做法，以原材料、原工艺修复建筑构件及装饰面层，恢复建筑原有风貌及工艺细节，在工程实践中传承地方传统建筑工艺；依据原有住宅建筑的使用功能恢复建筑功能，为文物建筑后续合理利用提供保障。

图 20-17　外墙附生植物情况

图 20-18　外墙抹灰层及砖缝砂浆脱落情况

图 20-19　钢筋混凝土楼板开裂、残损情况

（三）主要修缮内容

主要修缮内容包括：（1）对现有建筑墙体、楼板及阳台进行加固；（2）根据现有构件材质，维修、更换糟朽的屋顶木基层；（3）拆除后期改造、搭盖、封堵，恢复建筑原有空间格局；（4）清理建筑立面赘加物，恢复原有风格和材质效果；（5）参照本建筑原有门窗，对其进行修缮、维修；（6）根据现有遗存恢复原有墙面装饰；（7）对建筑室外环境进行景观绿化提升。

1. 结构加固设计

鹿礁路99号地上三层，为砖混结构体系，二、三层采用钢筋混凝土楼面结构，屋面为坡屋面，采用木楼盖结构体系。建筑墙体砌筑砂浆为石灰砂浆和石灰黏土混合砂浆，强度较低且差别明显，部分墙体的砌筑砂浆强度明显偏低，在海风、盐雾的长期侵蚀下，性能退化严重。外墙下部的抹面砂浆脱落，砖与砖之间的砌筑砂浆脱落、松散。由于钢筋混凝土构件受潮导致材料老化、钢筋锈胀，混凝土表面开裂、剥落，更有严重者成块掉落，部分室内外结构构件多处出现"露筋"现象，二层阳台"摇摇欲坠"。

本着对文物的最小干预和可逆性原则，通过多轮院内外专家中医问诊式号脉，最终确定对建筑承重墙体采用砖缝加固技术进行加固，对原有楼板采用钢筋网水泥砂浆面层加钢梁支撑方式进行加固，主立面三层的悬挑阳台采用钢柱钢梁相结合的方式进行支撑加固。检查原有木屋面木梁，损坏较小的保留修复后继续使用。整个加固修缮过程，经人工精雕细琢，自上而下扣去原有墙体已经酥化砖缝砂浆，并通过水洗、晾干、喷涂界面剂等一系列措施，在达到填缝要求后填入高强度水泥砂浆并进行养护，结构修缮后，结构整体性加强，能达到为本栋建筑延年益寿的目的，符合最小干预、可逆性和可识别性的保护性修缮加固原则。

2. 建筑修缮设计

修缮拆除了建筑历年的搭建，封堵后期随意开设的窗洞，尽力复原外立面外观；入口大门整修；室外踏步及室外通道铺装整修；围墙整修；绿化整饬；室内置换后复原原有平面，并结合新功能进行组织。外墙面由于出现大面积严重空鼓、酥化，在尽可能保留原有外墙抹灰的前提下，将空鼓、酥化的外墙抹灰铲除。在对外墙进行加固后，采用原材料、原工艺重新进行外墙修复，复原原有的水泥拉毛墙面，在建筑修缮中，外墙面拉毛是最重要的工艺要求，施工中做了多次的拉毛样品，并上墙局部试做，直到最终确认。更换破损的斗底砖、地砖，清除底层、二层玻化砖地面，恢复原有斗底砖。原状清理修复木门窗及楼梯栏杆扶手并重新上漆。木檩条、屋面木基层根据糟朽情况进行维修或更换，以原规格瓦件补齐、替换破损构件。二、三层阳台栏板按照原样式进行复原修补。根据内部功能的要求，进行必要的机电设备优化和增设。

三、完成后效果以及活化利用情况

（一）完成后效果

在管理部门、设计单位、施工单位、监理单位多方的共同努力下，通过保护工程的实施，鹿礁路99号文物建筑排除了建筑结构安全上的重大隐患，恢复文物建筑健康，恢复原有居住功能。用于支撑加固主立面三层悬挑阳台的钢梁柱表面色彩处理同阳台整体，实现了远看时的整体风貌协调与近观时的可识别性。外墙面按原有材质工艺恢复水泥拉毛墙面，较好地恢复了建筑的原有风貌，也较好地维护了鼓浪屿遗产地的历史人文环境（图20-20～图20-28）。

图 20-20　修缮前的鹿礁路 99 号

图 20-21　修缮后的鹿礁路 99 号（图片来源：吴晓雯　摄）

图 20-22　修缮前的鹿礁路 99 号屋面

图 20-23　修缮后的鹿礁路 99 号屋面（图片来源：周白聪　摄）

近现代建筑

图 20-24　修缮前的主立面阳台　　图 20-25　修缮后的主立面阳台（图片来源：周白聪　摄）　　图 20-26　修缮前的室内楼梯　　图 20-27　修缮后的室内楼梯（图片来源：周白聪　摄）

图 20-28　修缮后作为家庭旅馆使用情况（图片来源：周白聪　摄）

（二）活化利用情况

文物建筑最好的利用方式是延续其原有的使用功能，作为鼓浪屿遗产地的管理方厦门市鼓浪屿-万石山风景名胜区管理委员会一直鼓励修缮后的各类保护建筑能够延续其原有使用功能，突出鼓浪屿社区的属性，以更好地保护鼓浪屿作为历史国际社区的遗产价值。但是由于产权等种种原因，修缮后原住户并未回迁，如今修缮后的鹿礁路99号活化利用为一家庭旅馆（图20-28）。在不损害文物古迹的价值的前提下，对于鹿礁路99号这样一座遗产地内的低级别文物，家庭旅馆的再利用方式亦不失为对文物建筑原有居住功能的一种延续，同时也能让游客更深入地体验鼓浪屿历史国际社区的遗产魅力，让文物建筑更好地讲述鼓浪屿故事，发挥文物建筑的社会价值，促进文化和旅游事业的融合发展。

（注：除特别标注外，文中所用图表均为厦门大学建筑设计研究院有限公司拍摄、制作）

参考文献

[1] 严何.近代鼓浪屿城市转型中的空间竞争与文化适应[J].建筑师，2017（6）：48-54.

[2] 曹顺.鼓浪屿近代文物建筑保护研究[D].厦门：厦门大学，2018.

[3] 石建光，张寒林.历史建筑砌体结构墙体保护性修缮加固设计方案比较：以鼓浪屿历史建筑墙体工艺为例[J].墙材革新与建筑节能，2018（7）：63-67.

[4] 胡红梅，朱杰，刘涛，等.鼓浪屿历史建筑混凝土构件劣化现状及原因分析[J].厦门大学学报（自然科学版），2022，61（2）：298-307.

[5] 世界遗产委员会.41届会议关于提名项目"鼓浪屿：国际历史社区"的决议[R].克拉科夫：世界遗产委员会，2015.

[6] 厦门市人民政府.鼓浪屿文化遗产地保护管理规划[R].2014.

建设单位：厦门市鼓浪屿-万石山风景名胜区管理委员会
代建单位：厦门市开元国有投资集团有限公司
设计单位：厦门大学建筑设计研究院有限公司　李立新、严何、万军、连滨晔、王琪、曾韶銮、曹顺
监理单位：福州市名城古厝设计院有限公司　何明、谢海鹏
施工单位：福建省泉州市古建筑有限公司　林月娥、张宏程
编写人员：李立新、严何、吴晓雯、曾韶銮、刘伟民

2020—2022 厦门市不可移动文物集中保护修缮工程优选案例

其他

二十一　胡里山炮台防波堤维修工程

二十二　后溪城内城遗址保护修缮工程

二十三　同安区坑仔口制陶窑址修缮工程

二十一　胡里山炮台防波堤维修工程

一、案例概况

(一) 保护单位概要

1. 简介

胡里山炮台位于福建省厦门市思明区曾厝垵路 2 号，始建于清光绪二十二年 (1896 年)，是当时保护厦门及东南沿海的重要屏障。1996 年由国务院公布为第四批全国重点文物保护单位。

胡里山炮台坐落于厦门岛西南侧的胡里山嘴 (图 21-1)，是清末洋务运动的产物。炮台连同城堡占地 1.3 万 m^2，糅合了欧洲半地堡式和中国明清时期防御阵地的结构模式，形成了科学合理的防御体系，有保留完整的城门、城墙、城楼、护城壕、营房、演武场。炮台用优质花岗岩筑成，是研究我国海防军事史、洋务运动和兵工建筑技术的颇具价值的文化遗产。胡里山炮台曾装备有两门克虏伯主炮，分东、西炮台，另有两门副炮分居两侧。西炮台毁于 1958 年；现存东炮台主炮口径 280mm，全长 13.96m，炮全重 87t，有效射程 19760m。该炮是世界现存原址上最古老、最大的 19 世纪海岸炮，堪称"世界古炮王"。

胡里山炮台是国内保存最为完整的 19 世纪炮台之一，整体由南向北为战坪区、兵营区和后山区三部分，历史格局清晰，各部分主要建筑基本保存完整 (图 21-2)。颇为珍贵的是，

图 21-1　防波堤及炮台遗址一角鸟瞰照片 (图片来源：李港　摄)

图 21-2　胡里山炮台鸟瞰照片，防波堤位于炮台西南海岸处 (图片来源：李港　摄)

有一张绘制于19世纪末的"厦门湖里山炮台全图"[①]（以下简称"全图"或"舆图"）存世，现存中国国家图书馆。全图所反映的炮台格局基本可以与现状达成一一比对的效果，是研究胡里山炮台历史沿革的重要参考资料。该图采用中国传统的舆图绘制模式，上南下北，主要表达建筑平面关系（图21-3），但绘制方式则近乎轴测图，大体视角类似由西北向东南鸟瞰。图面淡彩设色，并对每个建筑贴红签以缮写主要尺寸，这种贴签的方式，既属于舆图绘制手法，也与清代官方营造绘图模式类似。图纸整体绘制规范，大体可认定该图是呈给朝廷审阅或存档的一张官方图纸，其传递的信息十分丰富。

2. 核心价值

胡里山炮台作为东南沿海海防的象征和标志，记录了从清末洋务运动到民国初年军阀割据，再到抗日战争时期"厦门要塞保卫战"，直至中华人民共和国成立后对台统战的历史，是近现代重要史迹。

胡里山炮台现存的28生克虏伯大炮，"是世界上现存的保存在原址的最古老最大的海岸炮"，胡里山炮台的择地选址和规划布局满足近代海战防御设施要求，体现了海防工事的主要特征，炮台收集的几十门清代红夷大炮亦是研究清代海军武器装备的重要资料。

胡里山炮台是近现代中国（特别是东南沿海）重要的战争历史发生地，其所记载的历史事件和历次海战对现代社会仍具有极高的教育意义和社会影响力，从抗击英军入侵到抗击日本侵略，具有爱国主义教育意义。

始建之初防波堤砌筑毛石采用传统人工打磨，蛎灰掺入部分水泥砌筑。下部石块呈梯形截面，配以铁质燕尾榫拉结，极具地方特色。防波堤作为胡里山炮台重要组成部分，利用陡峭

[①] 现称作"胡里山"炮台，原图写作"湖里山"。

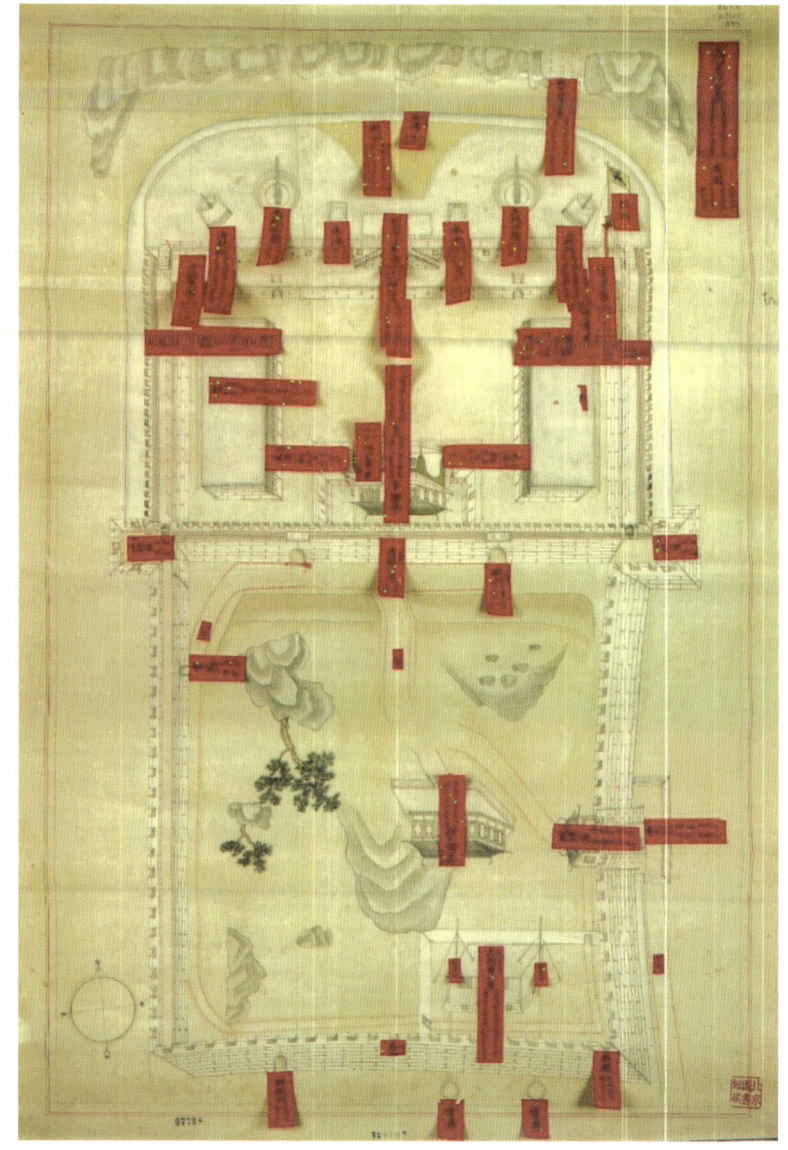

图21-3　厦门湖里山炮台全图（图片来源：中国国家图书馆藏，厦门胡里山炮台保护中心）

的天然岩壁作为御敌和抵御潮汐冲刷的屏障，与山体完美融合，海浪冲击百年而不倒，具有很强的科学研究价值。

防波堤历经多次维修，其维修痕迹也从侧面反映了当时社会环境下，经济、文化的发展方向，具有较高的历史研究价值。

(二) 项目背景

胡里山炮台始建于清光绪二十二年（1896 年），是国内保存最为完整的近代炮台之一。炮台由南向北，依次由战坪区、兵营区、后山区三个部分组成，其中防波堤位于战坪区西南临海方向，属于炮台的保护设施，起到御敌、防止潮汐冲刷破坏炮台基础的作用，主要由山石、水泥、蛎灰等材料构筑而成。本文根据清代遗存的"厦门湖里山炮台全图"及其标注尺寸进行分析研究，并通过对现场遗存和历史图纸资料的比对，基本廓清了防波堤历史规模及构造形式。同时，本项目因其临海施工，特设置围堰措施，以保证施工过程不受到潮汐作用影响。

历经百年风雨侵蚀，尤其是在潮汐作用的影响下，防波堤下部大量石块塌落，灰浆大量缺失，自身结构存在较大安全隐患（图 21-4、图 21-5）。另外，周边植被繁茂，对构筑物结构稳定性与风貌造成一定影响。

(三) 工程目标

工程性质：参照《文物保护工程管理办法》第五条及《中国文物古迹保护准则》，本工程属修缮工程。

实施对象：防波堤。

工程范围：胡里山炮台战坪区西南侧防波堤，下端总长约 15.7m，最高点高于海平面约 13m，总面积约 160m²。

工程目标：根据现场勘察结果，以及病害分析和安全评估建议，通过修缮方案的制订及工程的实施，解决防波堤结构安全问题，并恢复其使用功能。

(四) 实施过程

胡里山炮台防波堤保护修缮工程的实施环节主要包括前期勘察研究、修缮方案设计、施工图深化、施工组织实施、竣工验收等几部分。

图 21-4 块石脱落、缺失（一）

图 21-5 块石脱落、缺失（二）

1. 勘察研究

防波堤位于战坪区西南侧，是胡里山炮台的重要组成部分。因其正好位于环海岩体凹陷位置，从战略角度考量，防波堤的加设可有效增强炮台沿海方向的防御体系。另外，防波堤顶部即为炮台战坪区，多为夯土结构的军事工事，加设防波堤可以抵御潮汐海浪冲击，保障炮台结构安全。

（1）舆图分析研究

清代图纸"厦门湖里山炮台全图"中绘制的防波堤红签写作"炮台西首海岸，两边岩石间加筑石岸，高四丈一尺六寸，上宽五丈五寸，下宽四丈五寸，厚五尺"。对舆图尺寸进行分析，并转换为现代计量单位，分析数据见表21-1。

表21-1 防波堤尺寸

名称	高		上宽		下宽		厚	
	寸	m	寸	m	寸	m	寸	m
炮台西首海岸	416	13.312	505	16.16	405	12.96	50	1.6

图21-6所示舆图中的数据信息，与现场尺寸基本吻合。一方面，印证了舆图的准确性。另一方面，也印证了在历史进程中，虽有多处水泥砂浆及杂石修补痕迹，但防波堤整体形制未出现较大变化，极具历史研究价值。

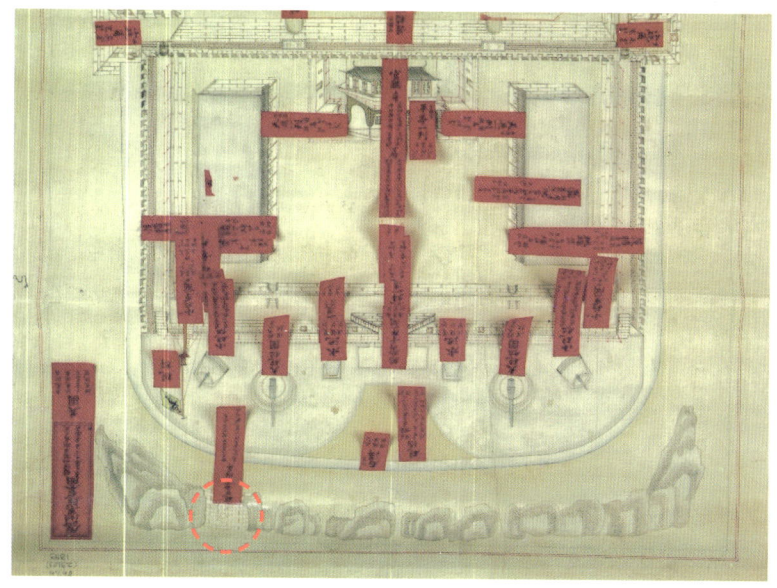

图21-6 "全图"中的防波堤形象

（2）构造形制与现状评估

根据地质勘察报告结论[①]及现场勘察，防波堤砌筑条石多为火成岩（大部分为花岗岩），背靠岩石崖体砌筑，其顶部和上部表面存在部分覆土，并长满杂草。防波堤分为上、下两部分；下部采用条石砌筑，共十层，按照满丁满条方式摆放，相连条石之间采用铁质燕尾榫拉结以增加其整体性，石缝宽10～50mm，混合砂浆灌注而成（主要成分可能为水泥、蛎灰），表面呈45°斜坡，砌石表面打斜面，较为平整，不利攀爬；第十层以上采用块石、条石水泥砌筑，砌石表面不做斜面处理，层层向后退收，退收宽度为100～200mm不等。防波堤两侧与山岩砌筑牢固。

①基础

根据现场勘察发现，防波堤整体形制较为完整，下部石材斜面平滑，纵向条石与丁石缝隙较为直顺，两端与岩石的连接处和堤体无垂直开裂痕迹或修补痕迹，基础稳定，无沉降现象（图21-7）。

②砌石与灰浆

防波堤下部砌石缺失较为严重，上部局部砌石缺失，仅靠自身重力保持稳定，因上、下砌石之间起铺垫、缓冲作用的砂浆层减少，在墙体自重压迫下，上、下砌石之间剪力增大，少数砌石被压断；防波堤经历一百多年的海浪冲刷、盐雾侵蚀、晶胀作用破坏等，墙体砌筑砂浆老化、破碎，黏结力下降，在海浪的冲刷下，表层砂浆流失，并在浪涌掏蚀下，砂浆流失逐渐向防波堤内部发展、扩大，使防波堤整体性下降，部分砌石失去砂浆支持而脱落，散落在防波堤周边。砌石缺失、脱落，

[①] "原防波堤主要采用块石、条石（岩性多为中、微风化花岗岩）进行砌筑，防波堤总体较完整，基础较稳定，未见沉降、垂直开裂现象。但因防波堤本体年久失修，局部砌石、块缺失，砌体之间水泥砂浆层减少，长时间受自重压力、风化、海水腐蚀和潮汐（或台风季雨水）冲刷影响，防波堤和岸坡局部存在结构破损、开裂、结构体缺失或空洞等问题，其整体性大大下降，目前仅靠砌体自身重力保持其暂时稳定"。

图 21-7 上、中、下部灰缝直顺,基础无沉降现象

使防波堤整体性下降,上层砌石失去下部依托,极易发生垮塌,造成整个堤体损毁(图 21-8、图 21-9)。

③生物、植物侵害

因常年受海水侵蚀,防波堤表面布满藤壶痕迹。部分条石表面已形成一层钙化物,藤壶属酸性物质,造成拉结铁质燕尾榫锈蚀严重。防波堤上部由于缺少日常维护,布满杂草及小灌木,植物根系已深入砌石内部(图 21-10、图 21-11)。

④后期维修

防波堤中上部位置,有部分后期水泥砂浆和杂石修补痕迹,据建设单位介绍,为 1949 年后部队驻军对防波堤进行的抢险维修,具体年份已无从考证;现稍显杂乱,但整体结构搭接稳固。近年防波堤一侧增设栈桥和防浪堤,防浪堤的设置可有效减缓海浪对防波堤的冲击,具有一定的保护作用,但防浪堤碎石布置较为凌乱,影响整体风貌(图 21-12、图 21-13)。

2. 修缮方案设计

(1) 修缮措施及建议

根据现场勘察,以及病害分析、安全评估建议,此次修缮加固维修项目,是为了解决防波堤结构安全问题,并恢复其使用功能,因此采用如下措施。

①基础

根据地质勘察报告结论,防波堤基础稳定;现场未发现不均匀沉降等现象;根据上述结论,暂不做处理。

②围堰

因防波堤地处海边潮间带,每 24h 会出现两次潮汐活动(图 21-14 ~ 图 21-17)。这就大大增加了整体施工难度。如何做好围堰,就显得尤为重要。

(2) 方案一

笔者团队首先想到用钢筋铁笼及鹅卵石进行围堰,一方面

图 21-8　砌石脱落、灰浆缺失

图 21-9　条石受压断裂

图 21-10　石材表面藤壶

图 21-11　长满植被及小灌木

图 21-12　驻军部队维修部位

图 21-13　防浪堤碎石

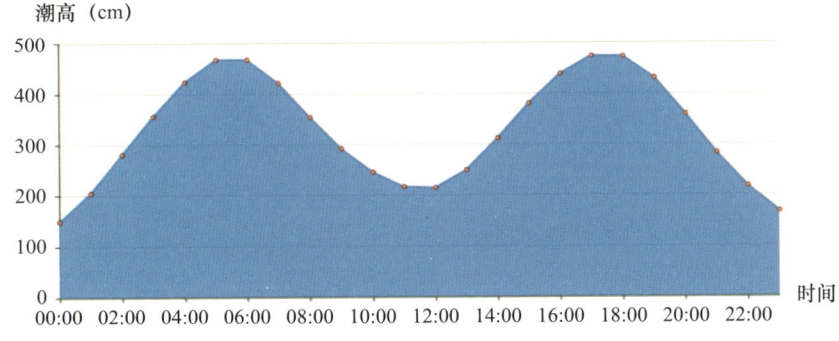
图 21-14　2021年第一季度厦门海域潮汐表（资料来源：国家海洋信息中心）

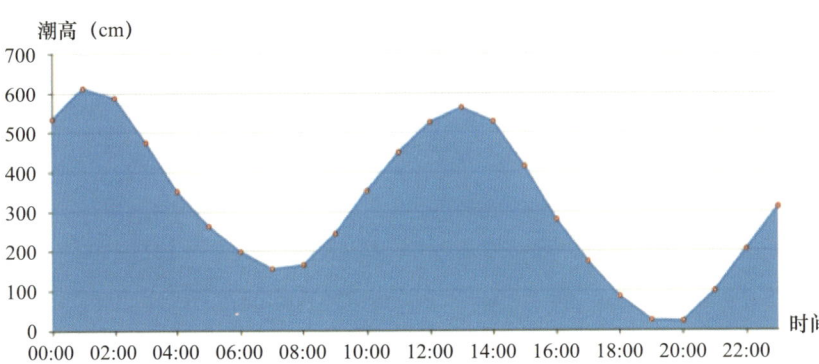
图 21-15　2021年第二季度厦门海域潮汐表（资料来源：国家海洋信息中心）

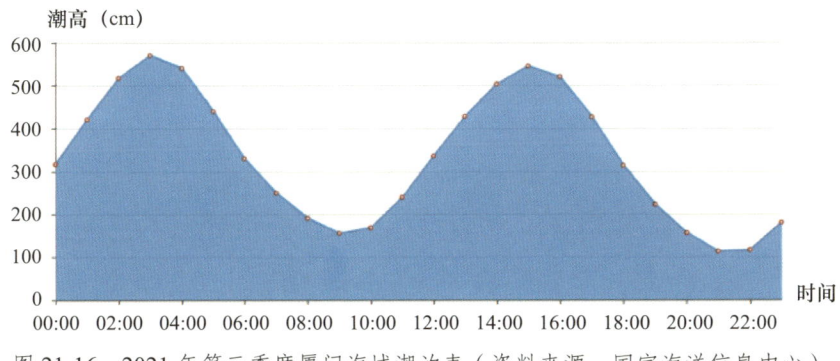

图 21-16 2021 年第三季度厦门海域潮汐表（资料来源：国家海洋信息中心）

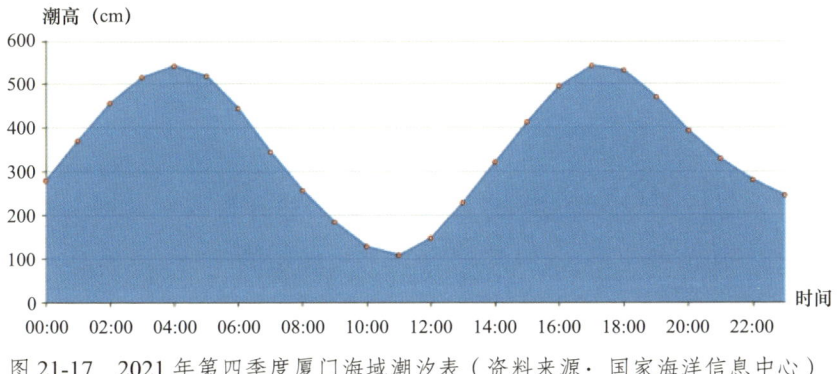

图 21-17 2021 年第四季度厦门海域潮汐表（资料来源：国家海洋信息中心）

图 21-18 围堰加固示意图

二者结合有很强的自重，不容易被海浪推离原位；另一方面材料相对容易获取。具体制作工艺如下。

①钢筋铁笼制作：采用直径不小于 25mm 的钢筋作为骨架，直径 ϕ16mm 的钢筋加密，制作成钢筋铁笼，笼内衬布钢丝网，钢筋铁笼大小约 1m³。

②钢筋铁笼码放：钢筋铁笼以从下到上逐层递减方式码放，最下面一层为 4 个铁笼，上面一层 3 个铁笼，码放两层，约 2m 高；每个铁笼内部均放满块石，石笼之间用直径不小于 25mm 的钢筋环连接。

③围堰挡水帆布铺设：围堰外侧覆盖三层帆布，帆布宽度不小于 3m，用粗铅丝将帆布上半部分紧紧绑扎在石笼上（图 21-18）。

但由于吊车及车辆距离现场较远，钢筋铁笼如预制好，无法通过设备运输至现场。另外，由于潮汐问题，钢筋铁笼也无法在现场制作。材料运输问题成了方案实施的最大阻碍。

（3）方案二

第二种围堰，通过钢管围合支撑，堆积沙袋进行围堰。首先，钢管凭借自身强度可以起到很好的支撑固定作用，沙袋依靠自身自重，可以起到很好的防浪作用。其次，钢管及沙袋，可以依靠人力运输至施工现场，彻底解决材料运输的难题。再次，由于文物保护工程中对于措施费用有明确的支持比例，方案二较方案一从造价上可节省一半左右，基本满足造价要求。最后，经过各方积极讨论，决定采取第二种围堰措施（图 21-19）。

①砌石

对海浪冲击导致的散落在防波堤周边的砌石进行归安处理，对缺失砌石现场加工制作补砌，按原形制补配不锈钢银锭扣（燕尾榫）；恢复防波堤的防波功能，提升其安全性、稳定性（图 21-20、图 21-21）。

②灰浆

在失去砌筑砂浆的砌缝和其他结构缝隙内灌入砂浆，在不拆解原结构的前提下以增强其整体性，尽可

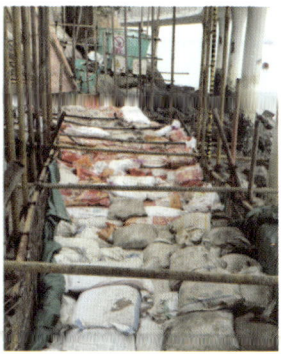

图 21-19　钢管及沙袋围堰

图 21-20　归安前

图 21-21　归安后

能多保留文物本体的历史信息。灌浆所用具体材料配比，因各地气候条件、环境条件的不同，应事先进行现场试验再行确定。

因处于海洋环境，且每次潮汐均会淹没作业面，因此砂浆必须具有相对固化时间短、抗盐雾侵蚀、抗海水浸泡、抗海浪冲击的特性。32.5矿渣水泥、砂、矿渣微粉、抗腐蚀抗渗外加剂和纯净水以一定比例混合，经多组试验对比分析（最小强度指标不小于M5，最大强度指标不超过M10），找到适宜的材料强度配比。

灌浆加固工艺：灌浆加固作业应使用低压连续灌浆。低压灌浆既能保证适当压力（小于0.5MPa），便于浆液挤压进裂缝，又不致压力过大造成文物本体受压开裂、变形；连续灌浆设备可保证灌入砂浆的连续性和密实度，消除作业中可能产生的气栓现象，保证安全、质量。修缮加固完成后养护时间不少于28天；防波堤维修加固后，应加强日常监测和日常养护，定期对海水冲刷出的缝隙进行补强，延长文物生命周期（图21-22、图21-23）。

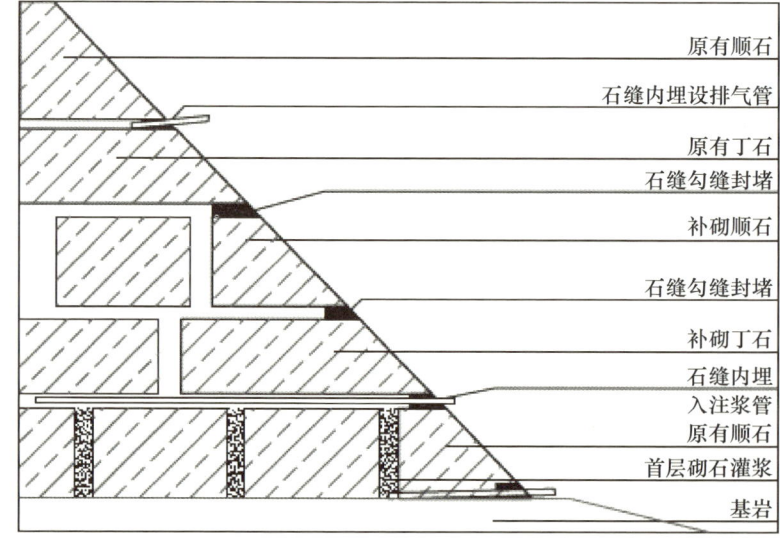

图 21-22　注浆前示意图

其他

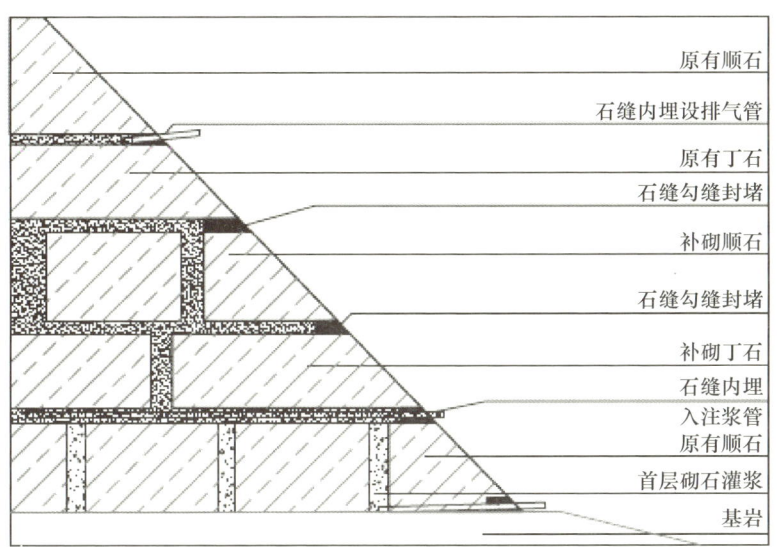

图 21-23 注浆后示意图

图 21-24 勾缝前

③生物、植物侵害

作业面表面附着的海洋生物（主要为藤壶）残骸，属于滨海地区沿岸礁石、海防工程滨海面、海洋船舶底部的常见现象，目前常用清理方式为物理清除；为保证文物安全和修缮质量，项目实施中应采用物理方式对作业面上的海洋生物（主要为藤壶）残骸进行清理。植物根系现与防波堤达到稳定状态，尽可能保留现有植物。

④勾缝维修

保留历史上对防波堤的维修痕迹（在其未出现破损且能保证结构安全的前提下），以保存更多的历史信息。对破损严重的部位，采用拆砌方式进行修补加固；整体要求勾凹缝，以凸显石材边楞历经百年海水、雨水冲刷后的肌理；勾凹缝，还可使防波堤整体风貌更加富有层次感、协调、美观（图 21-24、图 21-25）。

图 21-25 勾缝后

（4）修缮前、后对比

修缮前、后对比如图 21-26 所示。

二、案例亮点

（一）灌浆材料研究

1. 配比研究

本次作业面位于海边，且每次涨潮时均会淹没作业面，传统材料无法满足技术要求，因此采用现代配比材料进行加固作业。

为便于质量管理，砌筑、封堵、灌浆料均采用同一配比，根据其使用范围不同，可酌情调整水的比例。

因处于海洋环境，且每次潮汐均会淹没作业面，因此砂浆必须具有相对固化时间短、抗盐雾侵蚀、抗海水浸泡、抗海浪冲击的特性。

2. 建议配比

32.5矿渣水泥∶砂∶矿渣微粉∶抗腐蚀抗渗外加剂∶纯净水＝1.25∶5∶1.68∶0.042∶1.2。

技术标准及材料选择：最小强度指标不小于M5，最大强度指标不超过M10。

本次采用的主要材料为32.5矿渣水泥、砂、矿渣微粉、抗腐蚀抗渗外加剂、纯净水。

因各地水质及所产材料的有效成分均有差异，为保证工程质量，应在施工之前由施工单位确定采购商并采购相应材料后，进行现场砂浆的验证配比试验，在建议配合比的基础上进行适当调整，至少试配出三个不同的配合比，并按现行行业标准规定做成型试件，测定砂浆强度，最终可根据试验情况调整建议配比，并经设计、监理、甲方确认选出最佳配比。

（二）围堰措施

因本次施工位置处于潮间带，且主要作业范围被潮汐覆盖（涨潮时淹没，落潮时露出，2020年潮汐高度在15～671cm），因此必须制作施工围堰，以削弱潮汐对作业面的冲蚀，为灌浆提升强度和完整性提供保障。同时根据潮汐表和现场实际潮汐变化，调整作业时间，以保证作业人员安全和工程质量。

围堰措施的制定与实施，为今后地处潮间带位置的同类型项目提供了宝贵的借鉴。

三、项目总结与收获

当在中国国家图书馆见到"全图"原件的时候，笔者团队备感激动，在浩如

（a）修缮前

（b）修缮中

（c）修缮后

图21-26　修缮前、修缮中、修缮后对比

烟海的信息中，仿佛找到了连接历史的"密码"。全图中，对于建筑及构筑物规模的记载，极为详尽。通过对舆图的研究和实地勘察，笔者团队基本认定，清代"厦门湖里山炮台全图"中所绘制的建筑物及构筑图，是胡里山炮台初建时的客观反映。这为后期方案制订，提供了极大的技术支撑。

经现场勘察发现，防波堤砌筑毛石全部采用传统人工打磨，配以燕尾榫拉结，极具地方特色和时代特征，对于研究闽南砌筑工程有较强的参考意义；更加难能可贵的是，防波堤与舆图记载的信息完全吻合，是我国研究海防历史不可多得的珍贵样本；同时，本项目围堰构筑方式、砂浆配合比试验数据等对于临海建筑特别是防浪堤坝都有较强的借鉴意义。

修缮后的防波堤（舆图名为炮台西首海岸），不仅解决了自身的结构问题，还从风貌上与周边环境融为一体，像忠诚勇敢的卫士一样，毅然矗立、守卫在炮台西南海岸的最前沿。

建设单位： 厦门胡里山炮台保护中心　王勇、贾迎春、陈景峰
设计单位： 北京国文琰文化遗产保护中心有限公司　刘煜、李进、孙闯
施工单位： 福建景翔建设工程有限公司　李绪东、王志锋
监理单位： 河南东方文物建筑监理有限公司　秦新法、徐乃峰
编写人员： 王勇、李进

二十二　后溪城内城遗址保护修缮工程

一、现状勘察

（一）项目概况

厦门市级文物保护单位——后溪城内城遗址位于厦门市集美区后溪镇城内村（图22-1）。承厦门市后溪镇人民政府委托，2020年3月华侨大学建筑设计院（泉州）有限责任公司项目组成员对后溪城内城遗址（拱辰门及上帝宫）进行了测绘、档案调查和残损勘察，采访、咨询相关管理人员，对遗址现状展开调查评估。

（二）历史沿革

1. 城内城

后溪城内城所在地原称"下店寨"（又称下店圩市的"下崎"）。自清顺治十八年（1661年）开始，清政府为围困抗清武装，实行"迁界"政策，沿海居民以城墙为界，15km以外不得居住。清康熙元年（1662年）八月，康熙帝下旨由福建总督李率泰、同安总兵施琅等督造城池，命其城名为"城内"；清康熙十八年（1679年）后，清政府下令复界，城内城防御功能逐渐弱化，成为居民生活场所（图22-2）。

城内城的原始平面格局近似长方形，东西长约217m，南北长约284m，原设城门四座，一条主街贯穿南北。按照古代风俗传统，建城需神明守护，因而在各座城门附近都营建了供奉不同神祇的宫庙。其中，东门庙祀佛祖，西门庙祀王爷公，南门庙祀城隍爷，

图22-1　修缮后城内城遗址（图片来源：设计单位自摄）

图22-2　城内城遗址范围示意图（图片来源：底图为后溪城内城文物信息表，编写者叠加谷歌地图）

北门宫祀玄天上帝宫。

1958年后，大部分城墙损毁，仅余北门"拱辰门"断壁残垣和南门"临海门"门额石匾等遗迹。1982年3月，后溪城内城遗址被厦门市公布为第二批市级文物保护单位。"临海门"石匾现收藏于台湾同胞捐资重建的城隍庙中。

2. 文物本体

（1）拱辰门

现存门额石匾上镌刻"拱辰门"三字，"拱辰"取义《论语·为政篇》"子曰：为政以德，譬如北辰，居其所而众星共（拱）之"。由落款"钦命总督福建部院少保兼太子太保兵部尚书李奉旨""奉旨""钦命镇守福建同安等处地方总兵官都督金事施琅、总督标下督造官副将黄兆、参将李成德、同安县知县卞甘添、同安镇标分防原副将吴魁、督工白礁司巡检张思荣"及"康熙元年捌月 日建"，可知城墙建设的时间和相关人员信息。现藏于城隍庙的南门"临海门"石匾署款与"拱辰门"一致（图22-3、图22-4）。

（2）上帝宫

根据文献记载和村民访谈得知，拱辰门所对应的上帝宫始建于清代，1991年进行了翻修，修缮内容包括更换屋面瓦片、增加正脊堆剪装饰；在山墙及后墙外部增加水泥砂浆仿条石抹面，重新粉刷内墙面并增绘壁画；更换室内地面砖等。因当时修缮工艺和材料选取等问题，建筑原有面貌受到一定的影响（表22-1）。

表22-1 后溪城内城遗址文物信息简表

名称	结构形式	占地面积（m²）	建筑风格	层数	功能
拱辰门	石土结构	70	花岗岩包砌城墙	单层	城门
上帝宫	石木结构	36	闽南传统单殿式宫庙	单层	祭祀

（三）价值评估

城内城是研究明末清初厦门历史的重要资料，作为其重要构成的拱辰门是本地留存至今且为数不多的清代早期城门。拱辰门与临海门石匾上镌刻的文字，不仅记载了建城时间和参建人员，"拱辰"二字也反映了建造者的治国理政思想，"临海"则表达了当时城墙所处的地理环境，是珍贵的历史见证。此外，现存遗址体现了古代城墙风貌、城市形态和社会背景，在见证厦门的历史、社会文化发展方面都具有重要的作用，可为研究防御史、城市史等提供材料及佐证。

拱辰门主体为花岗岩白石纵横包砌，外观朴素，门洞为半圆形拱券，拱门上方嵌石匾，石匾四周以条石收边。其形制特征、墙体构造做法与厦门古时镇南关（大致位于思明南路鸿山大厦旁）相似，是明清时期厦门地区城门典型样式的真实反映（图22-5）。上帝宫与拱辰门相呼应，采用了闽南宫庙建筑常用的石雕、堆剪、灰塑等装饰手法，虽经多次修缮，仍保留了精美的石狮、裙堵、楹联、门框、圆形竹节窗等大部分清代石构件（图22-6），具有较高的文物价值，也为研究闽南传统营造工艺提供了珍贵的资料。

图22-3 北门"拱辰门"石匾（图片来源：设计单位自摄）

图22-4 南门"临海门"石匾（图片来源：后溪城内城遗址文物信息表）

图 22-5　厦门镇南关（图片来源：紫日提供）

图 22-6　上帝宫石质裙堵及柜台脚（图片来源：设计单位自摄）

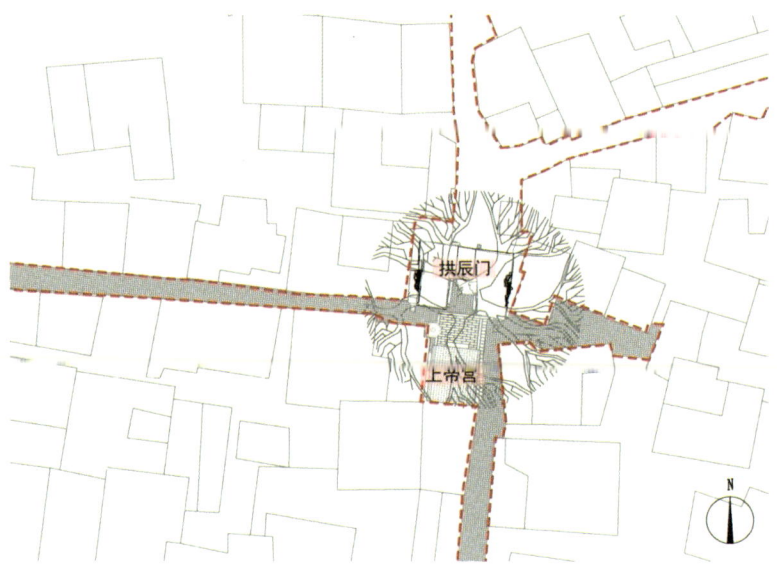

图 22-7　项目范围示意图（图片来源：设计单位自绘）

图 22-8　总平面示意图（图片来源：设计单位自绘）

（四）现状描述

1. 项目范围

拱辰门及上帝宫坐南朝北，四周为村内道路。红色虚线内为项目范围，主要包括拱辰门、上帝宫及周边道路（图 22-7）。

2. 法式勘察

（1）拱辰门

①平面格局：城门平面为"凹"字形，"凹"口方向朝南，宽约 3.5m，总长约 11m，门洞面宽 2.2m，进深 3.4m，门洞两侧墙体厚约 8m。城门顶部生长一棵榕树，树根与城墙内侧墙面咬合，树冠直径约 15m（图 22-8）。

②结构形式：主体为石、土结构，内部以土和毛石填充；中部为石拱券门洞；两侧中间石料较为杂乱，系城墙被拆除后遗留的外露交接部位。城门顶面以石板铺设，四周以石板出檐。

③墙体做法：南北及门洞两侧墙体为花岗岩"一顺一丁"砌筑；东、西两侧墙体亦为花岗岩"一顺一丁"砌筑，中间以毛石结合灰土砌筑（图 22-9）。

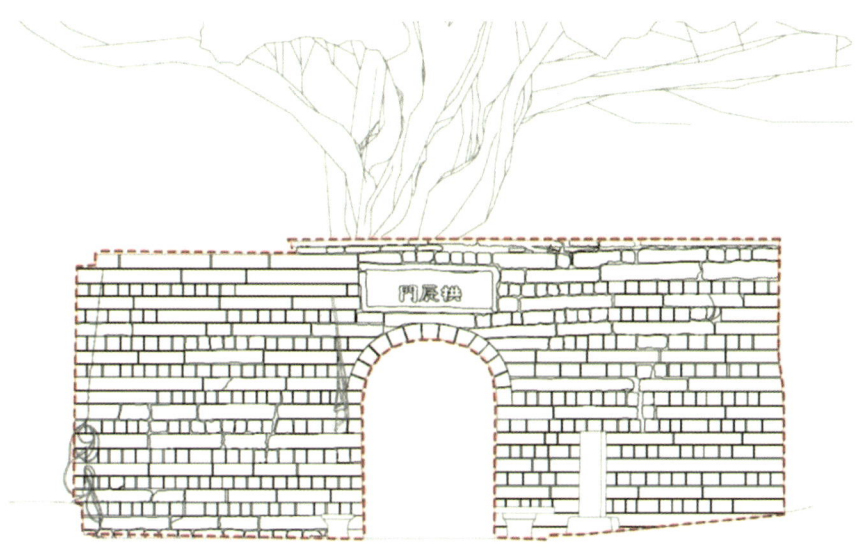

图 22-9 拱辰门墙体砌法示意图（图片来源：设计单位自绘）

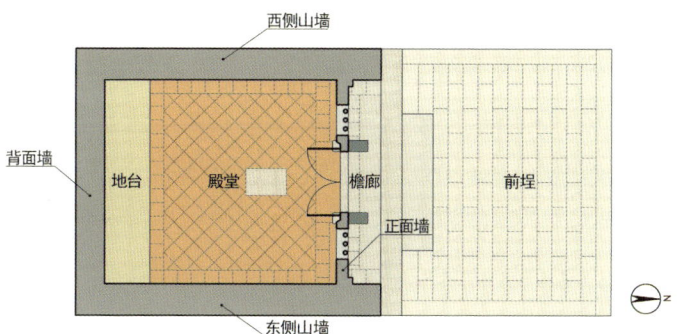

图 22-10 上帝宫平面格局、墙体及地面铺装示意图（图片来源：设计单位自绘）

④地面做法：城门南侧与上帝宫前埕地面相接，铺设花岗岩石板；门洞部分地面后期铺设现代水泥砖；城门北、东、西侧均为水泥地面。

（2）上帝宫

①平面格局：整体为主殿带前埕的单殿式宫庙。主殿由檐廊、殿堂两部分空间组成，单开间面阔约 5.4m，进深约 6.6m，面积约 36 m²；前埕面阔与主殿一致，进深约 4.2m，面积约 23 m²（图 22-10）。

②屋面做法：屋顶形制为单檐包规起（硬山顶），铺设红色板瓦（压七露三），两侧以规带收边，正脊最低点 4.55m，最高点 5.47m。屋面板瓦上部后期铺设红色方砖，以增强防水和防落叶的功能。

③结构形式：石、木混合结构；搁檩造，进深九架圆；墙承重，两侧山墙收分，下部最厚处 0.64m，上部最窄处 0.58m，后墙厚 0.58m（图 22-11）。

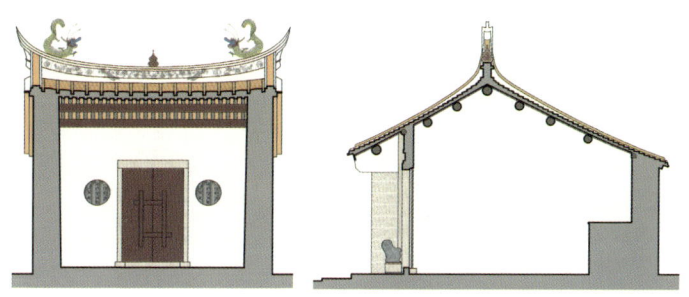

图 22-11 上帝宫结构剖面示意图（图片来源：设计单位自绘）

④墙体做法：正面墙以白色花岗岩石板包砌，自上而下分为顶堵、身堵、腰堵、裙堵及柜台脚五部分，表面雕刻装饰纹样。山墙及后墙为条石砌筑，外侧后期以仿条石水泥砂浆饰面，内墙面为白色抹灰（图 22-12）。

⑤地面做法：檐廊地面外侧为大石砱，内侧中部为条石，两侧

图 22-12 上帝宫立面示意图（图片来源：设计单位自绘）

为红砖顺铺；室内红色方砖斜铺，顺铺方砖收边，红砖尺寸为 280mm×280mm×30mm，地面中间设拜石，平面尺寸为 830mm×550mm。

⑥装修：入口为双扇木板门，外侧彩绘门神，内侧涂刷深红色油漆；门扇四周由白色花岗岩门楣、门竖和门槛组成，门楣、门槛连做门臼；入口两侧为圆窗，配青石竹节条枳，窗框为白色花岗岩。

（五）勘察结论

1. 拱辰门

（1）门洞上方后期生长的古榕树根系及枝叶繁茂，影响周边建筑及拱辰门本体；顶部滋生植物，堆积落叶、杂物；墙面生长杂草、树根。

（2）地面后期覆盖水泥或铺设水泥方砖，与传统风貌不符。

（3）墙面上部 6 匹条石整体松动、歪闪、错位；部分条石缺失或断裂；局部勾缝灰浆缺失。

2. 上帝宫

（1）屋面后期铺设方砖，后坡局部漏雨；正脊、规带表面滋生苔藓，抹灰局部老化、空鼓或脱落；脊饰局部破损或缺失；脊堵灰塑彩绘大面积风化、褪色；檐口砖、规带瓦件局部破损或酥碱。

（2）扁椽大面积糟朽；椽梳局部糟朽。

（3）山墙倾斜，与前檐墙交接处产生裂缝，存在安全隐患。

（4）山墙和后墙外侧后期以仿条石水泥砂浆抹面，檐板线污损；室内墙面抹灰局部污损、空鼓或脱落；两侧对看堵、室内墙面下碱后期以瓷砖贴面；牌楼面顶堵局部破损；山墙外侧上部后期装饰彩绘；两侧角牌上部后期抹灰画假砖、下部以仿条石水泥砂浆抹面。

3. 周边环境

因道路更新，拱辰门周边巷道原始地面铺装已不存，后期覆盖水泥或铺设水泥方砖，与传统风貌不符。

二、修缮设计

（一）工程性质及目的

本工程性质为保护修缮工程，主要涉及拱辰门、上帝宫本体修缮以及周边环境整治。目的是在遵循文物建筑保护修缮原则的基础上，排除影响安全的危险因素，恢复传统风貌，延续历史真实性和完整性，保护、利用并展示好这一重要的建筑文化遗产。

（二）主要修缮内容

1. 拱辰门

（1）修剪城门上部榕树树冠；清除顶部杂草、落叶及杂物，移除顶面条石，平整垫层，归安条石。

（2）移除墙面后期钉挂物；清除油漆字体；清除墙面杂草和树根；暂时保留成型的大树根。

（3）局部拆除墙体上部 6 匹条石，以壳灰砂浆重新砌筑；补配缺失的条石；归安错位条石；以壳灰红土砂浆填补、稳固东西侧墙面中部松动的毛石；以壳灰砂浆勾缝、填补条石间隙。

2. 上帝宫

（1）墙体：扶正倾斜山墙；剔除不符合传统做法的后期水泥砂浆饰面层和瓷砖，恢复原有石墙风貌。剔除内墙面空鼓抹灰层和下碱瓷砖，以壳灰砂浆重新抹面。

(2)屋面：全揭瓦，拆除屋面后期铺设的方砖；更换糟朽的扇橡、桷梳以及破损或酥碱的望砖、板瓦；清除正脊、规带表面苔藓，剔除空鼓或老化的抹灰层，以壳灰砂浆抹面；修复或补配破损、缺失的屋脊装饰；脊堵重做灰塑彩绘；按原屋面曲度、垄数和样式重新铺设板瓦。

3. 周边环境

（1）清除对文物本体造成干扰的杂物和后期加设的构件或构筑物。

（2）参照同时期类似的城墙周边道路和传统街巷的地面铺装做法（图 22-13），剔除拱辰门门洞通道及附近巷道后期铺设的水泥方砖或水泥地面，以荔枝面花岗岩条石重新铺设（图 22-14）。

（a）厦门镇南关门洞处石地面（图片来源：紫日提供） （b）同安城墙外侧石地面（图片来源：设计单位自摄）

图 22-13 类似城墙周边地面铺装做法

图 22-14 城墙周边石地面修缮效果（图片来源：设计单位自摄）

（三）施工要求

1. 石墙修复

（1）材料要求：所有补配条石均为荔枝面花岗岩白石，色彩应与现存石料统一；荔枝面肌理应以手工修凿为主。

（2）砌筑要求：条石以壳灰红土砂浆砌筑（壳灰：红土：河沙 =1：1：2，体积比，需根据实际使用的红土含砂量酌情调整配比）。

（3）填缝要求：条石间隙以壳灰砂浆填缝（壳灰：过筛细砂 =1：1.2～1.5，体积比）；填缝砂浆不得凸出石料表面；重砌条石以带边灰方式密缝砌筑（图 22-15～图 22-19）。

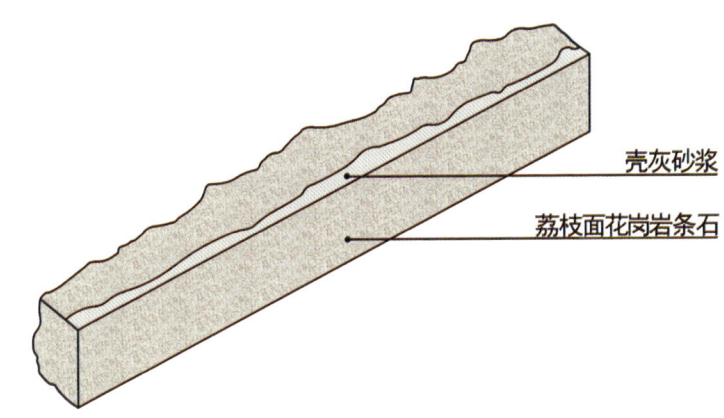

图 22-15 条石砌筑带边灰示意图（图片来源：设计单位自绘）

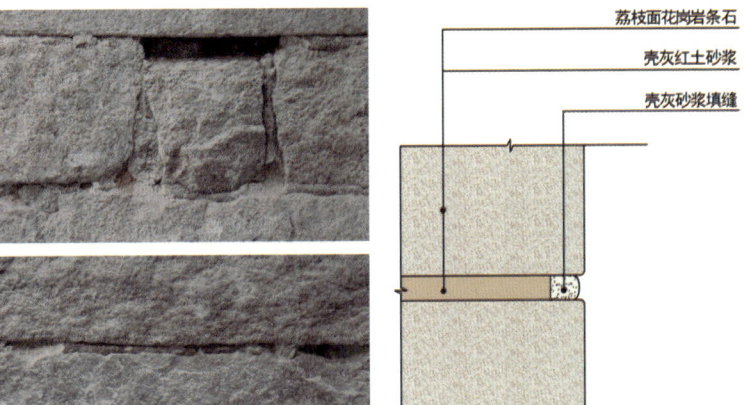

图 22-16 条石填缝示意图（图片来源：设计单位自摄、自绘）

图 22-17　条石填缝工艺（图片来源：厦门翰林苑建设工程有限公司提供）

图 22-18　城内村传统建筑石墙勾缝样式（图片来源：设计单位自摄）

（a）上帝宫

（b）拱辰门

图 22-19　上帝宫及拱辰门修缮后勾缝样式（图片来源：设计单位自摄）

2. 墙体扶正

（1）施工工序：①加固内外墙；②挖基槽；③屋面揭瓦；④清理纵横墙交接处；⑤扶正外倾墙体（外顶内扶）；⑥现浇C20素混凝土，补灌条石缝（图22-20）。

（2）技术要求：①枕木靠墙顶紧，交接处顶紧，拧紧螺栓；②在基础石缝及纵横墙交接处清理干净后，方可进行墙体归位步骤；③扶正过程需多人缓慢进行（缓慢顶紧扶正，再缓慢退离）。

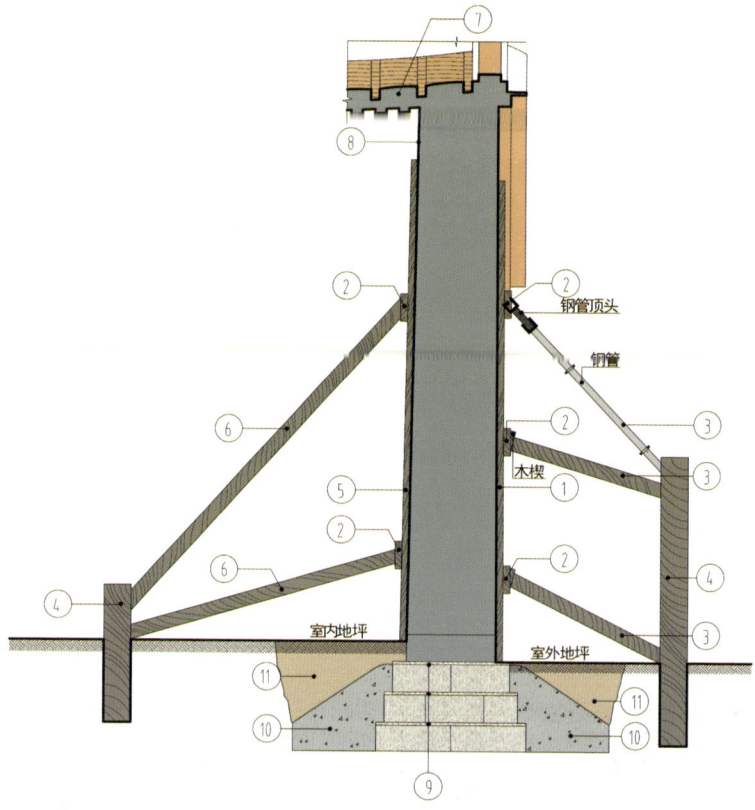

图 22-20　石墙扶正施工示意（图片来源：设计单位自绘）

①	枕木（材种为杉木，余同）紧贴外墙面，规格 50mm×150mm×3500mm@800mm
②	横木板规格 50mm×200mm×6200mm@1000mm
③	外侧最上一根为钢管，靠近墙面一端为可调节螺栓；其他均为顶木，规格 100mm×100mm，以方木钉实@1500mm；顶木与横木板交接处以木楔塞紧
④	木桩规格 200mm×200mm×1000mm@1500mm，入地600mm
⑤	枕木紧贴内墙，规格 50mm×150mm×3500mm@1500mm
⑥	顶木规格 100mm×100mm，以方木钉实@1500mm
⑦	屋面揭瓦
⑧	外墙裂缝清透
⑨	室外地坪靠墙处挖条形基槽至原基础底，清理原石缝
⑩	扶正墙体后现浇C20素混凝土，压实
⑪	原土回填基槽，分实

3. 铺瓦工艺

(1) 材料：俯仰板瓦、望砖、檐口砖、屋脊、规带等材质、规格应与原物相同；有裂缝、砂眼、残损、变形严重的瓦件不得使用。

(2) 揭瓦、铺瓦：揭瓦卸瓦时尽量保护旧瓦件，使用前应做好清理、除尘工作。保留原屋面瓦垄数及做法，俯仰瓦均为压七露三铺设，铺装应平整顺直，瓦线一致；新、旧瓦件尽量分片集中铺设，以达到整体、协调的效果（图 22-21）。

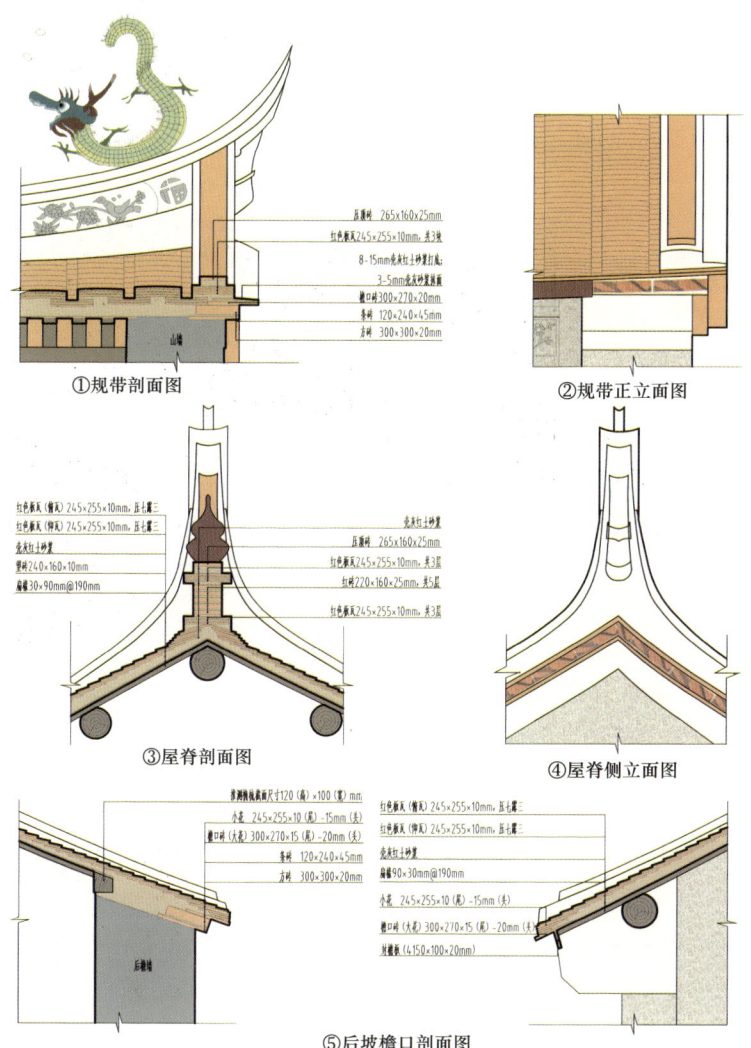

图 22-21　屋面及屋脊构造推测示意图（图片来源：设计单位自绘）

4. 灰塑工艺

灰泥材料包括蛎壳灰、红糖、糯米粉、细砂、麻绳、棉花等。壳灰需泡水养护至少两周，形成上层灰水（含灰油）、中层细灰膏、下层粗灰膏的分层状态。灰水用于精细处和抹于光滑表面，细灰膏用于灰塑表面裹灰，粗灰膏用于塑坯。上色材料以红、黄、绿、青、黑、白六色系为主的矿物质颜料，与熬制过的胶质材料（如动物皮胶、骨胶）调和制成，颜料可加清水稀释调节色相。

5. 堆剪工艺

(1) 材料：坯体材料由骨架和灰泥组成。以铜线、铜丝编织坯体骨架，灰泥材料包括壳灰、砂、麻绳等。先将壳灰和砂混合形成壳灰砂浆，再将麻绳剪碎成麻丝加入灰泥，以增加坯体张力。贴于坯体表面的瓷片需以手工修剪，不得使用预制成品。粘贴瓷片可在灰膏基础上加入红糖水、糯米浆汁等材料，增加灰泥黏性。上色材料同前述"4. 灰塑工艺"部分。

(2) 施工工序：①图案设计；②骨架制作；③坯体制作；④修剪瓷片；⑤粘贴瓷片；⑥上彩。用小灰匙将壳灰砂浆填充于边缘空隙处并压光，待灰浆九分干时采用矿物质颜料均匀上色（图 22-22、图 22-23）。

6. 油饰工艺

大漆：①配制施工涂料：过滤后的大漆、石膏粉和水的比值为 5 : 10 : 1（质量比），石膏粉投放的比例根据实际情况而定。②配制有色漆：过滤后的大漆、桐油、矿物质颜料配比依据天气情况而定，闽南地区雨天的质量比约为 10 : 10 : 3；晴天约为 10 : 6 : 3。配制原料需搅拌均匀，不得有颗粒状块。配好后的原料密封保存，静置 20～30 天。③重新上漆：已有油漆木构件以灰刀铲除旧漆，砂纸打磨一遍，用棕刷扫去灰尘。以大漆涂料填满木构件裂缝及榫口交接处，抹平；以铲刀上底

图 22-22 堆剪施工工序（图片来源：吕文金 提供）

图 22-23 堆剪灰塑基本材料及剪瓷工艺（图片来源：设计单位自摄）

漆，弧面用橡胶片，漆干后涂刷下一道漆；第四道漆干后；用铲刀剔除木构件不平整的部分，以砂纸打磨表面，至无粗糙感为止；以铲刀涂抹、找平，使木构件表面平滑；漆干后再次打磨，操作同上；以带漆毛刷横向均匀涂抹有色漆，用不沾漆料的毛刷将已涂抹的有色漆匀开；最后用橡胶片横向刮抹油漆表面，达到表面平整光滑、无明显油痱子、饱满光亮的效果。

三、实施效果

本修缮工程在各参建单位的协调配合下，严格按照设计制定的修缮方案和工艺做法开展工作，及时沟通施工过程中遇到的专业问题，取得了良好的实施效果，还原了文物本体的原始面貌，提升了周边的巷道环境，也遵照最小干预原则，尽可能地保留了原始信息。

此外，城门上方后期生长的百年古榕树与文物建筑保护之间产生了一定的冲突。从城墙结构稳定性的角度来看，榕树与墙体已共生多年，其根系虽对墙体产生了影响，但也在包砌条石和内部填充土石之间起到了拉结作用，形成了相对稳定的状态；从周边居民的空间认知角度来看，榕树也承载了一定的历史记忆。经多方讨论和商榷，最终确立了榕树与城门共生的保护方法，仅适当修剪冠幅、清理细小根系，修缮完成后定期开展植物清理和城墙条石稳定性监测，为今后的相关工作提供了案例参考（图 22-24）。

（a）修缮前（一）　　（b）修缮后（一）　　（c）修缮前（二）　　（d）修缮后（二）

图 22-24　后溪城内城遗址修缮前后对比照（图片来源：设计单位自摄）

参考文献

[1] 厦门市地方志编纂委员会办公室. 民国厦门市志（民国1921—1949年）[M]. 厦门：方志出版社，1999.

[2] 厦门市志编纂委员会，《厦门海关志》编委会. 近代厦门社会经济概况 [M]. 厦门：鹭江出版社，1990.

[3] 厦门市国土资源与房产管理局. 图说厦门 [M]. 厦门：厦门市国土资源与房产管理局，2006.

[4] 洪卜仁. 厦门城寨沧桑 [M]. 厦门：厦门大学出版社，2011.

[5] 厦门市文物管理委员会，厦门市文化局. 厦门文物志 [M]. 北京：文物出版社，2003.

[6] 郑宪编. 行走厦门 [M]. 福州：海风出版社，2007.

[7] 福建省文物局. 福建涉台文物大观（上）[M]. 福州：福建教育出版社，2012.

[8] 厦门市地方志编纂委员会. 厦门市志（第4册）[M]. 北京：方志出版社，2004.

建设单位：厦门市后溪镇人民政府
代建单位：厦门市集美城市发展有限公司　林克平
设计单位：华侨大学建筑设计院（泉州）有限责任公司　成丽、孙泽鑫
施工单位：厦门翰林苑建设工程有限公司　黄文昊
监理单位：厦门惠和园林古建设计有限公司　潘志彬
编写人员：孙泽鑫、田化、卢镜深、林欣墙、于仲、宋佳霖

二十三　同安区坑仔口制陶窑址修缮工程

一、窑址概况

坑仔口制陶窑址位于厦门市同安区祥平街道溪声村坑仔口里95号，原为同安陶器厂，2008年9月在第三次全国文物普查时发现，经上报被列为全国文物普查重要新发现，2013年由同安区人民政府公布为同安区文物保护单位。

同安区坑仔口位于西溪南岸，陶土资源丰富，烧造陶器历史悠久。据民国时期《同安县志》记载："烧磁窑在归德里坑仔口社，清嘉庆二十五年（1820年）洪天香（亮）创设，制造大矼、硿、钵、烘炉、磁锅各种，销售本地和漳、码、台湾、金、厦、吕宋各处。器粗价极廉，且盛水可耐久而不反质，是以销售畅旺。近因各国入口货物抽取重税，以致难以行销。然内地陶器得以无缺，民间称便。惜乎粗而不精，不力求进步，犹为憾事耳！"1958年坑仔口制陶作坊因公私合营变更为同安县办企业——同安陶器厂，1988年改为股份制公司，厂区占地面积38000m²，建筑面积约15000m²，20世纪后期曾经年产量达58万件，年产值约130万元。1994年本厂职工洪德强承包北部2座龙窑继续烧造陶器，直至2007年7月，因面临开发建设才全部停烧。

坑仔口制陶窑址保留着5座大型龙窑遗迹以及较完整的制陶配套设施，包括制陶作坊车间、产品仓库和堆场、烧窑燃料柴垛等。5座龙窑均建造在邻近西溪南岸的山坡上，相距不远，均为平地起建，斜坡式拱券砖室龙窑，平面呈长条形。窑头处于山坡下方，朝北或朝东，迎着溪流，借助溪流带来的风力助力窑火升腾，窑尾高大烟囱建于山坡上，有利于烧窑时吸气抽风，助焰省柴。龙窑北部一、二号两座窑炉保存较好（图23-1、图23-2），两窑连体并列砌建，两窑顶中间是窑顶上窑

图23-1　修缮前的坑仔口制陶窑址一、二号窑炉（尾部）

图23-2　修缮后的坑仔口制陶窑址一、二号窑炉（尾部）

路，窑炉总长（包括工作室）72.070m，两窑两侧外壁及两侧遮雨篷立柱合宽15.7m（图23-3）。山坡下窑头段较陡，坡度约13°，山坡上窑尾段较缓，坡度约5°，窑头与窑尾出烟室的底部落差约12m（图23-4）。除了窑顶中间可供行走、添柴的窑顶素土上窑路，窑炉两侧各有砖面上窑路。窑头开设拱券窑门（图23-5），内有火膛，前、后两道挡火墙，通火孔。窑尾有出烟室和3m多高的长方体大烟囱，出烟室与窑室之间也有整面挡火墙（图23-6），墙面布满小方格出烟道，出烟室外部设有小拱门，平时砌砖封堵，清理室内烟炱时拆下后再封堵。一号窑南壁有4个窑门，二号窑北壁有3个窑门（图23-7、图23-8），门外两边砌有弧形护窑包和护窑墙，中段有添柴小窑门（图23-9），避免高温时窑体胀裂；窑壁距地面约1.6m处有成排的投柴孔（图23-10）。窑室内部（窑腔）前小后大，近窑头宽1.5m，高1.45m，窑后部宽2~2.4m，高

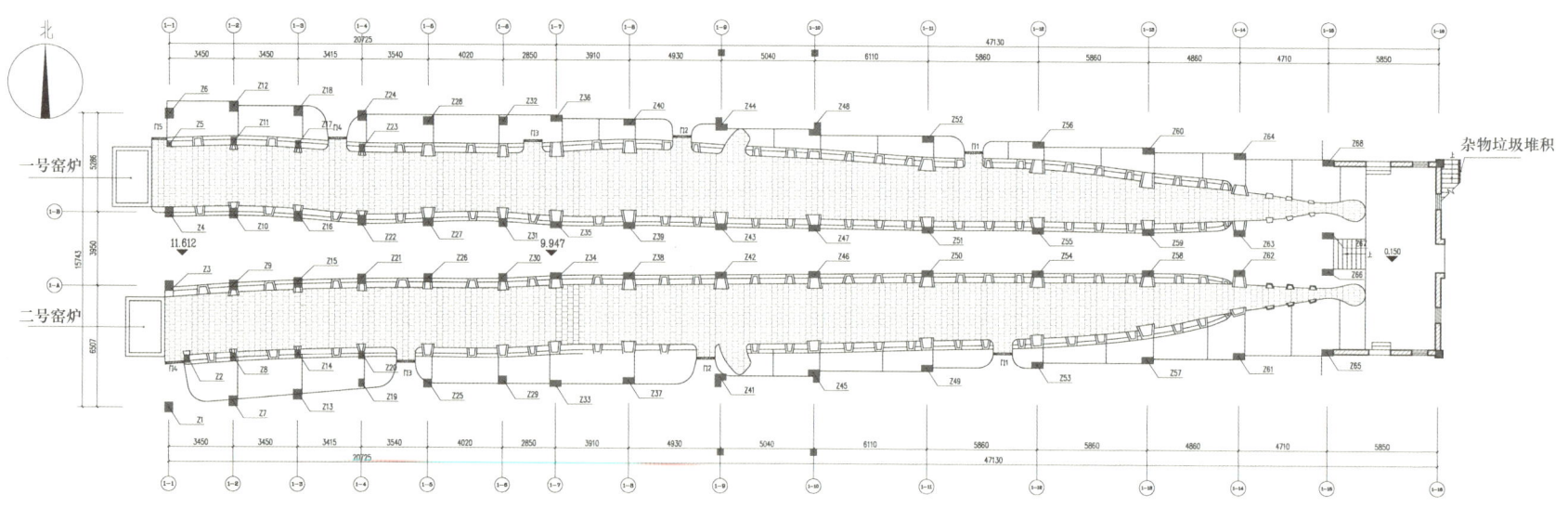

图23-3　一、二号窑平面图

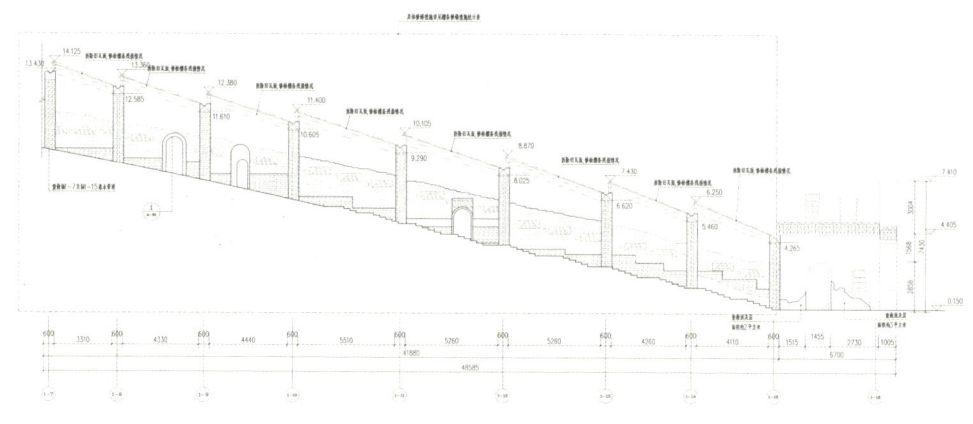

图23-4　二号窑南侧立面图（靠窑头半段）

图23-5　修缮前的一、二号窑窑头及窑门

1.9～2.2m，窑床底部铺垫一层窑砂。一、二号窑炉上方搭盖整体的阶梯状瓦楞遮雨篷。此窑最高峰时每年大约生产35窑、约3万件器物。制陶窑址中的另3座残窑在一、二号窑南侧，二十世纪八十年代已停烧，窑炉残损、倒塌较严重。三、四号窑炉坐西朝东，连体并列砌建，形制、体量、坡度、遮雨篷与一、二号窑炉龙窑基本相同，窑炉长约73～76m，两窑外部立柱最宽处14.045m，窑室内宽2～2.4m、高约2m，窑顶中部和窑炉两侧各有上窑路；五号窑在最南侧（图23-11），为阶级式龙窑，窑头朝东，长约25m，窑室中后部较宽、较高，宽1～1.55m，高1.5～2m，此窑于二十世纪六七十年代建造，主要烧造较小的瓷杯、瓷盏等器皿。坑仔口窑场以生产日用陶缸器和陶器为主，器形包括大缸、大瓮、花盆、泡菜罐、酒瓶、龙缸、龙瓶、盆钵等，产品除供应厦门和泉州地区，在清代和民国时曾销往我国台湾地区及东南亚国家，近现代还出口美国、日本、新加坡、澳大利亚等。

图23-6　二号窑窑尾挡火墙

图23-7　修复中的二号窑边门

图23-8　修复后的二号窑边门

图23-9　一号窑边侧添柴小窑门及窑包

图23-10　二号窑护窑墙和投柴孔

图23-11　修缮前的五号窑前端窑头工作室残损现状

二、文物价值

2009年3月福建省文物专家组对窑址进行考察、论证、评估，提出保护意见。

（1）坑仔口制陶窑址是一处规模大、保存完整、历史与科学价值极高的文化遗产和近现代工业遗产（图23-12），反映了福建省从商代至近现代以来三千多年的悠久制陶历史；同时与宋元时期烧制"珠光青瓷"而名闻海内外的同安汀溪窑一脉相承，充分体现了厦门地区古代窑业技术与生产的历史脉络和发展进程。坑仔口制陶窑生产的陶器（图23-13）保留了许多传统工艺和文化内涵，其中陶器上龙纹纹饰延续了宋代至明代晋江磁灶窑外销瓷的风格（图23-14），是研究近现代陶瓷外销以及陶器装饰技艺外传的重要资料。

（2）遗址内不仅保存了基本完整的多座龙窑和与之配套的生产作坊，同时保留了大量的窑具、模具和其他生产、技术资料以及成堆的陶器产品，反映了我国传统制陶手工业的整体面貌。因此，就其作为一个窑业生产体系的完整性、系统性，目前不仅在福建省是唯一的，在国内也是少有的；而且据文献记载，坑仔口制陶窑创烧于清嘉庆年间，并延烧至今，其生产与技术的发展过程与厦门在近现代的兴起基本同步。因此，坑仔口制陶址不仅是厦门地区极为珍贵的近现代工业遗产，同时也是厦门近现代经济与社会发展的重要历史见证。

（3）坑仔口制陶窑址鉴于重要的历史与科学价值，以及遗存的完整性、系统性，不仅具有科学保护的重要意义，也具有开发、展示方面的价值与潜力，在厦门近现代经济与社会发展史的展示、青少年科学素质教育、历史文化旅游与休闲以及提高当地知名度及历史文化品位等方面，都将发挥重要作用。

（4）2011年福建博物院对窑址进行考古调查，在文物类核心刊物《南方文物》（2011年第3期）发表《东南龙窑技术的历史记忆——厦门同安坑仔口现代陶窑调查》报告，报告认为，该窑址是一处历史与科学研究价值极高的近现代中国传统手工业文化遗产，应该申报为文物保护单位。2018年，厦门市博物馆与厦门大学历史系考古专业人员共同对窑址局部地层进行勘探调查，形成《厦门同安坑仔口陶窑调查勘察报告》，认为坑仔口制陶窑址创烧于清代。

图23-12　坑仔口制陶窑址（近景：三、四号窑炉尾部；远景：一、二号窑炉尾部）

图23-13　坑仔口制陶窑生产的部分产品

图23-14　坑仔口制陶窑生产的龙纹大瓶

三、保护措施和修缮亮点

鉴于该窑址具有极高和特殊的文物价值，严格遵循文物保护原则，保护和延续窑炉本体及窑址配套设施各种历史信息和真实性，尽量保持原有历史风貌。保护措施主要有两项。

（一）临时抢险加固

由于窑址早年先后停烧和荒废，多年来因风雨和植物侵害等原因，窑炉残损加重，原来保存较好的一、二号窑窑炉顶部多处出现塌陷变形（图 23-15），遮雨篷局部缺失、漏雨，而停烧较久的三、四、五号窑炉和雨篷的坍塌进一步扩大和加重（图 23-16、图 23-17），雨篷有垮塌的危险，为避免窑址残损进一步加大，2019 年同安区文化和旅游局及时组织编制方案并实施临时加固，主要内容如下。

（1）对窑炉内部进行钢结构支撑，防止窑炉顶部坍塌、阻止已有的坍塌扩大。

（2）在窑炉顶部搭建防护篷，防止砖瓦、木料掉落砸坏窑顶，防止漏雨直接冲刷窑顶。

（3）对遮雨篷采取满堂架钢结构支撑和拉结，预防台风恶劣天气和地震灾害的破坏。

图 23-16　修缮前三、四号窑残损状况

图 23-17　修缮后三、四号窑及雨棚

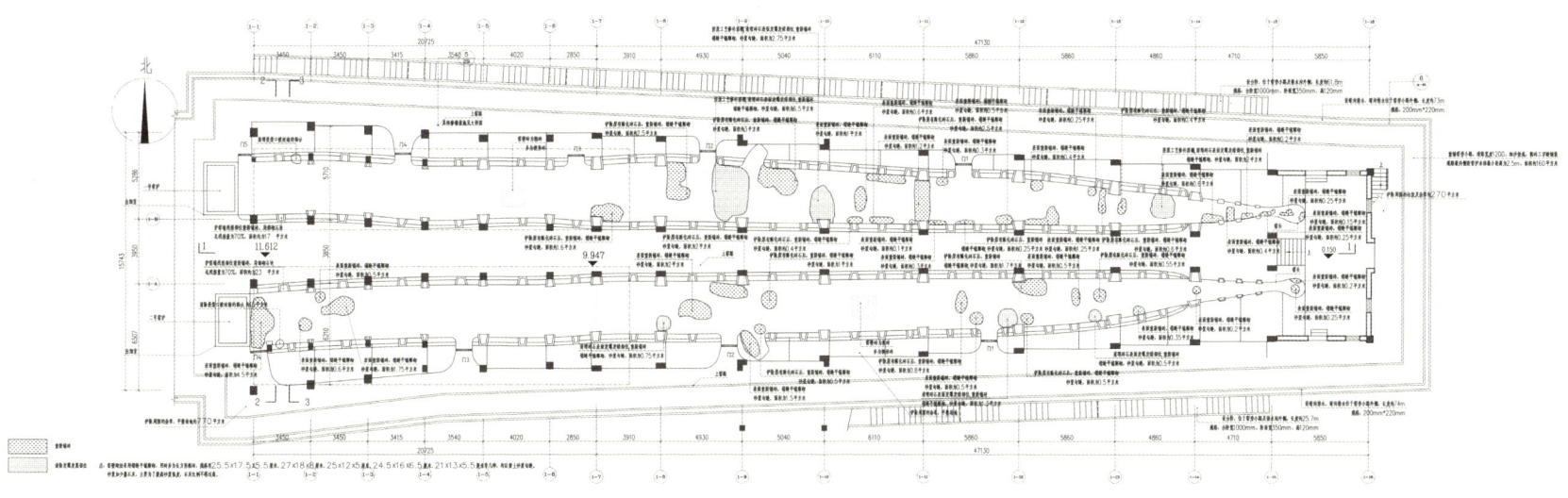

图 23-15　一、二号窑窑顶残损勘察平面图

（4）对窑炉范围内的乱长树木进行清除，降低树木根系对窑炉的侵害。

（5）清理顶篷杂乱碎砖瓦，分类收集可利用窑砖、檩条等材料，以备修缮利用。

此项加固主要目的就是在保证窑体结构安全的前提下，不破坏窑炉的历史风貌和岁月痕迹。因此，首先在窑炉内部搭建接近窑顶高度的纵列钢管架，钢管底部铺垫木块，对窑顶塌陷变形的位置进行支顶，先在钢管架上铺设木板，再铺垫10cm的泡沫板，然后用泡沫长条垫入圆弧券顶（图23-18），使这种具有一定硬度和强度的材料既能起到应力支顶作用，又避免破坏窑顶和窑壁上曾历经无数次烧窑的窑汗结晶体（图23-19），这些加固措施遵循了可逆、可拆除原则，确保一年使用期。在一号窑炉靠近窑头的下段，窑体安全性较好，因此未做加固支撑，对窑床也不做清理，仍然保留废弃时堆积的各种大小陶器制品，原汁原味地体现当时废弃状况，保留真实的信息（图23-20）。对窑炉外部采用以钢丝篷和彩钢板上、下组合成的双层结构（图23-21），既能避免

图23-18　在二号窑炉内部对窑顶进行临时性支撑

图23-19　窑壁上保留下的窑汗结晶体

图23-20　二号窑炉前半段窑床上保留停烧时状态

图23-21　一、二号窑临时性双层保护棚

上方雨篷重物掉落砸伤窑顶和防止台风雨季恶劣天气损害窑体，也为后续开展的窑址整体修缮施工创造了安全条件。

（二）整体修缮

2020年9月和2023年7月，前、后分两期对5座窑炉及雨篷进行整体修缮。窑炉修缮是一个新课题，前期设计思路借鉴了坑道加固支撑方式（图23-22），拟在窑炉内部采用拱券门形式的钢结构支撑整条筒拱状窑顶和窑壁，钢结构为窄长钢板构成方格形框架，并做随色处理，虽然能够对窑腔内部起到整体支撑，防止其变形和坍塌，并使窑炉中间保持贯通，但是干预偏大，观感上将造成较大影响，因此在施工前又开展仔细调查。通过坑仔口窑址管理者柯福晟先生

图23-22　传统的坑道加固支撑方式

介绍，找到了附近后溪仍采用传统工艺烧窑和修窑的四川籍汪年辉师傅，详细了解了龙窑修复的工艺和过程，论证可行性和安全性后，调整了修复龙窑的措施，并聘请已有三十多年经验的汪师傅亲自主持窑炉修复加固工作。首先是揭开窑顶最上层平铺的一层方砖（"伏"），再从窑炉内部支撑架上用数台千斤顶和垫板、枕木同时缓慢顶升窑顶塌陷部位（图23-23），使拱券顶部的砖缝放大，此时可将此窑烧造废弃的坚硬大缸敲成碎片后再敲打塞入砖缝（图23-24、图23-25），也可用铁钩起砖，更换窑顶碎砖，同时将拌有窑灰、窑砂的黄土砂浆，作为填缝的耐火泥，填抹砖缝，然后再逐渐降低千斤顶的顶升高度，使窑顶拱券下降恢复到原有弧度、承载应力，等砂浆干透后再用同样的耐火泥回铺面层砖（图23-26），用竹扫帚清扫（图23-27）。据汪师傅介绍，这种做法的券顶极为牢固，荷载很大。对窑炉外部局部窑门、投柴孔缺损、残破处用旧窑砖和掺入黑烟的红土砂浆砌筑修复，灰浆用手涂抹，投柴孔旁烟炱不予清理，原有的封窑门砌砖除抹灰加固外也不予改动干预。窑内局部变形松垮窑壁进行修复时，采取局部拆卸重砌方法，同样采用拌有窑灰的黄土砂浆耐火泥作为砌筑黏合材料并涂抹面层，再经高温烘烤和仿造窑灰颜色进行随色做旧，形成质感和色泽（图23-28）。

图23-23 在窑炉内部采用千斤顶缓慢顶升窑顶，使窑顶上方出现缝隙

图23-24 将大缸片敲成小碎片待用

图23-25 将大缸碎片敲打嵌入窑顶砖缝中

图23-26 工匠手抓耐火泥铺设窑顶面层红砖

图23-27 修复后的窑顶状况

图23-28 修复后的二号窑炉内部

四、修缮成果和活化利用

坑仔口制陶窑址修缮工程，共修缮和加固2条龙窑和雨篷，修复3条残损严重的龙窑及雨篷（图23-29～图23-31），做好周边排水和防水。总之，在坑仔口制陶窑址修缮中基本上采用了传统修窑技术，除了采用千斤顶进行顶升替代了古代以人体背部顶起窑顶的做法外，整个过程和材料基本上与古法修窑技术相同，修复材料的碎缸片、窑灰材料也取自窑址本身，既坚硬耐用，又是无污染环保材料，还便于后续替换。坑仔口制陶窑址修缮后，不仅使窑炉内外基本保留了原有历史风貌，留下了岁月痕迹，在结构上达到了可以复窑烧造的安全状态，并且延续了可贵的古法修窑技术的非物质文化遗产。

目前，坑仔口制陶窑址将通过厦门五龙文旅集团有限公司运营，结合古窑址展示、五龙窑艺术馆、产品文创等（图23-32、图23-33），开展青少年学生现场体验和研学、古陶瓷历史讲座、闽南文化和海丝文化学术交流等，通过完善园区各种服务功能，打造厦门遗产保护和历史文化传承的文旅知名品牌。

图23-30　修复前的三、四号窑窑顶

图23-31　修复后的三、四号窑窑顶

图23-32　坑仔口制陶窑址内的五龙窑艺术馆

图23-33　五龙窑艺术馆内陶瓷标本陈列

图23-29　修复后的二号窑窑顶

建设单位：厦门市同安区人民政府祥平街道办事处

代建单位：厦门同安市政建设开发有限公司

设计单位：厦门翰林文博建筑设计院有限公司　喻婷、庄梦娇、王政

施工单位：湖北中凌文物古建工程有限公司（一期）
　　　　　　福建景翔建设工程有限公司（二期）　罗剑锋

监理单位：福建宏业建设监理有限公司（一期）
　　　　　　福建鼎成工程管理有限公司（二期）

编写人员：郑东

2020—2022 厦门市不可移动文物集中保护修缮工程优选案例

附录1　厦门市历史文化遗产集中保护修缮专项工作方案

附录2　厦门市2020—2022历史文化遗产集中保护修缮不可移动文物清单

附录

附录1 厦门市历史文化遗产集中保护修缮专项工作方案

为深入学习贯彻习近平总书记关于文化遗产保护重要论述，认真贯彻落实中央和省委、省政府加强文化遗产保护工作的部署要求，扎实推进我市历史文化遗产保护管理工作，消除历史文化遗产安全隐患，结合我市实际，制定本工作方案。

一、总体目标

坚持"党委领导、政府负责、行业主管、属地落实"的原则，在市委、市政府统一领导下，各级各相关部门齐抓共管、形成合力，以化解历史文化遗产难题积案、排除重大隐患风险为重点，开展为期三年的历史文化遗产集中保护修缮工作，力争全市重点历史文化遗产保护状况明显改善，各类隐患基本消除，文化资源优势进一步转化为发展优势，为延续城市历史文脉，加快建设高素质高颜值现代化国际化城市作出贡献。

二、组织领导

成立市历史文化遗产集中保护修缮专项工作领导小组。由市政府庄稼汉市长任组长，市委常委、宣传部部长叶重耕，市政府孟芊副市长、韩景义副市长任副组长，负责研究确定集中保护修缮工程项目，协调解决集中保护修缮中重大问题。成员由市纪委监委、市委政法委、市效能督查办、市资源规划局、市文旅局、市建设局、市财政局、市司法局、市公安局、市住房局、市国资委、各区政府、鼓浪屿管委会等相关单位组成。领导小组下设五个小组。

（一）**综合组**。负责全市历史文化遗产保护工作方案的制定、保护工作的跟踪督办、信息汇总等。市文旅局牵头，市资源规划局配合，市各相关部门和单位参与。

（二）**摸底调查组**。负责全市历史文化遗产建筑物摸底、认定、落图、分类等工作。市资源规划局牵头，市文旅局、市建设局、各区政府、鼓浪屿管委会等相关单位配合。

（三）**工程修缮组**。负责修缮保护方案和施工管理工作。市建设局牵头，市文旅局、市资源规划局、市财政局、市国资委、各区政府、鼓浪屿管委会等相关单位配合。

（四）**政策法规组**。负责做好保护工作法律咨询和长效机制研究。市司法局牵头，市文旅局、市资源规划局、各区政府和鼓浪屿管委会配合。

（五）**执法监督组**。负责保护工作落实的监督和工作中涉黑、涉恶问题查处工作。市委政法委牵头，市纪委监委、市公安局、市效能督查办配合。

各区参照市级领导小组成立相应的工作机构。

三、职责分工

全市历史文化遗产集中保护修缮工作由市委、市政府统筹领导，按照属地原则，各区政府和鼓浪屿管委会履行主体责任，在行业主管部门指导下具体实施。各有关部门职责分工如下：

（一）**市资源规划局**：负责制定历史文化遗产摸底调查工作计划，组织开展摸底调查工作；负责历史风貌建筑调查摸底和提出历史风貌建筑重点保护对象建议名单；负责汇总提出全市历史文化遗产重点保护对象建议名单，研究制定历史风貌建筑年度修缮保护计划建议；负责历史风貌建筑保护修缮方案审批工作。

（二）**市文旅局**：负责制定历史文化遗产保护工作方案；负责不可移动文物建筑调查摸底认定和提出不可移动文物重点保护对象建议名单；研究制定不可移动文物年度分类修缮保护计划建议；负责指导各区文旅局依据不可移动文物保护级别做好保护修缮方案报批、审批工作；负责工作开展情况的信息收集、统计汇总、材料上报；负责收集提请领导小组研究的事项。

（三）**市建设局**：负责会同市资源规划局、市文旅局开展施工管理、工程质量检查等工作；研究确定修缮保护工程招投标办法。

（四）**市住房局**：负责被确定为重点保护对象的直管公房修缮保护与合理利用。

（五）**市财政局**：负责做好资金保障工作，提出市区分担比例意见建议；配合主管部门制定历史风貌建筑、文物保护有关资金管理制度，并组织和指导主管部门开展预算绩效管理相关工作。

（六）**市司法局**：负责保护工作法律咨询、指导以及长效机制研究，负责依法处置工作中行政复议，配合做好涉法涉诉等工作。

（七）**市国资委**：负责研究制定国有企业参与保护修缮的具体办法。

（八）**市委政法委、市公安局**：负责依法处置在专项工作过程中出现的阻扰执法、暴力抗法、涉黑涉恶等违法行为。

（九）**市纪委监委**：负责依法依规处置专项工作中党员和工作人员出现的违纪违规等行为。

（十）**市效能督查办**：负责依照相关规定，处置专项工作中机关工作人员存在的不作为、慢作为等效能责任问题。

（十一）**各区政府、鼓浪屿管委会**：负责各自辖区内历史文化遗产保护中的群众发动、产权人配合、抢救修缮等具体工作，做好本级资金保障工作；负责非国有重点保护对象产权置换中涉及的人员安置等工作。

四、工作安排

（一）**排查梳理阶段（2019年10月至2019年11月）**

由市资源规划局、市文旅局指导各区、鼓浪屿管委会组织相关人员，对全市历史文化遗产开展摸底排查，经征求专家和各区、重点片区指挥部主要领导意见后，提出重点保护名单和年度分类修缮保护计划建议，报领导小组确定。

（二）**制定方案阶段（2019年12月至2020年1月）**

工程修缮组依据年度分类修缮保护计划，指导各区、鼓浪屿管委会等属地责任单位制定抢险解危和修缮保护工作计划，编制修缮方案，分类审批。

（三）**集中保护修缮阶段（2020年2月至2022年9月）**

各区、鼓浪屿管委会将编制的抢险解危方案和保护修缮方案按相关规定报审后组织实施修缮。对情况危急的建筑要果断采取措施，迅速予以抢险排险；对其他需修缮保护的，按计划有序推进。

（四）**检查验收、考核评估阶段（2022年10月至2022年12月）**

由市资源规划局、市文旅局、市建设局会商提出具体措施和时间安排。

五、工作要求

（一）**提高政治站位**。要深入学习贯彻习近平总书记关于文化遗产保护重要论述，增强"四个意识"、坚定"四个自信"、做到"两个维护"，把高标准精心守护、永续传承历史文脉作为重要政治责任,牢固树立保护文化遗产也是政绩的科学理念,提高政治站位,坚定文化自信,强化责任担当。要结合主题教育"找差距、抓落实、解难题、化积案"行动要求,认真查找在历史文化遗产保护工作中存在的差距,下大力气破解难题积案。要加大政策法规宣传力度,引导相关产权人、管理使用人履行法律义务,积极参与、配合历史文化遗产保护工作。

（二）完善工作机制。各相关单位要加强信息报送,紧急重要信息要当天报送。各工作组要每月定期报送进展情况,各区、鼓浪屿管委会应于每月3日前将本辖区工作落实情况报送综合组。领导小组原则上每月召开一次工作例会,研究集中保护修缮工作重大问题,协调解决疑难问题,部署下一阶段工作事项。要建立健全专家咨询机制,尊重专业判断、遵循保护规律,确保历史文化遗产的真实性、完整性,坚决杜绝过度修缮、拆真建假等破坏历史文化遗产的行为。

（三）突出工作重点。各区、鼓浪屿管委会要重视摸底排查工作,梳理重点保护对象,分门别类、建卡立档,按照领导小组统一部署,科学制定各区工作计划和序时推进安排。要高度重视征地拆迁和项目建设中的历史文化遗产保护,征地拆迁和项目建设区域的不可移动文物要认真做好排查登记,依法依规处理。要科学统筹人力物力,集中精干力量,广泛发动专家、群众参与历史文化遗产保护工作,对濒危建筑要采取抢救措施。要发挥镇（街）和村（社区）两级组织作用,加强历史文化遗产保护法规政策宣传,做好矛盾排查化解工作。要积极探索城区历史文化遗产保护有效方式,鼓励社会资本参与保护修缮,可采取政府购买服务的方式加快推进,相关费用由市区两级财政一并承担。

（四）强化责任担当。各级各有关单位务必高度重视全市文化遗产集中保护修缮工作,要主动作为,奋勇担当,以铁的纪律抓好工作落实。负责监督检查的部门要深入一线,加大监督检查力度,对存在不作为、慢作为、假作为等问题加大查处力度,对推诿扯皮、影响效率的部门和责任人要依法依纪严肃问责。

厦门市历史文化遗产集中保护修缮专项工作领导小组成员名单

根据《厦门市历史文化遗产集中保护修缮专项工作方案》要求,成立市历史文化遗产集中保护修缮专项工作领导小组。小组成员名单如下:

组　长：庄稼汉　市长

副组长：叶重耕　市委常委、宣传部部长

　　　　孟　芊　副市长

　　　　韩景义　副市长

组　员：龚建阳　市资源规划局局长

　　　　张　权　市文旅局局长

　　　　李云丽　市文旅局二级巡视员

　　　　林志明　市纪委监委常委、市监委委员

　　　　余小明　市委政法委副书记

　　　　林少强　市公安局副局长

　　　　贾国先　市司法局副局长

　　　　纪　豪　市财政局总会计师

　　　　庄毅伟　市建设局总工程师

　　　　颜清旗　市国资委党工委委员

　　　　郭俊胜　市住房局局长

　　　　叶　涛　市效能督查办综合效能处处长

　　　　郑一琳　鼓浪屿管委会主任

　　　　姚玉萍　思明区副区长

　　　　刘云标　湖里区副区长

　　　　黄　颖　集美区副区长

　　　　游文昌　海沧台商投资区管委会主任、海沧区区长

　　　　王雪敏　同安区区长

　　　　胡　盛　翔安区区长

附录 2　厦门市 2020—2022 历史文化遗产集中保护修缮不可移动文物清单

序号	区域	文物名称	级别	地址
1	思明区	叶清池祖厝	未定级	中华街道仁安社区吴厝 4 号
2		陈化成故居	市级 / 涉台	中华街道仁安社区草埔巷 9 号
3		厦门各界抗敌后援会会址	市级	中华街道文安社区定安路 71 号
4		泰山路及第六市场老街建筑	未定级	中华街道文安社区泰山路 7-19 号
5		新合美钢铁旧址	未定级	江街道大同社区大同路 197 号
6		海岸街 100 号民居	未定级	海岸街 100 号
7		丹霞宫巷西式民居	未定级	丹霞宫巷 59 号
8		翁朝言故居	未定级	料船头 16 号大院
9		林云梯旧居	未定级	前埔村前埔社 206 号
10		下何民居	未定级	何厝社区下何 132 号
11		叶清和别墅	市级	浦清里 8 号（部队大院）
12		演武池遗址	未定级	厦港街道下沃社区演武小学旁
13		厦大大旅社旧址	未定级	中华街道中山社区思明西路 62-64 号
14	湖里区	陈振发宅	未定级	禾山街道围里社 315 号

续表

序号	区域	文物名称	级别	地址
15	湖里区	陈汉镇宅	未定级	湖里街道后浦社 108 号
16		陈庆袍宅	未定级	禾山街道坂上社
17		薛水潮宅	未定级	禾山街道枋湖社区林后社 173 号
18		陈水得宅	未定级	殿前街道高殿社区寨上 2118 号
19		吴良材宅	未定级	禾山街道枋湖社区蔡坑社 29 号
20		陈寿旗宅	未定级	禾山街道坂上社
21		孙涣生宅	未定级	禾山街道枋湖社区林后社 326 号
22		孙世生宅	未定级	禾山街道枋湖社区林后社 323、325 号
23		陈简宅	未定级	坂上社区县后社 336、436 号
24		陈瑞裔宅	未定级	禾山街道坂上社
25		陈伦炯旧居	未定级	禾山街道坂上社
26	海沧区	杨本营宅（霞阳杨宅）	市级	霞阳社区西路 191 号
27		青龙寨寨址	市级	东孚镇寨后村诗山社
28		五娘楼	未定级	困瑶村毛穴广 106-1 号
29		东坂土楼（李大扁宅）	未定级	东孚街道山边村东坂社西片 91 号旁
30		马鹏舍宅	未定级	新阳街道霞阳村西路 91 号
31		周瑶周氏祖屋	未定级	东孚街道东瑶村周瑶中路 50 号
32		云塔书院旧址	未定级	海沧农场云塔书院
33		庄天来洋楼	未定级	庄天来洋楼东片 11 号
34		林甘明宅	未定级	锦里村东片 23 号

续表

序号	区域	文物名称	级别	地址
35	海沧区	颜珍伟宅及颜氏小宗	未定级	青礁村院前 166 号
36		张振成宅	未定级	海沧社区柯井 82 号
37		庄银安旧居（味根源）	市级	祥露东片 165 号
38		张允贡宅	未定级	海沧社区柯井 90 号
39		陈全宁宅	未定级	海沧社区洪厝 42
40		林嘉石宅（锦里番仔楼）	未定级	锦里村东片 27 号
41		许朝落宅	未定级	渐美村 356 号
42		苏该宅	未定级	海沧街道温厝村山后社 30 号右侧
43		陈林宅	未定级	囷瑶村山仰 298-1 号
44		亚细亚火油公司员工楼旧址	未定级	贞庵村嵩屿社海军警备区内
45		庙兜延寿堂	未定级	海沧街道鳌冠村庙兜 67 号
46		邱征祥宅	未定级	新阳街道新垵村西片 210 号
47		陈振元宅	未定级	海沧街道囷瑶村山仰社 165 号
48		时思堂	未定级	东孚街道后柯村北区 69 号
49		王龙舟宅	未定级	囷瑶村大埭 59 号
50		北市林氏公厅	未定级	囷瑶村北市 103 号
51	集美区	集美试验乡村师范学校旧址	未定级	侨英街道凤林社区下头路 67 号
52		张家两故居	未定级	侨英街道东安社区后坡（一）92 号
53		后坡张水群宅	未定级	侨英街道东安社区后坡二里 28 号
54		銮美王氏小宗祠遗址	未定级	杏滨街道马銮社区銮美大路 55 号之一旁

续表

序号	区域	文物名称	级别	地址
55	集美区	郑彩、郑联故居	未定级	杏林街道鹤浦路9597号"石埕口"
56		鹤浦大观郑氏家庙	未定级	杏林街道高浦社区西潭路81号-2
57		珩山王氏祖祠	未定级	后溪镇崎沟村前行东12号旁
58		后溪基督教礼拜堂	未定级	后溪镇后溪村街路31号
59		徐厝后铳楼	未定级	灌口镇东辉村徐厝后自然村中部
60		李林中宪第	未定级	灌口镇李林村李林社516号
61		西亭陈三皇宅	未定级	杏林街道西亭社区朝旭路160号
62		西亭陈为笔宅	未定级	杏林街道西亭社区朝旭路157号
63		后尾角陈氏祠堂	未定级	集美街道浔江社区尚南路16号
64		岑东龙王宫	未定级	集美街道岑东社区银江路51号旁
65		后垵红楼	未定级	侨英街道东安社区后垵二里139号
66		杜四端故居	未定级	杏滨街道马銮社区衙宅路1号
67		上庄杨氏小宗祠	未定级	灌口镇溪西下庄里122-1号
68		仑上黄氏家庙遗址	未定级	后溪镇仑上村大社三里20西侧
69		草仔市陈氏祠堂	未定级	灌口镇第二社区草仔市里70号
70		黄庄福寿宫	未定级	灌口镇黄庄里244号
71		高浦李衙	未定级	杏林街道高浦社区高浦中路3号-2
72		李林通奉第	未定级	灌口镇李林村李林社543-553号
73		陈水成故居	未定级	灌口镇三社村松山社158号
74		前山土楼	未定级	灌口镇坑内村前山社454、455号

续表

序号	区域	文物名称	级别	地址
75	集美区	集美学村和厦门大学早期建筑——南薰楼	国保	鳌园路 27 号
76		集美学村和厦门大学早期建筑——道南楼	国保	鳌园路 19 号
77		双岭三落大厝（九十九间大厝）	未定级	灌口镇双岭村大厝自然村 2 号
78		东辉九十九间大厝	未定级	灌口镇东辉村金辉社
79		集美农林学校旧址	未定级	侨英街道东安社区天马种猪场内
80		集美学村东西岑楼	未定级	集美街道岑东路 7-25 号以及 48-66 号
81		前山土楼	未定级	灌口镇坑内村前山社 454、455 号
82		松山 98 号民居（现编门牌 99 号）	未定级	灌口镇三社村松山社 99 号
83		陈水成故居	未定级	灌口镇三社村松山社 158 号
84		李林陈国瑞宅	未定级	灌口镇李林村李林社 352-355 号
85		林坑社 48 号民居	未定级	灌口镇浦林村林坑社 48、49 号
86		后溪街 49 号民居	未定级	后溪镇后溪村街路 49、50 号
87		陈井红楼	未定级	灌口镇陈井村陈井二里 117 号
88		前场码头及旧街道遗址	未定级	杏滨街道前场街 32 号旁和 58 号旁
89		马銮銮美宫	未定级	杏滨街道杏林南路 72 号丁字路口旁
90		城内 117 号民居	未定级	后溪镇后溪村城内 95、105、117 号
91	同安区	石浔总兵衙	未定级	石浔社区顶宫头里 77 号北侧
92		汪前除匪动员会旧址	未定级	汀溪镇汪前村军山 18 号
93		坑仔口制陶窑遗址	区级	溪声坑仔口里 299 号
94		石浔昭应庙	涉台	洪塘镇石浔村西南部村边

续表

序号	区域	文物名称	级别	地址
95	同安区	后坪梳妆楼	未定级	五峰村后坪东部
96		颜青云故居	未定级	军村村军村里 227 号
97		同安施氏大厝	市级	祥平街道西溪社区霞路里 16 号
98		田坂庶安楼	未定级	店仔村田坂自然村西、田坂下里 121 号
99		按柄同字厝	区级	莲花村按柄自然村莲花官边 21 号
100		陈延香故居	未定级	祥平街道阳翟社区阳翟二房三里 282-293 号
101		大曾按李氏民居	未定级	汀溪镇造水村一甲自然村西南 800 米
102		颜金陛故居	未定级	五显镇后塘村后塘里 89 号
103		丙洲"新楼"	未定级	西柯镇丙洲大宫口 119 号
104		叶维严旧居	未定级	汀溪镇古坑村土圳头西 15 号
105		叶金标"进士第"	未定级	大同街道后溪路 24 号
106		古庄西园院	未定级	大同街道古庄村下官田里 80 号
107		褒美"九房头"叶氏祖厝	未定级	汀溪镇褒美村九房头 57 号后
108		陈沧江故居	未定级	大同街道田洋村前宅里
109		叶金泰故居	未定级	窑市村瓦窑 36 号
110		叶成章故居	未定级	汀溪镇路下村新厝 78 号叶氏支祠旁
111		黄海量故居	未定级	溪西村辽野 130-132 号
112		刘兴邦故居	未定级	汀溪镇隘头村奎武岬 38 号
113		叶奎山旧居	未定级	汀溪镇褒美村南洋 91 号
114		聚福宫	未定级	祥平街道过溪村宫边自然村东部村边

续表

序号	区域	文物名称	级别	地址
115	同安区	林一材故居	未定级	西柯镇美星村尾厝里40号
116		王三接故居	未定级	祥平街道西湖塘里343号
117		蔡牵故居	未定级	西柯镇西浦新厝顶里47号背后
118		云埔林脚40号曾氏古民居	未定级	萍花镇云埔村林脚39-42号
119		按柄叶氏祠堂	未定级	莲花镇莲花村坡柄自然村莲花宫边25号
120		澹斋祠堂	未定级	五显镇后塘村后塘里153号
121		美岐山6-9号叶氏古民居	未定级	汀溪镇古坑村美岐山6-9号
122		寨阳里19号叶氏古民居	未定级	五显下峰村寨阳里17-31号
123		寨阳叶长茂叶在田旧居	未定级	五显镇下峰村寨阳里91-94号
124		顶村下厝马氏古大厝	未定级	汀溪镇顶村村下厝
125	翔安区	李长庚故居	未定级	马巷后滨社区
126		林君升墓	市级/涉台	马巷镇井头社区
127		彭德清故居	未定级	彭厝社区
128		古宅黄氏宗祠	未定级	古宅自然村中部
129		金柄黄氏大宗祠	市级/涉台	新圩镇金柄社区
130		陈氏武举人宅	未定级	新圩镇云头村
131		姑井砖塔	未定级	姑井自然村西南500米田中
132		东园张氏宗祠	市级/涉台	新店镇东园社区
133		御宅马栅	未定级	新圩御宇
134		田墩大六路厝	未定级	大嶝田墩社区

续表

序号	区域	文物名称	级别	地址
135	翔安区	盐兵楼	省级	田墩北里 159 号
136		黄廷元宅	未定级	马巷西炉社区
137		林君升故居（1）	未定级	井头西里 80-2 号
138		马巷城隍庙	区级	马巷镇三乡社区
139		香山岩寺护眉	区级	新店镇东园社区香山上
140		沁香小筑	未定级	马巷窗东社区村北 236 号
141		南监重修柳氏先茔表	市级	新店镇吕塘社区西林自然村东环村路旁
142		大夫第（洪晓春故居）	未定级	窗东北里 207 号
143		林芳德宅	未定级	马巷友民社区
144		陈允济故居	未定级	马巷郑坂社区山顶头 24 号
145		洪英宅	未定级	马巷镇市头社区市头自然村南
146		积善庵	未定级	新店镇霞活社区霞浯自然村南部
147	鼓浪屿	民生公司旧址	未定级	福州路 35、37 号
148		蔡望怀宅	未定级	内厝澳路 1 号
149		叶清池故居	未定级	龙头社区福建路 58 号
150		王振茂宅	未定级	安海路 34 号
151		杨园别墅	未定级	鼓山路 4 号
152		公平路 10 号洋楼	未定级	公平路 10 号
153		黄义福宅	未定级	泉州路 64 号
154		安海路 51 号洋楼	未定级	安海路 51 号

续表

序号	区域	文物名称	级别	地址
155	鼓浪屿	泉州路54、56号洋楼	未定级	泉州路54、56号
156		杨招治宅	未定级	中华路77、79号
157		侵厦日军投降签字处	未定级	鹿礁路2号
158		中共（城工部）厦门市委机关旧址	未定级	内厝澳路197号
159		公平路林宅	未定级	公平路12号
160		梅园	未定级	康泰路5号
161		傅孙仪宅	未定级	泉州路70、72号
162		鹿礁李氏宅	未定级	鹿礁路99号
163		林屋	未定级	泉州路82号

后 记

厦门市现有不可移动文物1963处，分布于所辖的六个行政区——思明、湖里、海沧、集美、同安、翔安，其中70%以上属于古建筑类的传统民居、祠堂家庙、宫庙寺观和近现代代表性建筑的纪念旧址、特色建筑、名人故旧居等。自2020年开始，厦门市人民政府部署开展首批为期三年的不可移动文物集中保护修缮工作，在厦门市文化和旅游局的统一组织下，经各区文物部门和文物所在街镇、村社行政机构的积极配合，至2023年顺利完成了首批163处不可移动文物的抢救修缮工程。为总结这三年来文物修缮工程的设计、施工和管理经验，为今后持续开展文化遗产保护工作提供有益借鉴，促进文物保护工程质量的提升，厦门市文化和旅游局委托厦门市土木建筑学会组织编辑出版《2020—2022厦门市不可移动文物集中保护修缮工程优选案例》。

本书是厦门市土木建筑学会首次组织编撰的文物保护工程类书籍，厦门市土木建筑学会自2023年8月接手该项工作后，学会领导高度重视，精心策划，迅速成立出版编辑委员会，明确人员分工和职责，制定工作计划、时间安排等，并多次组织和召集厦门市文化和旅游局代表、文物专家、文物修缮工程设计单位、施工单位代表等，先后召开了编辑出版筹备启动会、案例征集动员会、工作进展汇报会。出版编辑编委会也组织召开了针对案例推荐甄选、编写案例要求、出版格式规范、图片制图样式、书稿修改完善等多次专题讨论会。最终，经研究和讨论，编辑委员会从30个初选案例挑选出23个案例提交厦门市文化和旅游局，确定入选案例名单和书稿内容。

本书作为厦门市第一本文物修缮工程专业书籍，通过呈现案例"典型性""示范性"作用，阐述具体案例的保护目的、技术手段及操作流程，向读者展示近年的厦门文物保护修缮成果，向文物工程从业人员提供一定的参考及示范。本书以不同类别案例为线索，通过案例背景介绍、核心价值阐释、现状勘察设计、施工措施落实、修缮独特亮点和保护成效等，力求还原工程项目执行各个阶段中的具体做法和所面临的突出问题及解决方式，通过项目实施过程，体现了文物保护工作者对《中国文物古迹保护准则》中"不改变原状""真实性""完整性"和"最低限度干预"等文物保护基本原则的理解和执行，并反映新时期文物保护工作方针的"保护与利用"深度结合的新修缮理念。

本书从启动到出版历时一年，时间较紧迫，在厦门市文化和旅游局指导、厦门市土木建筑学会领导督办下，经厦门市土木建筑学会建筑保护与改造分会积极组织、推动和各设计单位、施工单位的大力配合和支持，编辑出版工作顺利开展，按计划施行。市文旅局二级巡视员李云丽高度重视此书编写出版，数次听取汇报，对书籍出版目的和编写内容作出指示，市文旅局文博处陈悠帆数次出席会议和指导，我们在此表示感谢。各案例的设计和施工单位的撰写人员克服日常繁忙本职工作，抽出专门时间，加班加点收集和汇总过往资料、图片，回溯、记述此前的具体工作细节等，花费了大量时间和精力，感谢他们的辛勤付出。厦门市土木建筑学会多次组织和协调，学会领导谢益人、何庆丰、何福顺前后数次布置任务和组织会议，给予了大力支持；福建华景设计院兼市土木建筑学会建筑保护与改造分会秘书长谢忠华不辞辛苦，组织协调各单位和人员参与编写；厦门市博物馆郑东，厦门大学建筑土木工程学院李立新、石建光，华侨大学建筑学院陈志宏、费迎庆、张家浩，中技集团设计院廖宁，厦门合立道工程设计集团股份有限公司黄琰，厦门市鼓浪屿管委会文保处陈辉杰等专家、领导多次参加专题讨论，提出意见和建议，尤其是华侨大学建筑学院田化、厦门大学建筑土木工程学院吴晓雯和汉嘉设计集团股份有限公司厦门分公司胡林除了撰写案例，还承担了收稿整理、修改汇总等具体工作，在此一并表示衷心的感谢。

本书的出版既是近年厦门文物保护工程成果的一个缩影，也是各文物保护设计、施工单位和机构的汇报总结和工作成绩，体现了厦门市文物保护行业顺应新时代发展，践行精心守护文化遗产、传承历史文脉的工作理念和生动实践。作为第一本文物保护修缮工程案例的专业书籍，可能还存在许多不足，我们期望关心和热爱文物的专家、学者和读者提出宝贵意见，增强我们开展文物保护工作的信心，共同促进文化遗产保护事业繁荣发展。

编辑委员会
2024 年 4 月